非传统安全事件
网络群体集聚舆情传播
与治理研究

张亚明　苏妍嫄　刘海鸥 ◎ 著

中国财经出版传媒集团
经济科学出版社
Economic Science Press

图书在版编目（CIP）数据

非传统安全事件网络群体集聚舆情传播与治理研究/张亚明，苏妍嫄，刘海鸥著．--北京：经济科学出版社，2021.12

ISBN 978-7-5218-3325-6

Ⅰ.①非… Ⅱ.①张…②苏…③刘… Ⅲ.①公共安全-突发事件-互联网络-舆论-研究-中国 Ⅳ.①G219.2

中国版本图书馆 CIP 数据核字（2021）第 265492 号

责任编辑：崔新艳
责任校对：靳玉环
责任印制：范　艳

非传统安全事件网络群体集聚舆情传播与治理研究
张亚明　苏妍嫄　刘海鸥　著
经济科学出版社出版、发行　新华书店经销
社址：北京市海淀区阜成路甲 28 号　邮编：100142
经管中心电话：010-88191335　发行部电话：010-88191522
网址：www.esp.com.cn
电子邮箱：expcxy@126.com
天猫网店：经济科学出版社旗舰店
网址：http://jjkxcbs.tmall.com
北京季蜂印刷有限公司印装
710×1000　16 开　17 印张　320000 字
2021 年 12 月第 1 版　2021 年 12 月第 1 次印刷
ISBN 978-7-5218-3325-6　定价：76.00 元
（图书出现印装问题，本社负责调换。电话：010-88191510）
（版权所有　侵权必究　打击盗版　举报热线：010-88191661
QQ：2242791300　营销中心电话：010-88191537
电子邮箱：dbts@esp.com.cn）

国家社会科学基金项目优秀成果
（18BXW118）

前言
Preface

党的十九大报告明确指出"恐怖主义、网络安全、重大传染性疾病、气候变化等非传统安全威胁持续蔓延,人类面临许多共同挑战"。由此引发的诸如"棱镜"计划、新冠肺炎疫情等非传统安全事件具有潜在性、突发性、扩散性和难控性等特点,往往以危机形式呈现并蔓延,是国家安全的新威胁和新挑战。同时,社交媒体的飞速发展还催生了异常活跃强大的网络空间舆论场,以非传统安全事件为触发点和导火索,在公众非理性表达集聚耦合互动下网络舆情快速蔓延并大规模扩散,且极易触发连锁反应,挑战政府的治理与控制能力,对国家社会安全稳定构成严重威胁。党的十九届四中全会明确提出,要完善坚持正确导向的舆论引导工作机制,健全重大舆情和突发事件舆论引导机制,全面提高网络治理能力,营造清朗的网络空间。党的十九届五中全会中更进一步指出,我国社会治理还有弱项,应统筹传统安全和非传统安全,防范和化解影响我国现代化进程的各种风险,维护社会稳定和安全。因此,研究非传统安全事件虚实耦合互动的网络群体集聚舆情传播问题具有重要意义。

本书结合非传统安全事件网络舆情传播过程虚实耦合互动性、主题情感交互性、群体情绪累积性、多元信息共生性、内外干预协同性等特征,从"网络-信息-行为时空动态耦合"视角,按照"网络舆情传播特征提取—群体集聚舆情观点演变分析—网络舆情传播机制分析—网络舆情协同治理路径"的研究思路,以非传统安全事件网络群体集聚舆情传播建模为关注点,以网络舆情协同治理为落脚点和归宿,立足人类动力学、观点动力学、传播动力学理论交叉融合,综合运用统计物理数据挖掘、社会网络分析、复杂网络传播动力学建模、种群动力学建模、数值仿真、案例分析等跨学科研究方法,全面系统分析非传统安全事件虚实耦合互动的网络群体集聚舆情传播问题,搭建非传统安全事件虚实耦合互动的网络群体集聚舆情传播研究理论框架,揭示虚实耦合互动下非传统安全事件网络舆情传播规律，为组织和各级政府科学应对非传统安全事件网络舆情传播提供决策依据。本书主要内容包括四个方面。

1. 基于用户画像的非传统安全事件网络舆情传播特征挖掘

网络空间海量数据隐式记录了公众传播行为与交互过程，从数据层面挖掘提取网络舆情传播特征、绘制用户画像是研究非传统安全事件网络群体集聚舆情传播规律的前提。通过对新浪微博、腾讯QQ、天涯论坛和人人网等典型社交平台数据的收集与深入挖掘，从人口学特征（如性别、年龄、职业等）以及信息传播行为特征（包括信息传播行为特征与交互传播行为两个维度）构建非传统安全事件网络舆情用户画像概念模型，并对非传统安全事件网络舆情传播特征进行实证分析，为研究非传统安全事件网络空间群体集聚舆情传播规律奠定基础。

2. 虚实耦合交互下情感驱动的非传统安全事件网络舆情生成涌现机制分析与建模

非传统安全事件网络舆情传播极易引发现实社会非理性行为，在虚实交互下与网络舆情耦合互动，并伴随事态发展与公众情感态度动态演变，共同驱动非传统安全事件网络舆情大规模生成涌现。课题分别从外在行为、内在情感两个维度拓展分析虚实耦合互动的网络群体集聚机制、主题-情感耦合演化机制。通过考虑舆情-行为耦合强化效用影响，建立虚实互动的非传统安全事件网络群体交互动力学模型，并引入情感演化周期理论，对非传统安全事件发生后不同阶段的网络舆情主题进行界定，进而结合情感倾向性分析，构建主题-情感耦合作用下非传统安全事件网络舆情观点演化模型，探究虚实耦合交互下情感驱动的非传统安全事件网络舆情生成涌现机制，为政府科学地疏导网络舆情、提高社会治理水平、加强非传统安全事件应急管理提供决策支持。

3. 非传统安全事件情境嵌入的网络舆情复杂传播机制分析与建模

与普通舆情独立传播不同，非传统安全事件网络舆情传播过程呈现群体极化、多元主题并存等特征。课题突破现有单一网络舆情独立传播研究局限，融合人类动力学、观点动力学与传播动力学三理论，针对观点演化下网络空间单舆情群体极化、多舆情竞争共生并存两种传播情境，构建情绪累积效应下非传统安全事件网络舆情传播动力学模型，以及合作竞争机制下的非传统安全事件多舆情传播动力学模型，求解传播阈值与最终扩散规模，分析平衡点稳定性，剖析非传统安全事件中群体极化效应以及竞争共生并存效用影响机制，揭示非传统安全事件网络舆情复杂传播规律。

4. 非传统安全事件网络舆情传播协同治理研究

分析非传统安全事件网络舆情干预机理是有效应对网络舆情大规模扩散的关键。本书在已有研究基础上，破解政府与网络媒体、他治与自治下的非传统安全事件网络舆情多主体协同干预难以表征的瓶颈，考虑外部多元主体协同干预以及自身净化与外部干预耦合作用过程，分别从外部干预、自身净化两个维度剖析非传统安全事件网络舆情协同干预机制，构建网络媒体和政府多主体干预模型，以及考虑外部调控和自身净化的非传统安全事件网络舆情干预模型，并进一步将各干预主体视为统一整体创建协同治理体系，提出协同治理策略，进而为组织和政府有效应对非传统安全事件网络舆情传播、科学预警响应决策提供理论依据与实践指导。

目 录
Contents

第1章　绪论 ··· 1
  1.1　研究背景和意义 ··· 1
  1.2　文献综述 ··· 4
  1.3　研究内容与方法 ··· 16

第2章　相关理论基础 ·· 20
  2.1　核心术语 ··· 20
  2.2　非传统安全事件网络舆情传播特征 ····································· 22
  2.3　复杂在线社交网络 ·· 27
  2.4　在线社交网络与传播行为关系 ·· 39
  2.5　经典传播动力学模型 ··· 42
  2.6　本章小结 ··· 46

第3章　非传统安全事件网络舆情传播用户画像 ··························· 47
  3.1　问题提出 ··· 47
  3.2　非传统安全事件用户画像 ·· 49
  3.3　非传统安全事件网络舆情画像概念模型 ······························ 51
  3.4　非传统安全事件在线社交用户舆情传播行为特征分析 ·········· 54
  3.5　本章小结 ··· 61

第4章　非传统安全事件虚实耦合的网络群体交互行为模型 ········· 63
  4.1　问题提出 ··· 63
  4.2　耦合网络群体交互行为研究 ··· 64
  4.3　非传统安全事件虚实耦合网络群体交互机制分析 ················ 65

4.4 虚实耦合的非传统安全事件网络群体交互动力学建模 ……………… 67
4.5 非传统安全事件网络群体交互稳定状态分析 …………………………… 73
4.6 "抢盐"非传统安全事件案例分析 ………………………………………… 78
4.7 本章小结 ………………………………………………………………… 85

第5章 非传统安全事件网络舆情主题-情感耦合演化模型 ……………… 87
5.1 问题提出 ………………………………………………………………… 87
5.2 网络舆情主题-情感耦合概述 …………………………………………… 88
5.3 网民情感表达内外部动因 ……………………………………………… 91
5.4 案例分析 ………………………………………………………………… 93
5.5 网民情感引导策略与建议 ……………………………………………… 97
5.6 本章小结 ………………………………………………………………… 100

第6章 情绪累积效应下非传统安全事件网络舆情传播模型 ……………… 102
6.1 问题提出 ………………………………………………………………… 102
6.2 情绪累积效应下非传统安全事件网络舆情传播过程分析 …………… 106
6.3 情绪累积效应下非传统安全事件网络舆情传播建模 ………………… 108
6.4 数值模拟分析 …………………………………………………………… 112
6.5 "福建小伙见义勇为反被拘"事件案例分析 …………………………… 123
6.6 本章小结 ………………………………………………………………… 127

第7章 基于合作竞争机制的非传统安全事件多舆情传播模型 …………… 128
7.1 问题提出 ………………………………………………………………… 128
7.2 种群动力学模型 ………………………………………………………… 129
7.3 基于传播速度的非传统安全事件网络舆情传播建模 ………………… 131
7.4 基于种群动力学的网络舆情多信息传播建模 ………………………… 135
7.5 非传统安全事件网络舆情多信息传播模型分析 ……………………… 139
7.6 新浪微博数据抓取及统计 ……………………………………………… 149
7.7 模型仿真分析 …………………………………………………………… 150
7.8 本章小结 ………………………………………………………………… 157

第8章 非传统安全事件网络舆情传播多主体干预模型 …………………… 158
8.1 问题提出 ………………………………………………………………… 158

8.2 相关传播模型评析 ………………………………………………… 161
8.3 多主体干预下非传统安全事件网络舆情传播建模 ……………… 163
8.4 $SIQR_1R_2$ 演化博弈模型构建 …………………………………… 167
8.5 多主体干预下的演化博弈稳定策略分析 ………………………… 172
8.6 多主体干预下非传统安全事件网络舆情传播仿真 ……………… 180
8.7 本章小结 …………………………………………………………… 195

第9章 自治-他治耦合下非传统安全事件微信舆情干预模型 …… 196
9.1 问题提出 …………………………………………………………… 196
9.2 非传统安全事件微信舆情传播分析 ……………………………… 197
9.3 非传统安全事件 $SEIR_1R_2$ 微信舆情传播干预模型构建 ……… 200
9.4 模型仿真及数值分析 ……………………………………………… 205
9.5 本章小结 …………………………………………………………… 216

第10章 重大疫情非传统安全事件网络群体集聚舆情传播治理策略 …… 217
10.1 问题提出 ………………………………………………………… 217
10.2 重大疫情非传统安全事件网络群体集聚舆情扩散图谱 ……… 218
10.3 系统论视角下重大疫情非传统安全事件网络舆情生成逻辑 … 221
10.4 重大疫情非传统安全事件网络舆情跨时空演化机理 ………… 227
10.5 "棱锥型"多主体协作重大疫情网络舆情传播治理模式 …… 232
10.6 本章小结 ………………………………………………………… 234

结论 ……………………………………………………………………… 236

参考文献 ………………………………………………………………… 240

第1章 绪 论

1.1 研究背景和意义

1.1.1 研究背景

20世纪90年代以来，随着微博、社交网站、视频网站等社交媒体飞速发展以及网民数量的快速增长，网络新媒体如雨后春笋般出现，呈现出高速发展趋势。如今，随着互联网的快速发展，信息技术的长足进步，人们生活水平的不断提高，我国正在步入智能化时代。截至2021年6月，我国网民规模达10.11亿人，互联网普及率达71.6%。

互联网的高开放度和强互动性使普通网民获得了较大的知情权与话语权，真正实现了"足不出户便知晓天下事"。近年来，智能手机的快速普及和微博、微信等自媒体平台的飞速发展，使得网民可以通过在线社交网络平台随时、随地发表自己的看法，表达情感、态度、意见、观点，曝光社会事件，颠覆了以往人们获取信息、传播信息的方式与途径，为大众提供了充分表达自我的空间。

需要注意的是，网络信息化和智能移动终端的快速发展，也使得具有传播速度快、表达便捷、影响广泛、易于互动等特点的网络舆情朝移动化、即时化、可视化趋势发展，并产生了不容忽视的社会舆论效果。同时，网络舆情更是一把"双刃剑"，既能对社会进步起到促进作用（如真实的充满正能量的网络舆情），也可能扰乱社会秩序（如虚假的谣言和充满负能量的网络舆情）。当今世界国际环境日趋复杂，不稳定性和不确定性明显增加。我国已进入高质量发展新阶段，正处于转变发展方式、优化经济结构、转换增长动力的攻关期，新冠肺炎防控和经济社会发展各项任务极为艰巨，发展不平衡不充分的矛盾仍然突出。随着政府职能的转变和网络媒体技术的迅速发展，许多问题逐渐显现出来，各类网络危机接踵而至，产生了不同程度的负面影响。党的十九大报告明确指出"恐怖主义、网络安全、重大传染性疾病、气候变化等非传统安全威胁持续蔓延，人类面临许多共同挑战"。由此引发的非传统安全事件具有潜在性、突发性、扩散性和难控性等特点，往往以危机形式呈现并蔓延，是国家安全的新威胁和新挑战。进入 21 世纪以来，SARS、汶川大地震、天津特大火灾爆炸事故、新冠肺炎疫情等非传统安全事件接连出现，不仅给国家和社会造成了巨大动荡和经济损失，同时也引发了系列次生衍生危机事件，给各级政府舆情治理能力带来了更多的挑战。非传统安全事件爆发后，处在恐慌、焦虑状态的网民借助各种社交网络平台表达观点态度，大量舆情信息瞬间涌现并借助社交网络传播，这其中很可能蕴含一些影响国家安全、社会稳定和个人权益的有害的或负面的网络舆情（向卓元、陈宇玲，2016）。互联网与生俱来的虚拟性、匿名性特点和在线社交网络平台的飞速发展，使偏激言论、失真言论甚至网络谣言等也迅速传播。具有攻击性或煽动性的网络谣言容易造成群体极化现象，甚至引发次生舆情与线下群体性事件，对社会和谐稳定造成巨大威胁（曹海军，2019）。由此可见，负面网络舆情如果治理不当，极易发生系统风险，给国家安全和社会和谐稳定带来极大挑战。此外，国外著名学者如米尔格拉姆（Milgram，1967）、巴拉巴西（Barabási & Albert，1999）、克里斯塔基斯（Christakis & Fowler，2009）的研究成果为开展非传统安全事件网络舆情传播研究奠定了理论基础；世界著名期刊《自然》（*Nature*）等也多次刊载了该领域的相关理论研究成果（Vespignani，2018）。因此，开展该领域的研究有十分重要的价值。

本书结合非传统安全事件下网络舆情传播过程虚实互动、情感交互、群体集聚、观点演化、协同干预等特征，从舆情－行为虚实耦合视角出发，按照"网络舆情传播特征—网络群体集聚舆情演变机理—网络舆情传播机制—网络舆情传播治理"的研究思路，综合运用文献分析法、统计物理数据挖掘方法、社会网络分析法、复杂网络传播动力学建模、种群动力学建模、数值仿真方法、案例分析方法等跨学科研究方法开展专题研究。

1.1.2 研究意义

非传统安全事件网络舆情借助在线社交网络传播扩散，呈现出频繁交互、群体极化、链式演变及多层互动等新特点与新规律。在重大突发事件发生时，如果不快速有效治理，可能加剧社会恐慌，打击公众战胜困难的信心，甚至引发系列次生衍生危机。因此，需要探求非传统安全事件网络舆情发生和传播的内在机理，设计非传统安全事件网络舆情协同治理策略，有效治理非传统安全事件下社会管理"炎症风暴"，防控非传统安全事件网络舆情扩散。本书聚焦非传统安全事件网络群体集聚舆情传播与干预问题，不仅有利于推动相关理论研究，而且对加强网络内容建设、营造风清气正的网络空间、维护国家安全和社会稳定具有重要意义。

1. 理论意义

（1）设计非传统安全事件虚实耦合互动的网络群体集聚舆情传播与干预研究基本框架与理论体系。本书结合非传统安全事件下网络舆情传播过程虚实互动、情感交互、群体集聚、观点演化、协同干预等特征，从舆情-行为虚实耦合视角出发，按照"网络舆情传播统计特征—网络群体集聚舆情演变机理—网络舆情传播机制—网络舆情传播治理"的研究思路，提出虚实耦合交互下情感驱动的非传统安全事件网络舆情生成涌现模型、情绪累积与合作竞争效应影响下非传统安全事件网络舆情传播动力学模型以及非传统安全事件网络舆情协同干预控制模型等理论，从而搭建起非传统安全事件网络舆情传播治理体系框架。

（2）探求非传统安全事件情境下网民传播行为内在机理，实现人类动力学、观点动力学与传播动力学理论交叉融合。本书突破传统单纯围绕舆情传播开展研究的局限，将舆情传播问题与线上线下交互行为、主题-情感耦合演化、复杂情绪累积驱动、多元信息竞争合作等机理融合，深入分析非传统安全事件网络舆情传播特征图谱、外在行为内在情感影响下的生成涌现机理、单舆情与多舆情复杂传播机制等，从人类动力学、观点动力学以及传播动力学理论交叉视角阐释非传统安全事件网络舆情传播机制。

（3）拓展非传统安全事件网络群体集聚舆情传播引发衍生危害大规模爆发性风险的应急管理科学研究。本书从非传统安全事件网络舆情传播的干预机理角度出发，建立了网络媒体和政府多主体干预的非传统安全事件网络舆情传播模型，以及考虑外部调控和自身净化机制的非传统安全事件网络舆情传播控制模型，弥补了现有研究无法体现多主体干预对舆情传播治理影响的不足，为净化网络环境指明了方向，为政府和社会有效应对网络舆情提供了科学方法论指导。

2. 现实意义

（1）有效降低非传统安全事件网络舆情潜在次生衍生危害大规模爆发导致的组织重大危机、社会巨大动荡和国家政治安全风险。非传统安全事件网络舆情传播发生在民众心理极其脆弱和信息不对称条件下，极易引发群体极化效应并催生严重的潜在衍生危害。通过对非传统安全事件中网络舆情信息－行为影响特征、传播规律的科学认识，可以做到早期预防、预先准备、早期发现，有针对性地快速采用非常规方法科学疏解与应对，有效降低非传统安全事件网络舆情传播引发的组织重大危机、社会动荡和国家政治安全风险。

（2）提升各级政府和组织对非传统安全事件网络谣言治理能力。从外部干预和内部干预两个视角出发，通过建立非传统安全事件网络舆情传播干预引导模型，提出科学实用的干预方法，开发适用性工具，为网络舆情传播协同治理提供科学支撑。

（3）有利于营造风清气正的网络环境，提升政府和各级组织的公信力。非传统安全事件舆情信息借助社交网络大规模传播扩散，在民众心理恐慌和困惑期将会对公众的态度、信念、行为产生重大而深远的影响，甚至引发潜在衍生危害大规模爆发。本书对非传统安全事件网络舆情的规律性认识，有助于最大程度净化网络生态环境，提升政府和组织的公信力，重塑互联网形象。

1.2 文献综述

非传统安全事件网络舆情传播研究中，网络舆情传播特征提取是前提，群体集聚行为分析是基础，网络舆情传播建模是核心，治理与引导路径设计是最终落脚点与归宿。因此，本书围绕这四个维度梳理国内外研究现状。

1.2.1 非传统安全事件网络舆情传播统计特征分析

有效挖掘网络舆情传播中的统计规律是理解非传统安全事件网络群体集聚舆情传播的基础环节。一般采用互补累积分布函数、卡方检验以及回归分析等统计方法。本节着重对影响非传统安全事件舆情传播的网络结构及网络上的用户行为等关键属性统计特征加以探讨。

1. 舆情传播网络拓扑结构统计特征挖掘

复杂网络拓扑结构对运行其上的舆情信息传播具有重要影响。莱尔曼和高希（Lerman & Ghosh, 2010）通过研究掘克（Digg）和推特（Twitter）两个不同社交网络的传播现象, 发现网络连通性对传播速度和扩散规模具有重要影响。艾沙姆等（Isham et al., 2011）研究发现度相关性, 即一条边连接的两个节点度值之间的相关性, 对传播速度和扩散规模具有较大影响。例如, 无标度网络的度相关性会影响传播阈值及最终扩散规模, 增加网络的度相关性可以使度值大的节点在传播过程中变得相对孤立, 进而起到抑制信息传播的作用（Schlaepfer & Buzna, 2012）。帕克等（Park et al., 2018）指出网络舆情传播过程中的弱关系具有特殊的桥效应。程军军等（Cheng et al., 2013）不仅证实了关系强度在网络舆情等信息传播过程中的关键作用, 同时还发现, 优先选择弱关系无法使网络舆情等信息传播得更快更广, 但若移除这些弱关系, 传播效率会受到显著影响。靳美玲等（Jin et al., 2017）研究发现, 推特中推文传播主要受"关注人-粉丝"网络拓扑的影响, 级联分布是指数为-2.51的幂律分布, 99%以上的级联深度小于3, 舆情传播的整体级联粒度服从幂律分布, 舆情信息呈级联式扩散且以指数衰减。在具体测算方面, 不少研究还关注在线社交网络的舆情传播路径长度等问题, 如最短路径模型对传播范围的近似求解等。

2. 基于人类动力学的网络用户传播行为非泊松统计特征挖掘

探索高度复杂的人类行为, 分析用户行为模式和规律是现代科学的核心议题（Benyoussef et al., 2014; Centola, 2010）。其中, 分析连续行为时间间隔分布, 抽取非传统安全事件网络舆情发布、评论和转发行为特征, 是探究社交网络用户传播行为的重要途径。

巴拉巴西（Barabási, 2005）统计分析发现, 人类收发电子邮件和书信的时间间隔具有非泊松分布特征, 开创了"人类动力学"新方向。一些学者还针对手机用户发送短信的行为进行了统计分析, 结果表明, 不论是个体层面（Hong et al., 2009）还是群体层面（Zhao et al., 2011）, 发送短信的时间间隔都服从幂律分布, 并且连续两次对话之间的间隔时间和对话的长度也服从幂律分布。吴晔等（Wu et al., 2010）通过实证研究, 提出了"头部幂律、尾部指数"的双模分布。闫强等（Yan et al., 2013）通过分析12万条微博信息发布、评论和转发数据, 发现信息发布和评论之间的间隔服从幂律分布。樊超等（2011）进一步归纳总结出通信、商业交易、在线点播等活动的时间统计特性符合幂律分布特征，幂指数分布在 1~3 之间。赵志丹和周涛（Zhao & Zhou, 2013）证实了推特、社区聚合（FriendFeed）等用户活跃性和用户行为之间存在强的正相关性，与时间间隔分布呈现很强的负相关性。王澎等（Wang et al., 2011）对非传统安全事件等情境下用户论坛发帖行为进行分析，发现同一用户发帖时间间隔呈现多尺度特征，在分、小时和天时间尺度上服从不同指数的幂函数律。安德雷等（Andrey et al., 2013）研究了用户在非传统安全事件等情境下 9 个论坛中的行为数据，指出用户发帖行为的时间间隔服从指数为 1.7 的幂律分布。宋亚丁等（Song et al., 2010）通过实证分析得出，非传统安全事件等情境下人类在博客和微博上的时间间隔分别服从 $a=1.3$ 和 $a=2.0$ 幂律分布。何静等（2013）研究了非传统安全事件等情境下群体和个体微博用户的信息发布时间间隔，并论证了转发数量与粉丝数量的相关关系。鲍媛媛等（Bao et al., 2011）以粉丝数量最多的 15 位微博用户为研究对象，发现非传统安全事件等情境下个体发布微博行为具有阵发性特征，时间间隔服从指数为 1.4 的幂律分布。此外，维基百科中的协作行为（Muchnik et al., 2013）、天涯社区和百度贴吧的阅读、回复等也都服从重尾、幂律等分布（Wu et al., 2012）。

上述用户传播行为的非泊松特性为研究非传统安全事件网络舆情传播机制开拓了全新视野，而如何有效解释这一现象则成为另一个紧密相关的重要问题。其中，排队论模型为探索非传统安全事件网络舆情传播机制提供了重要的理论依据。例如，巴拉巴西（2005）提出的基于优先选择机制的任务队列模型，为理解社交网络用户传播行为时间间隔的胖尾分布提供了重要理论参考。萨内特（Zanette, 2002）构建的存在等待时间的 SIR 模型以及周涛等（2013）提出的 Related-clock 方法，也分别从时间和行为异质性的角度研究了在线社交网络传播机制。巴斯克斯等（Vazquez et al., 2006）对电子邮件用户数据集进行统计分析，讨论了两个排队模型，第一个模型假设个体任务数量没有限制，预测个体等待时间服从指数 $\alpha=3/2$ 的重尾分布，第二个模型对队列长度施加限制，结果得到 $\alpha=1$。吴联仁等（2015）基于用户行为时间异质性建立网络舆情传播模型，通过异质的时间间隔序列对网络舆情传播过程进行仿真。郭进利（2011）通过实证发现非传统安全事件等情境下博文评论的时间间隔服从幂律分布，并在此基础上构建了人类兴趣衰减的动力学模型。肖云鹏等（Xiao et al., 2012）指出用户行为主要由社会环境、用户交互程度、用户参与程度和用户关注关系等四个因素共同决定，并据此提出了一种用户个体关注焦点和用户交互行为的混合模型。闫强等通过研究非传统安全事件等情境下的微博用户行为特征，发现用户发布微博时间间隔分布受到用户关注焦点自然衰减规律的影响，同时用户关注焦点变化也会受到与其他用户交互行为的影响，频繁的交互行为会减缓用户关注焦点的衰减程度，为此提出了基于用户交互和用户关注焦点共同影响的用户微博发布模型（Yan et al.，2012），并进一步提出一种基于用户交互程度和社会网络关系结构的微博发布行为模型，很好地解释了不同用户发布微博数的规律变化现象（Yan et al.，2013）。

1.2.2 非传统安全事件网络舆情观点生成及演化机制

为研究个体如何选择同行进行意见交换并说服对方，一些学者围绕观点动力学展开研究，包括少数服从多数模型、线性概率模型等（Guille et al.，2013）。张海峰等（Zhang et al.，2014）发现概率函数可以近似拟合线性概率函数和多数规则两种极端情况，提出了强化选择概率模型。熊熙等（Xiong et al.，2013）分析了动态网络演化中观点的聚类现象，提出了一种将舆情观点与网络拓扑结构相耦合的动态演化模型。司夏萌等（Si et al.，2016）将舆情传播与观点演化过程合并，引入了两个基于情感的传播阈值，即感染阈值和难治性阈值，并提出一个基于贝叶斯更新规则的观点演化动力学方程，以此分析情感态度对网络舆情等信息扩散与观点交互的影响。张毅超等（Zhang et al.，2014）发现谣言等负面网络舆情在传播过程中会被个人以一定概率修改。顾秋阳等（2019）构建了移动社交网络谣言传播群体动态演化模型并进行数值仿真，剖析了演化过程中多网络舆情信息间的交互作用机制。张亚明等（Zhang et al.，2014）借鉴种群动力学思想，构建了基于合作竞争复合机制的多舆情传播演化模型，通过探讨演化过程中多信息间的交互作用机制，阐明非传统安全事件等情境下网络舆情的传播演化规律。王舰等（2018）针对非传统安全事件等情境下网络舆情传播过程中复杂动力学演化问题，构建网络舆情演化模型，有效描述网络舆情形成和演化过程中的动力学行为。

1.2.3 非传统安全事件网络舆情扩散过程建模

1. 基于传染病动力学的舆情传播研究

近年来，国内外学者利用传播动力学方法对非传统安全事件网络舆情传播现象进行了大量研究（Gomez et al., 2013），尝试从多个视角揭示其内在机理。鉴于在线社交网络舆情传播与传染病传播具有一定相似性（Rapoport & Rebhun L, 1952），基于传染病动力学模型来构建传播动力学模型，成为研究非传统安全事件网络舆情传播的重要途径。如经典的 D–K 模型、M–T 模型，将均匀混合的人群分为易感人群、感染人群、免疫人群三类，其中易感人群表示没有听过谣言等网络舆情的人，感染人群表示积极传播谣言等网络舆情的人，免疫人群表示知道但不传播谣言等网络舆情的人（Daley & Kendall, 1965; Maki & Thompson, 1973; Sudbury, 1985）。

2. 基于复杂网络理论的网络舆情传播研究

伴随着互联网技术与社交网络飞速发展以及不断进化迭代，传统传染病模型很难精准刻画非传统安全事件网络舆情传播过程，部分学者将经典传播模型和近年来兴起的网络模型相结合，引入网络拓扑结构来改进传播动力学模型。

一方面，一些学者考虑在线社交网络的小世界特性，对传播动力学模型进行改进。萨内特（2002）首次在小世界网络模型中对谣言等网络舆情的传播规律进行研究，并阐释了谣言等网络舆情传播的临界值。桑托斯等（Santos et al., 2005）引入同构小世界网络，探讨了两种机制对流行病暴发阈值的依赖关系，以及在自然选择条件下合作者和叛变者的共同进化机制。孙庆川等（2010）研究发现，小世界网络的信息吸引力在阈值附近时，添加随机边增大传播范围，当信息吸引力达到足够大值时，图结构的变动对网络舆情信息传播范围影响不大；当网络舆情信息吸引力在阈值附近时，网络舆情信息传播消耗时间对网络规模大小很敏感，网络舆情信息吸引力达到足够大值时，其值趋于稳定。

另一方面，一些学者针对在线社交网络的无标度特征，对传播动力学模型进行了改进研究。莫雷诺等（Moreno et al., 2004）对谣言等网络舆情在复杂异质网络中的传播规律进行研究，建立了平均场方程，并将齐次网络的解析结果和蒙特卡罗仿真结果进行比较。内科维等（Nekovee et al., 2007）建立了在线社交网络谣言等舆情传播动态平均场方程，研究结果表明，无标度网络更易于谣言等网络舆情传播扩散。潘灶烽等（2006）对具有幂律度分布和可变聚类系数的无标度网络上传播行为进行研究，结果表明，聚类系数越高越有利于抑制谣言等网络舆情传播。孙华程（2006）在无标度网络内引入可变集聚系数，构建了公共危机舆情传播模型，发现透明度、集聚度、连接时间、网络连接边数是影响危机网络舆情传播的主要参数。

值得注意的是，上述研究均假设网络为无权网络，但在现实生活中有些网络中的用户关系强度具有差异，为此一些学者还进一步研究了加权网络上的舆情传播问题。拉塔纳等（Rattana et al.，2013）研究了无向加权网络上的 SIS 和 SIR 模型，分析了权值分布对流阈值的影响。阚佳倩等（2014）考虑加权网络中网络结构非局域性效应、连边权重、社会增强效应对舆情传播的影响，研究发现，个体越倾向接受亲密朋友的信息，舆情越不容易大范围传播；个体越倾向接受非亲密朋友的信息，舆情越容易大范围传播。王金龙等（2015）构建了基于用户相对权重的在线社交网络舆情传播模型，仿真结果表明，在非均匀网络中，该模型更能体现真实网络特点，同时验证了节点地位对舆情传播的影响。

3. 考虑人类行为社会属性的网络舆情传播研究

由于网络舆情传播与疾病传播存在本质差异，疾病传播是无意识的，谣言传播是社会传播，凝聚着人类行为的社会属性（Iribarren，2009），国内外许多学者还进一步将人类行为社会属性因素引入到模型中，对在线社交网络舆情传播问题进行深入研究。

一方面，由于人类具有遗忘性，一些学者从遗忘记忆视角并融合其他因素展开研究。辜姣等（Gu et al.，2008）提出了遗忘记忆复合机制，发现遗忘记忆复合机制对网络舆情传播有显著影响。吕琳媛等（Lü et al.，2011）提出了考虑社会强化、记忆效应和非冗余接触的传播模型。张芳等（2009）考虑人与人之间的沟通以及有限个体记忆，建立了 Agent 仿真模型，发现信任程度、内容重要性和模糊性、个体有限记忆以及传播倾向对谣言等网络舆情的形成和传播具有重要影响。赵来军等（Zhao et al.，2012，2013）考察了遗忘率对谣言等网络舆情传播规模的影响，研究发现遗忘和记忆机制将延迟谣言等网络舆情结束时间，降低谣言等网络舆情的最大影响，初始遗忘率越大或遗忘速度越快，最终范围越小。王佳佳等（Wang et al.，2014）构建了 SIRaRu 谣言等网络舆情传播模型，数值模拟表明，网络拓扑结构和遗忘率对谣言等网络舆情传播均有较大影响。王超等（2014）引入遗忘机制和遏制机制，构建了社交网络舆情传播模型，分析了两种机制对舆情传播的影响。王泰等（2014）引入网民之间的相互激励、网民自身的遗忘和外界媒体的激励等因素，建立了非传统安全事件网民活跃度模型。

另一方面，由于舆情信息内容是影响用户传播行为的重要因素，一些学者还从内容吸引力等视角展开了研究。刘咏梅等（2013）发现兴趣衰减系数较大影响了网络舆情传播过程。王瑞等（2017）引入用户兴趣空间和用户影响空间，根据用户对传播内容的喜爱程度和其他用户的影响程度预测用户接收传播内容的概率。夏志杰等（2019）提出了一种改进的 SEIR 模型，分析了内容吸引力对谣言等网络舆情传播的影响。王长春等（2012）引入谣言等网络舆情属性变量，探讨了内容属性对谣言等网络舆情传播效果的影响。

除此之外，还有一些学者从焦虑等心理特征视角分析了网络舆情传播问题（张芳等，2013；Anthony，1973）。王亚奇等（Wang et al.，2013）构建考虑信任机制的改进 SIR 模型，发现信任机制可降低谣言等的网络舆情传播速度，延缓谣言等的网络舆情终止时间，减少谣言等的网络舆情传播范围。王家坤等（2019）引入用户感知价值等影响因素，建立了基于用户相对权重的网络舆情传播模型。

4. 基于系统动力学的网络舆情传播研究

部分学者将经典传播模型与系统动力学建模相结合对网络舆情进行研究（李仕争等，2016）。袁国平和许晓兵（2015）利用系统动力学进行建模，采用 Vensim Personal Learning Edition（Vensim PLE）软件对模型进行仿真，分析了事件公共度、事件敏感度、网民质疑度、政府公信力四个方面对网络舆情热度的影响。结果表明，舆情热度的发展具有明显的生命周期特征且爆发期很短，事件的公共度和事件敏感度的增加会使网络舆情热度增加。狄国强等（2012）通过建立网络舆情事件系统动力学模型，从网民、传统媒体、网络媒体和政府四个维度定量刻画了各自对网络舆情传播的影响，发现网络舆情的发展、变化及消退与媒体传播、引导以及政府相关部门的处理呈现相关关系，可以通过监控、引导、透明、公开信息的手段疏导和平息热度高涨到一定程度的网络舆情。朱晓倩（2018）通过对谣言等网络舆情制造者群体的行为规律进行研究，基于系统动力学理论，分别从信息接触者的个人作用、社会作用以及政府作用三个方面构造网络舆情传播行为演变系统，对网络舆情传播行为演变的影响因素进行分析，用网络舆情传播倾向度作为反映信息接触者受各因素影响的量化指标，并基于 Vensim PLE 平台动态模拟舆情传播行为演变过程，探究舆情传播演变规律。

1.2.4 非传统安全事件网络舆情传播协同治理研究

1. 政府对网络舆情传播的干预机制

营造良好网络生态，维护国家安全和公共利益，是各级政府的责任，近些年学者围绕政府对网络舆情传播的干预问题开展了系列研究。李春发等（2018）基于 Bass 模型构建了政府干预下虚假网络舆情传播模型，并借助 Anylogic 平台进行模拟仿真，剖析了不同干预时点和干预强度对群众行为的影响。王治莹和李勇建（2017）通过对非传统安全事件网络舆情典型案例进行研究，建立了政府干预下的网络舆情传播控制系统，剖析了政府的不同干预措施、干预情景对非传统安全事件网络舆情的影响程度。李丹丹和马静（Li & Ma，2017）探讨了政府惩罚力度对网络舆情传播的影响，发现提高政府惩罚力度有利于引导舆情传播。肖人彬和张耀峰（2012）建立了政府和网民舆情信息传播演化博弈模型，指出对于爆发时间较长、参与人数较多的非传统安全事件，政府应及时、公开、透明处理。杨喜艳等（Yang et al.，2019）提出一种随机干预策略，有效缩短了谣言等网络舆情传播周期并降低了接收者的比例，特别是在早期阶段治理效果更佳。樊重俊等（2016）构建以 SIS 传染病模型和种群竞争模型为基础的非线性微分方程，分析官方对谣言等网络舆情传播的干预作用。宋楠等（2015）引入随机策略和择优策略分析恐怖信息传播的影响因素与政府的最优应对策略。霍良安和马晨阳（Huo & Ma，2018）考虑官员多次否认网络舆情的周期性冲动，提出了具有时滞和脉冲免疫的传播干预模型，结果表明，长潜伏期、短脉冲期、大免疫率是有效干预网络舆情传播的充分条件。

2. 网络媒体对舆情传播的干预机制

作为舆情信息的传播载体，网络媒体对网络舆情观点的产生与演化影响重大，许多学者就网络媒体对舆情传播的干预机制展开了丰富研究。狄岚和顾雨迪（2018）引入群体分层概念，提出了带有媒体干预的网络舆情分层演变模型，研究了分层媒体作用以及初始分层密度对网络舆情传播过程的影响。陈波等（2011）构建了带直接免疫的 SEIR 网络舆情传播控制模型，借助 Wiki 技术搭建网络舆情传播控制平台进行仿真剖析，提出了网络媒体对舆情的干预方法。梅妍霜等（2019）围绕媒体协同作用机制，选用 SI 和 SIR 模型构建双层网络话题传播模型，仿真分析了媒体作用节点和作用时长对网络舆情传播的影响,发现相对于单个媒体,多个媒体构建的协作网络对话题传播有更强的干预作用,并且会受到媒体介入时间和媒体作用时长的影响。朱恒民等(2013)考虑到媒体数量、可信度和报道力度,构建媒体作用下的社交网络舆情话题传播模型,发现媒体可以加快网络舆情话题传播速度,扩大传播范围。霍良安等(Huo et al.,2019)分析了媒体报道对谣言等网络舆情传播的影响,利用Routh-Hurwitz理论分析了平衡点及其稳定性,利用Pontryagin's极大值原理分析了最优控制的存在性,数值仿真结果表明,所提出的最优控制策略有效减少了谣言等网络舆情传播者数量。赵洪涌和朱霖河(2015)引入媒体报道、空间扩散、时空滞后等因素分析社交网络谣言舆情传播过程,建立新的社交网络舆情传播时空模型,分析系统稳定性以及Hopf分岔条件,发现媒体深度报道有助于减小谣言等网络舆情传播者密度,扩大系统稳定区域。

3. 政府与网络媒体对舆情传播的协同干预机制

近年来,随着网络舆情传播问题的日益复杂,部分学者基于政府与网络媒体协同治理视角展开研究。曾群等(2017)从情感反应和风险认知两个维度研究了媒体与政府如何影响受众的态度及传播行为,利用PLS结构方程构建了双路径网络舆情干预模型。赵蓉英和王旭(2018)提出了针对信源(政府)-信使(媒体)-信宿(公众)思维变革的非传统安全事件网络舆情引导对策。杨阳(2019)围绕网民、网媒和政府关系问题,基于Logistic微分方程和演化博弈方法构建了网媒和政府干预下的网络舆情演化模型,指出网媒和政府作为网络舆情演化的主要干预力量,在很大程度上控制着网络舆情演变方向。霍良安等(Huo et al.,2018)考虑政府应急策略和媒体报道对谣言等网络舆情传播的动态影响,提出网络舆情非线性动态最优控制模型,仿真结果表明,调整政府的应急策略和媒体报道,可有效降低谣言等网络舆情传播范围和传播峰值。朱霖河和李玲(2020)引入辟谣机制和时滞效应研究网络谣言传播过程,发现政府和媒体发布的辟谣信息可有效降低谣言传播范围。

4. 网络舆情内部自我净化机制

除了上述外部干预,网络用户也会在一定时间内实现自我纠错、自我净化(Simon et al.,2015;Tanaka et al.,2013;鲁晓薇,2011;陈力丹,2011)。为此,一些学者从内部自我净化视角研究了非传统安全事件网络舆情传播干预问题(Ozturk et al.,2015;徐汉明和张新平,2018)。

一些学者通过改进网络舆情传播规则、引入自净化者等构建传播动力学模型，研究网络舆情内部自我净化机制。王山龙（2019）指出非理性网络舆情具有情绪化、一边倒、动态性等特征，并以"8.25 德阳女医生自杀事件"为例，深入探究了非传统安全事件网络舆情自净化机制。王筱莉和赵来军（2012）为降低谣言等网络舆情对公众和社会的影响，构建了具有怀疑机制的 SIQR 网络舆情传播模型，发现网络舆情在具有怀疑机制的传播过程中传播得更慢，且真相传播率越大，网络舆情的最大影响力越小。夏志杰等（Xia et al.，2019）在经典 SIR 模型基础上，引入网络舆情净化者，构建了考虑自净化机制的社交网络舆情传播干预模型并进行模拟仿真，结果表明，社交网络用户具有自净化潜力，但效果取决于用户辨别能力、批判性思维习惯、潜在净化者参与意愿及其影响力等因素。滕婕等（2020）引入个体异质性，采用异质元胞自动机构建改进 SEIR 辟谣信息扩散模型。瞿倩倩等（2019）引入谣言等网络舆情信度函数，分析用户对谣言等网络舆情的自我抵抗能力，并据此提出了控制谣言等网络舆情传播的建议。桑春艳等（Sang et al.，2020）指出用户辨别信息的能力取决于他们的自觉行为和知识水平，并提出了一种新的移动社交网络舆情传播 SEIRD 模型，从理论上给出了该模型的基本再生数和平衡点，分析了无舆情平衡点的局部稳定性和全局稳定性。陈福集和陈婷（2014）考虑到个体流动性以及谣言等网络舆情传播者冷静一段时间后会成为免疫者的现实情形，提出非传统安全事件网络舆情传播干预模型。邓青等（2016）在传染病模型和多属性模型基础上，加入周围邻居、用户自身对新舆情信息的抵抗力和外界环境的影响，构建了元胞自动机模型，分析了不同干预时点和干预强度对舆情传播扩散的抑制效果。

除此之外，一些学者还从群体层面对网络舆情内部自我净化问题进行研究。刘云霄（2013）研究发现，群体智慧可以实现微博网络舆情自净化，即当谣言或其他危害民众的信息在微博传播时，可通过用户发布互补、纠错等信息，使事实真相呈现在大众面前，使得谣言等网络舆情失去生命力并自动消解，实现微博健康运转。张志花等（2015）构建了微博舆情自我净化模型，指出用户参与度越大，网络舆情净化者对其他人的影响力越大，微博自净化效果越好。

5. 双信息网络舆情干预机制

非传统安全事件下，真实信息发布后不实网络舆情有时不会瞬间消失，网络空间时常出现竞争信息并行传播情形，为此，一些学者对双信息传播干预机理进行了研究。李林和孙军华（2014）分析了社会群体面对冲突信息的反应，建立了冲突信息传播模型。刘云等（Liu et al.，2016）对竞争对偶舆情扩散过程进行研究，发现竞争的最终结果与二元舆情信息的稳定转化率之比密切相关。杨力等（Yang et al.，2016）提出一个多网络上的竞争信息传播模型，发现竞争信息的传播过程与节点度密切相关，控制竞争信息的转换率可以准确确定信息优势。罗贵明（Luo，1997）探讨了正面新闻对社交网络舆情传播的影响，提出了 ISSPR 舆情传播控制模型。张菊平等（2009）引入真实信息传播者，建立了考虑遗忘因素的 SITR 网络舆情干预模型，利用下一代矩阵求解模型阈值，分析边界平衡点条件及其稳定性，并通过数值模拟对理论结果进行验证。霍良安等（Huo et al.，2017）针对非传统安全事件网络舆情传播过程中政府发布真实信息的情况，建立了具有脉冲效应的网络舆情传播干预模型，利用 Floquet 理论和多个 Lyapunov 函数，分析了系统阈值以及其稳定性。于建业等（Yu et al.，2019）构建了社会进化博弈框架来研究竞争信息传播中的人类行为，结果表明，当竞争信息的收益约为原信息收益的 1.2 倍时，可以弥补由于战略变化而造成的声誉损失。

1.2.5 研究述评

综上所述，国内外学者已从不同视角对非传统安全事件网络舆情传播相关问题进行了大量研究，在复杂网络、数据挖掘、系统动力学等研究领域取得了丰富的重要成果。一方面，基于复杂网络和人类社会属性等建立的网络舆情传播模型，为研究非传统安全事件网络群体集聚舆情传播演化趋势奠定了理论基础；另一方面，研究网络舆情传播控制机理，为有效控制非传统安全事件网络舆情传播提供了理论依据，但仍有以下问题亟待深入研究。

1. 基于用户画像的非传统安全事件网络舆情传播特征挖掘

用户画像是根据用户属性、偏好、生活习惯、行为等信息抽象出来的标签化用户模型，利用高度概括、容易理解的特征来描述用户，有助于更深入理解用户行为特征。然而，当前基于微博、论坛等多种社交网络平台探讨的非传统安全事件舆情传播用户画像研究很少，难以体现非传统安全事件网络空间用户活动的全貌。因此，构建非传统安全事件网络舆情传播用户画像模型并分析其行为特征是亟待解决的重要科学问题。

2. 虚实耦合交互下情感驱动的非传统安全事件网络舆情生成涌现机制研究

非传统安全事件网络舆情传播极易引发现实社会群体的非理性行为，并在线上线下相互作用下形成耦合效应，且伴随着事态发展演变，网络舆情主题与用户情感态度也随之动态演变，共同推动非传统安全事件关联网络舆情相继涌现。目前，现有研究大多忽略了虚实互动、情感倾向性动态演变等特性对网络舆情演化的影响，因而远不能满足对非传统安全事件网络舆情生成涌现过程复杂性理解的需要，无法精准刻画情感驱动的个体–群体虚实耦合动态交互作用下的网络舆情生成涌现演化过程。因此，如何拓展分析舆情–行为耦合交互的非传统安全事件网络群体集聚内在机制，并在传统网络舆情话题分析的基础上引入情感演化周期理论，对非传统安全事件发生后不同阶段的网络舆情主题进行界定，进而结合情感倾向性分析，探究虚实耦合交互下情感驱动的非传统安全事件网络舆情生成涌现机制是亟待解决的重要科学问题。

3. 非传统安全事件网络舆情复杂传播机制研究

与普通舆情独立传播不同，非传统安全事件网络舆情传播过程呈现群体极化、多主题并存等特征。然而，现有研究主要聚焦分析单一网络舆情独立传播规律，无法体现非传统安全事件网络舆情传播群体集聚、观点争议等特点，难以深入刻画多信息内在交互机制，难以掌握不同网络舆情之间相互依赖、共同演化的作用机理。因此，如何突破单一网络单舆情独立传播局限，融合观点动力学与传播动力学，构建群体极化、竞争共生并存等影响下的非传统安全事件网络舆情传播动力学模型是亟待深入研究的科学问题。

4. 非传统安全事件网络舆情传播协同治理研究

非传统安全事件下，有效应对网络舆情传播扩散需要内部、外部多主体相互协作，协同治理。现有研究大多从单一视角出发研究网络舆情干预问题，无法较好刻画多主体协同干预情境。因此，如何突破非传统安全事件网络舆情多主体干预过程刻画难题，构建非传统安全事件网络舆情传播协同治理模型，进而创建协同治理体系，提出协同治理策略，有效应对非传统安全事件网络舆情大规模扩散是亟待解决的关键问题。

1.3 研究内容与方法

1.3.1 结构框架与研究内容

非传统安全事件网络群体集聚舆情传播对政府执政、公共管理及公众社会生活产生了深远影响，已成为影响国家安全的重要方面。本书旨在搭建非传统安全事件虚实耦合互动的网络群体集聚舆情传播研究基本框架与理论体系，揭示虚实耦合互动下非传统安全事件网络舆情传播规律，为各类组织和各级政府科学应对非传统安全事件网络舆情传播及背后深层社会问题提供决策依据。为此，结合非传统安全事件网络舆情传播虚实耦合互动性、主题情感交互性、群体情绪累积性、多元信息共生性、内外干预协同性等特征，从舆情－行为耦合交互视角出发，按照"网络舆情传播特征提取—群体集聚舆情观点演变分析—网络舆情传播机制分析—网络舆情传播协同治理"的脉络，综合运用动力学建模、数值仿真、案例分析等跨学科研究方法，全面系统分析非传统安全事件虚实耦合互动的网络群体集聚舆情传播问题。本书主要结构框架如图1－1所示。

本书内容共10章，分为六大部分。

第一部分由第1章、第2章构成，主要介绍研究背景与意义、国内外研究现状以及相关理论，为研究非传统安全事件网络群体集聚舆情传播问题奠定理论基础。这部分通过综述网络舆情传播统计特征、舆情观点生成及演化机制、网络舆情传播模型以及协同治理等方面的研究现状，分析未来发展方向，同时介绍了与本研究相关的非传统安全事件、网络舆情、在线社交网络等基础理论，为后续研究奠定理论基础。

第二部分由第3章构成，基于用户画像分析非传统安全事件网络舆情传播统计特征。这一部分通过对我国最为典型的社交平台，如新浪微博、腾讯QQ、天涯论坛和人人网等平台的数据进行收集与深入挖掘，从人口学特征（如性别、年龄、职业等）以及信息传播行为特征（包括信息传播行为特征与交互传播行为两个维度）构建非传统安全事件网络舆情用户画像概念模型，全面刻画非传统安全事件网络舆情传播用户画像，并对非传统安全事件网络舆情传播特征进行实证分析，为挖掘非传统安全事件网络空间用户行为特征提供依据。

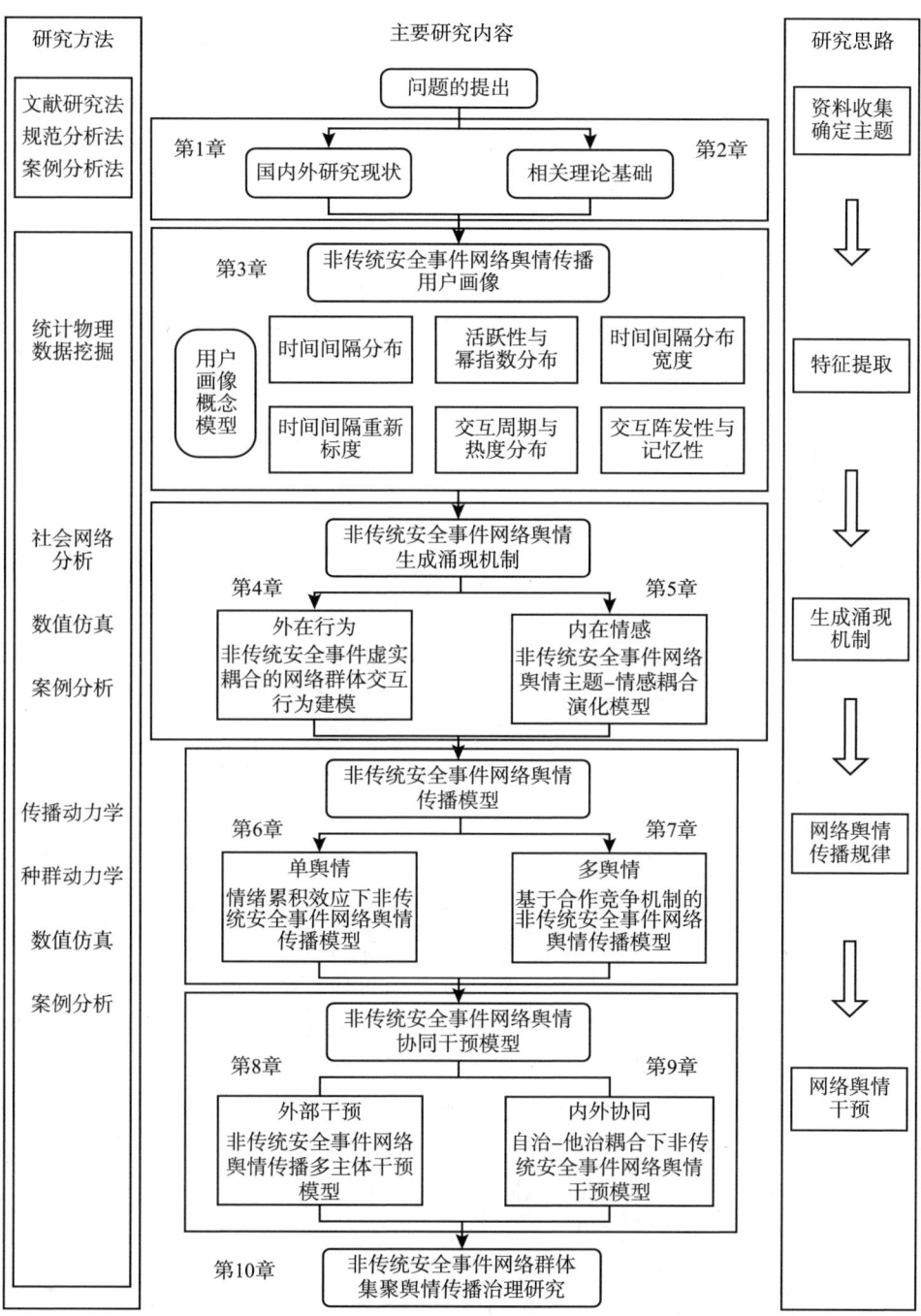

图1-1 技术路线

第三部分由第 4 章、第 5 章构成，分别从外在行为、内在情感两维度揭示非传统安全事件网络群体集聚舆情生成涌现机制。这一部分借助行为科学分别从虚实耦合互动的网络群体交互机制、主题 - 情感耦合演化机制两方面入手，将舆情 - 行为耦合强化效用融合到非传统安全事件网络舆情生成涌现过程机制分析中，建立虚实耦合的非传统安全事件网络群体交互动力学模型。同时基于情绪感染理论与 LDA 主题模型，构建主题 - 情感耦合作用下非传统安全事件网络舆情观点演化模型，揭示网络群体集聚下舆情生成涌现规律。

第四部分由第 6 章、第 7 章构成，分别针对单舆情、多舆情两种传播情形构建动力学模型，揭示非传统安全事件网络舆情传播规律。本部分分别基于复杂网络动力学、种群动力学理论剖析非传统安全事件中群体极化效应以及竞争共生并存效用影响机制，构建情绪累积效应下非传统安全事件网络舆情传播动力学模型，合作竞争机制下的非传统安全事件多舆情传播动力学模型，揭示非传统安全事件网络舆情传播规律。

第五部分由第 8 章、第 9 章构成，分别从外部干预、自身净化两维度剖析非传统安全事件网络舆情调控机制。这里考虑外部多元主体协同干预问题以及自身净化与外部干预的耦合作用过程，分别构建网络媒体和政府多主体干预的 SHIsIoR 非传统安全事件网络舆情调控模型，以及考虑外部调控和自净化机制的非传统安全事件网络舆情 $SEIR_1R_2$ 传播控制模型，为组织和政府有效应对非传统安全事件网络舆情传播，以及科学预警响应决策提供理论依据与实践指导。

第六部分由第 10 章构成，综合运用前五部分理论研究成果，提出非传统安全事件下网络群体集聚舆情传播治理策略。本部分采用案例分析法，通过挖掘非传统安全事件下网络群体集聚特征，描绘形式渠道多样性、异质观点衍生性、发酵扩散裂变性、虚实集聚联动性等舆情传播扩散图谱，并基于系统论思想，从事件、主体、环境三维度阐释非传统安全事件下网络群体集聚舆情涌现生成逻辑，进而以新冠肺炎疫情非传统安全事件网络舆情为例，揭示出网络舆情阶段演化、空间集聚、等级扩散、话题衍生等跨时空演化机理，并指出为有效应对非传统安全威胁下网络群体集聚舆情传播扩散，应充分发挥政府、媒体、智库以及公众多主体功能优势，实现"棱锥型"治理，不断推进国家治理体系和治理能力现代化建设。

1.3.2　研究方法

本书采用的具体研究方法主要包括以下六种。

（1）文献分析法。通过查阅图书、期刊等文献资料，对相关重要学术成果进行归纳分析，梳理国内外在非传统安全事件网络舆情传播统计特征、观点生成及演化机制、扩散过程建模、协同治理等方面的研究成果，挖掘亟待解决的关键科学问题。

（2）统计物理数据挖掘方法。运用统计物理数据挖掘方法，通过时间序列数据挖掘，结合非传统安全事件网络舆情传播数据，分析网络舆情传播特征、生命周期等，揭示传播过程所隐藏的统计性规律，为后续研究奠定基础。

（3）社会网络分析方法。运用该方法分析在线社交网络拓扑结构，节点出度、入度等网络结构对非传统安全事件网络舆情传播的影响，并基于双层网络理论剖析舆情 - 行为耦合的非传统安全事件网络群体交互行为。

（4）复杂网络动力学建模方法以经典传染病动力学、种群动力学模型为基础，依据舆情传播相对于传染病传播的本质差异进行改进，结合情绪累积效应等定义网络用户节点状态与网络舆情传播规则，构建非传统安全事件网络舆情传播动力学方程，描述非传统安全事件网络舆情传播过程。

（5）数值仿真方法。借助 Matlab 平台模拟非传统安全事件网络舆情传播复杂过程，验证虚实耦合的网络群体交互模型、情绪累积效应下网络舆情传播模型、基于合作竞争机制的多舆情传播模型、多主体干预下网络舆情传播控制模型和自治 - 他治耦合作用下的网络舆情治理引导模型等结果的正确性，揭示非传统安全事件网络舆情传播与调控机理。

（6）案例分析法。通过分析多起非传统安全事件网络舆情经典案例，分析非传统安全事件网络舆情传播特征、生命周期以及传播演化机制，以期为非传统安全事件网络群体集聚舆情传播与治理提供理论指导。

第 2 章 相关理论基础

非传统安全事件如恐怖主义、网络安全、重大传染性疾病等成为人类面临的共同挑战，无论发生在何地均会引起公众广泛关注并生成网络舆情跨地域实时传播，且极易产生群体集聚效应，呈现观点极化等特点，进而在虚实耦合交互下推动事件升级甚至衍生新的非传统安全事件，催生新的网络舆情。由此可见，全方位、多主体乃至跨国合作协同治理刻不容缓。本章深入剖析非传统安全事件、网络舆情内涵，界定研究对象，并基于网络空间大数据分析非传统安全事件网络舆情传播特征、影响因素、生命周期，挖掘社交网络复杂拓扑结构特征及对非传统安全事件网络舆情传播过程的影响，为后续研究奠定理论基础。

2.1 核心术语

2.1.1 非传统安全事件

关于非传统安全的研究源于西方，理查德（Richard H. Ullman，1983）较早提出了非传统安全概念，将贫困、疾病、自然灾害等都纳入安全概念范畴。史密斯（Steve Smith，2002）指出，非传统安全涉及军事安全以外的政治、经济、社会、文化和环境等诸多领域。20世纪90年代起，非传统安全逐渐引起国内学者关注，但因其源于西方政治话语体系，国家间政治文化存在差异且安全具有模糊性，导致非传统安全难以界定。因此，国内学者大多通过描述其特征如跨国性、不确定性、动态性等对非传统安全进行概述，并指出其与主权安全、军事安全、政治安全、外交安全等传统安全的区别。非传统安全以人的安全、社会安全等为重心，涉及一切非军事武力安全领域，来源具有不确定性，需要跨国联合维护。此外，国内外学者对非传统安全事件进行了分类，代表性分类法包括领域论和层次论。其中，领域论研究者将非传统安全事件按照内容领域进行分类，层次论研究者主张从个人到全球的不同层次上对现有非传统安全事件进行分类。除此之外，余潇枫（2014）还从威胁发生源的角度，提出以非传统安全事件发生与问题的地点源起为边界、以对非传统安全事件的应对方式为要点，对非传统安全事件进行分类。

根据上述分析，本书将非传统安全与军事安全、政治安全等传统安全相区别，界定非传统安全事件主要指由非军事因素导致的疾病、自然灾害等更广泛领域的生存性威胁安全事件。如今非传统安全已构成国家安全的重要组成部分，特别是我国正处于实现中华民族伟大复兴的关键时期，诸如新冠肺炎疫情等非传统安全事件已成为公众关注的热点。

2.1.2 非传统安全事件网络舆情

随着信息技术的飞速发展以及智能移动终端设备的快速普及，一大批社交网络平台如脸书、推特、微信、微博、知乎、百度贴吧、抖音、快手等快速崛起，并成为人们随时随地生产信息、传播信息、表达诉求和观点的重要载体。传统舆情已被极大地拓展延伸到虚拟网络空间，并催生出网络舆情这一新生事物（Xie et al., 2017）。

网络舆情的概念内涵尚无统一界定，学者们分别从多个角度进行了诠释和解读（李纲和陈璟浩，2014）。王来华（2008）、张克生（2004）、姜胜洪（2012）、张春华（2012）等把网络舆情界定为网民受到非传统安全事件等刺激后，基于情感认知和个人意志，在社交网络平台发表的信息观点，其为公众社会情绪在网络空间的映射，反映了社会政治态度。曾润喜（2009）、刘毅（2007）、康伟（2012）指出网络舆情为网民各种意见的集合或总和。周如俊（2005）认为网络舆情是公众在网络空间针对非传统安全事件等"热点"或"焦点"话题表达的带有一定影响力和倾向性的言论。王平等（2013）对网络舆情的构成要素进行概括，包括主体（网民）、对象（事件）、本体（网民情绪、意见、态度、意愿）、媒介（互联网）和过程（周期性）。张波（2013）将网络舆情定义为公众基于自身利益或兴趣在网络空间对非传统安全事件所持有的各种情绪、意见等的交错总和。周昕等（2016）指出，非传统安全事件网络舆情传播受到社会秩序、法律法规、社会认知和文化等多重因素共同影响。此外，还有一些学者基于网络舆情主题，分别从广义、狭义两个维度进行界定。

值得注意的是，上述网络舆情通常指一般情境下的普通网络舆情。非传统安全事件下，作为国家主流意识形态和公众价值观念的直接表现，网络舆情往往瞬间涌现并大规模扩散，打破网络空间生态系统平衡，成为影响国家安全稳定的重要因素，已上升至非传统安全的重要层面。为此，本书界定非传统安全事件网络舆情为：以网民为主体的社会公众在一定时空范围内，以在线社交网络平台为载体，围绕非传统安全事件所发表的具有一定强度和影响力的各种信念、认知、情绪、态度、意见的总和，是非传统安全事件下社情民意在网络空间的新型表现形式。

2.2　非传统安全事件网络舆情传播特征

2.2.1　非传统安全事件网络群体集聚舆情扩散图谱

由于非传统安全事件关乎人类生命健康、人身财产安全等，公众往往跨越时空界限，围绕其展开广泛讨论，同时公众言论与现实社会行为耦合交互共同演化扩散，使得这种情境下网络舆情具有不同于普通舆情的系统性、复杂性、关联性、群体集聚性等特点。如图2-1所示，非传统安全事件网络舆情一方面在传播模式上呈现多形式、多载体、多途径立体化传播格局，另一方面在传播内容上呈现多观点、多焦点、多层次辐射性演化扩散态势，因而在较短时间、较大范围、较广领域产生突发性几何级数裂变，进而造成跨时空线上线下联动共振群体集聚，甚至引发连锁反应，产生新的非传统安全事件。因此，为深入刻画网络群体集聚舆情扩散图谱，分别从以下四方面对非传统安全事件网络舆情传播过程进行全景透视，展现网络空间群体集聚舆情传播扩散样态。

1. 形式渠道多样性形成立体化传播格局

移动互联网与社交媒体的飞速发展为公众随时随地发表所见所闻所想提供了便利。一方面，受到非传统安全事件影响的公众可通过微博、微信等平台实时发布、评论或转发相关文字、图片、音频、视频等信息，使非传统安全事件网络舆情得以立体化呈现。另一方面，随着智能移动终端设备的快速普及，非传统安全事件网络舆情还可通过手机、电脑、可穿戴设备等多种途径传播扩散，形成立体化群体集聚舆情传播扩散格局。

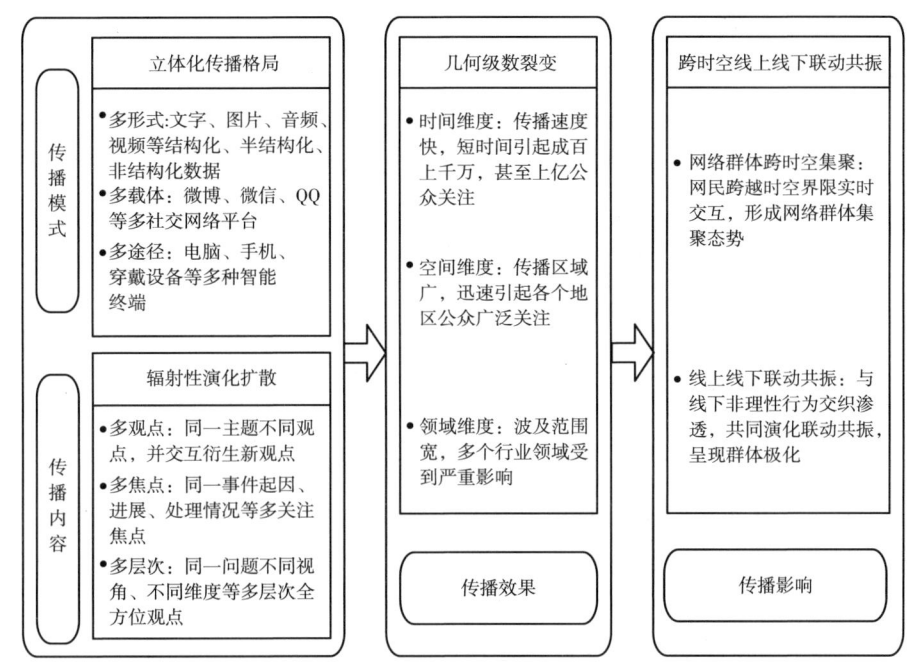

图 2-1 非传统安全威胁下的网络群体集聚舆情扩散图谱

2. 观点视角异质性促使网络舆情辐射衍生

非传统安全事件与公众生命健康、人身财产安全、个人利益等密切相关，具有较高的刺激性与敏感性，相关话题极易受到公众多角度、多层次、全方位广泛关注并衍生扩散。一方面，公众的知识背景、个人阅历不同，针对非传统安全事件引发的同一网络舆情可能持有不同观点，并在交叉碰撞中衍生出新观点以进一步传播扩散。另一方面，公众所处情境等存在差异，对同一非传统安全事件的关注焦点不同，看待非传统安全事件的角度也存在差异，因而会在不同维度、不同层次发表观点，使网络空间充斥着涵盖事件起因、进展、处理情况等多角度、多层次、全方位的网络舆情。此外，如果政府应对不及时，网络舆情传播过程中还极易衍生出超出事件本身的相关舆情并辐射性演化扩散。

3. 突发性传播发酵呈现几何级数裂变

非传统安全事件下网络舆情传播速度快，波及范围广，极易发酵并呈现几何级数裂变趋势。一方面，非传统安全事件通常与公众生活、安全、财产等自身利益密切相关，由此引发的网络舆情自身吸引力强，可在短时间内引起成百上千万甚至上亿网民关注，进而点燃公众情绪，加剧非传统安全威胁相关网络群体集聚舆情发酵扩散。另一方面，网络空间用户基数大，每个网民的转发、关注、点赞、评论行为会迅速聚集，进而引起共鸣并连续不间断传播，在短时间内形成信息链、时间链和发展链，使非传统安全事件网络舆情大规模扩散呈现几何级数裂变。

4. 群体跨时空集聚形成线上线下联动共振

在线社交网络具有较强的互动性，使得公众可围绕非传统安全事件的产生、发展实时交互形成网络群体集聚，并与线下行为交织渗透、联动共振，推动非传统安全事件网络舆情大规模传播扩散，甚至引发连锁反应，对社会安定构成严重威胁。一方面，随着智能移动终端的快速普及与在线社交网络的井喷增长，不同地域甚至素不相识的网民能够在网络空间实时交互，推动非传统安全事件网络舆情传播演化，并逐渐趋同形成群体集聚。另一方面，非传统安全事件下广大社会公众在不断交锋讨论过程中极易与线下非理性关联行为交织渗透，共同演化联动共振，呈现群体极化特征，进而将网络空间舆情传播中产生的能量以各种方式转换为现实社会行动的能量，进一步扩大非传统安全事件的声势与事态。

2.2.2 非传统安全事件网络舆情生命周期

非传统安全事件网络舆情和其他事物一样，其从产生到消失也会形成一个完整的生命周期，包括潜伏期、成长期、成熟期和衰退期四个发展阶段。

（1）潜伏期。此时非传统安全事件网络舆情尚处在萌芽阶段。关乎网民自身利益的社会问题、矛盾等初步产生，且蕴含在碎片化的海量信息中，只有极少数发布在较大自媒体平台的非传统安全事件舆情信息能够成功引起网民群体的关注，因而大多数网民对相关话题的响应不强烈。

（2）成长期。当非传统安全事件网络舆情积累的潜在力量达到一定阈值时，便会进入成长期。在该时期，种类繁多的具有强大成长性的新兴媒介和具有强大影响力的传统大众媒介融合发展，使网络舆情逐渐从"隐性"向"显性"浮现并持续扩散传播，经过网民的持续深入互动，形成多元观点，甚至产生观点完全相左的不同群体类别。

（3）成熟期。进入非传统安全事件网络舆情成熟期，大众的观点趋于一致，事件真相逐步显现，网络舆情所反映的社会问题逐渐得以解决。这一阶段,具有代表性的、影响力较强的群体,如意见领袖、网络推手等不断涌现,在舆情观点传播过程中起到引领作用,主流的非传统安全事件网络舆情观点逐渐形成,非传统安全事件网络舆情传播达到高峰期。

(4) 衰退期。随着时间的推移,非传统安全事件逐步得到澄清或解决,网络舆情进入衰退期。从非传统安全事件网络舆情演变看,舆情衰减是一个必然现象。在没有新的偶发性刺激因素介入的前提下,网民的关注度会逐步减弱,其情绪也会逐渐稳定并朝着理性化方向发展,网络舆情议题感染力和影响力逐渐降低。此外,随着新的非传统安全事件产生,新的网络舆情也会不断涌现,原非传统安全事件将渐渐退出大众视野。

通常而言,非传统安全事件网络舆情生命周期的不同阶段具有不同特点。其中潜伏期时间或长或短,而成长期和成熟期时间均呈现比较短的特征,甚至短短几天就会淡出网民视线进入衰退期。需要指出的是,一般衰退期维持的时间比较久,尤其当相关非传统安全事件再次发生时,衰退期会持续很长一段时间。

本章基于 2018 年 7 月"疫苗事件",通过计算 7 月 15 日至 8 月 6 日的微信热度,分析"疫苗事件"网络舆情传播生命周期。如图 2 - 2 所示,从 7 月 15 日开始有媒体披露出"×××生物狂犬病疫苗生产记录造假,国家药监局责令停产"等相关舆情,舆情传播进入潜伏期,走势平稳,没有形成显著上升的

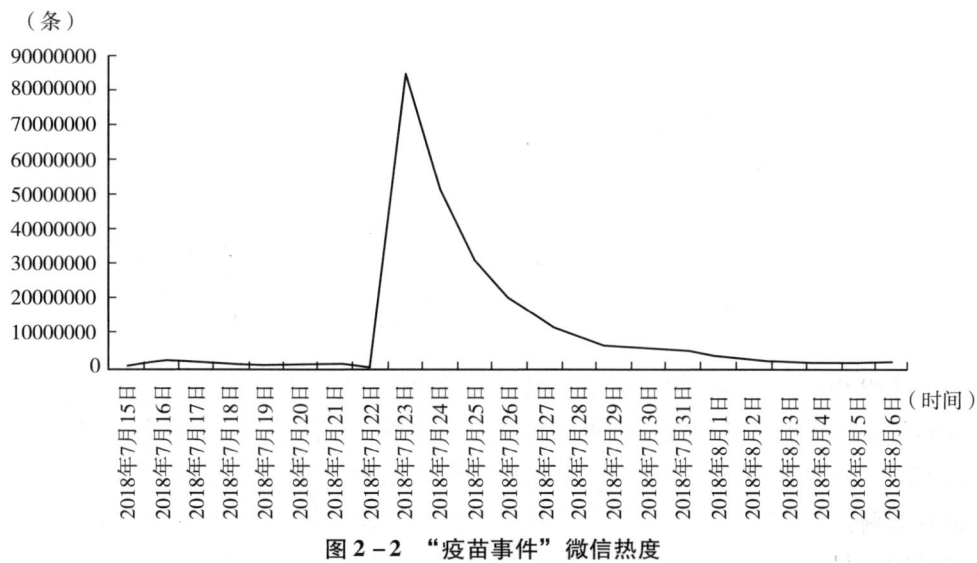

图 2 - 2 "疫苗事件"微信热度

趋势；7月22日大量在线社交网络用户广泛议论《疫苗之王》的文章，舆情信息显著扩散，进入成长期；7月23日图像出现峰值，网络舆情传播进入高峰期，网民讨论最为激烈，将涉事企业推上风口浪尖，进入成熟期；7月24日以后"疫苗"相关舆情热度逐渐减退，但持续至8月初网络上仍有大量关于"疫苗"的言论，网络舆情进入衰退期且有明显的长尾效应。

2.2.3　非传统安全事件网络舆情传播要素特征

非传统安全事件网络舆情传播过程中，传播主体、传播内容、传播平台是三个不可或缺的要素。在三要素共同作用下，非传统安全事件网络舆情涌现扩散，且极易与现实社会非理性行为耦合互动，甚至引发次生舆情与线下群体性事件，对社会和谐稳定构成严重威胁。在非传统安全事件网络舆情传播演化过程中，上述三要素具有如下特征。

传播主体主要包括网民大众、政府及官方权威媒体、意见领袖三类。首先，网民大众规模庞大且构成复杂，文化程度、心理素质、道德素养、人生阅历和价值观等差异较大，在非传统安全事件爆发初期，信息不对称使得恐惧、焦虑、无助的网民彼此间极易形成非正式弱信任关系并聚集在一起，进而形成"从众心理"和"羊群效应"，此时如引导不当，将极易失控造成社会不安定。其次，政府及官方权威媒体在非传统安全事件网络舆情传播过程中扮演报道事实真相、引导舆情、维护公众利益和社会稳定的重要角色。官方媒体等及时发布权威信息，答疑解惑，将有效引导并控制非传统安全事件网络舆情进一步扩散。最后，意见领袖是指能够左右多数人态度情感倾向的少数人。意见领袖通常为平台大咖或现实中社会地位较高者，他们拥有众多的"粉丝"，其观点极易引发强烈认同并大量转发，进而又引发跟风传播，产生相关网络舆情，并深刻影响非传统安全事件网络舆情传播趋势。需要指出的是，当意见领袖不负责任或缺乏自律或无意识发布谣言等不实信息时，极易引发群体事件，造成社会的不安定。

传播内容，即非传统安全事件网络舆情所讨论的话题，体现了各类网民群体对非传统安全事件的倾向性观点态度。当传播内容涉及经济社会发展的重大问题或网民切身利益时，极易引起网民强烈关注和积极讨论。尤其涉及长期未能有效解决的社会矛盾事件时，一旦该事件被触发极易引起在线社交网络用户的共鸣，导致网络舆情大规模扩散，甚至引起社会混乱和动荡。

传播平台是指发布信息的载体，包括自媒体平台、直播平台、网络社区、网络论坛、互动多媒体平台、虚拟社区及交友网站、即时通信平台等。这些平台注册容易，网民流动性较大，言论自由，网民声音较多，传播较为广泛，具有一定影响力，但难以对其进行有效监管，是非传统安全事件网络舆情高发、群体极化现象频出的地带。

2.3 复杂在线社交网络

2.3.1 在线社交网络与复杂性分析

1. 在线社交网络

在线社交网络有广义与狭义之分，广义的在线社交网络是涵盖相关软、硬件服务并以网络为载体将不同的人或组织连接起来而形成的团体；狭义的在线社交网络是基于朋友关系或共同兴趣、以真实的人际关系为基础、通过"朋友的朋友"不断扩展而形成的网络平台。总体来看，在线社交网络是虚拟空间中真实人际关系的映射，它是一种Web2.0环境中典型的社会化网络应用服务（Vega – Redondo，2007）。

在线社交网络虚拟的社交空间已成为非传统安全事件舆情传播的重要平台。按功能属性划分，在线社交网络可以分为四类：（1）交友网络，即在网络平台中映射出用户真实世界中的人际关系，例如脸书、人人网等；（2）博客网络，基于网络平台中用户关注他人或发布博文的行为而形成的网络；（3）媒体分享网络，如视频分享网站Youtube、爱奇艺等，图片分享网站昵图网、飞书等，书签分享网络CiteULike、书签地球等，他们都通过大量发布媒体资源吸引用户；（4）即时通信网络，例如微信、QQ等平台，是大多数用户社交通信的常用工具。

在非传统安全事件网络舆情的传播过程中，用户之间的关系对网络舆情传播扩散具有直接影响。通常借助图论思想将用户关系抽象为复杂网络，并运用社会网络分析法解析用户关系与网络拓扑性质。例如，以微博类为代表的在线社交网络可以被抽象成有向图$G=(V,E)$，V、E分别代表用户集合（假设有用户：a，b，c，d）和用户关系集合，N为网络中整体节点数量，M为用户关系连接数，即$N=|V|$，$M=|E|$。V中每对点对应着E中一条边，网络中成对

的节点总计有 $U = \frac{N(N-1)}{2}$ 个（Lv & Zhou，2011）。关注关系（follow）是微博用户之间常见的关系。若用户 a 关注用户 b，则把 a 称作 b 的追随者，也就是通常意义上的"粉丝"，b 则是 a 的关注者；若用户 a 和用户 b 均为彼此的关注者，那么二者关系可称为互粉关系，该关系具有互惠性（Kwak，2010）。在线社交网络用户具有自身属性，若用户 a 是一个 i 元组，即 $a = (a_1, a_2, \cdots a_i)$，那么，$a_i$ 就代表用户 a 的第 i 个属性。以新浪微博为例，一般来说，用户属性可以用年龄、职业、性别、关注数、粉丝数等特征来定义，其中用户 ID 是唯一的身份标识，以 32 位的二进制无符号数字表示。

2. 节点度分析

节点与其他节点相连接的数量称为度数（Degree），它是反映网络节点重要性的统计指标。有向网络中的节点度可以被划分为两种，一是出度（out-degree），即由某节点指向其他节点的边的数量；二是入度（in-degree），即其他节点指向目标节点的边的数量。此外，还有一种节点叫作孤立点，该节点度为 0，与其他节点没有任何连边。令给定网络 G 的邻接矩阵为 $A = (a_{ij})_{N \times N}$，节点度的计算公式如下：

$$k_i = \sum_{j=1}^{N} a_{ij} = \sum_{j=1}^{N} a_{ji} \qquad (2-1)$$

网络中所有节点度的平均值记为网络的平均度，用 $\langle k \rangle$ 表示：

$$\langle k \rangle = \frac{1}{N} \sum_{i=1}^{N} k_i \qquad (2-2)$$

有向图性质由在线社交网络用户关系的方向性决定，换句话讲，关注与被关注数量的差异影响网络特征的不同。

（1）点出度。

在线社交网络中的点出度以用户关注其他用户的数量表示。为更好地进行解释，以新浪微博、腾讯微博、推特和生活杂志四大在线社交网络平台数据为样本，分析各网络中点出度信息，具体如表 2-1 所示。从表中可以看出，有的节点关注了大量用户，有的节点则完全不关注他人，网络中用户对其他用户的关注程度情况各异。如在推特中，节点最大关注值为 3370，最小为 0。而最大值这一指标在生活杂志网络中高达 20300，在新浪微博中却只有 991。在线社交网络作为一种有向网络，其舆情信息会从所关注的目标节点反向指向到发出节点。由此可见，节点关注的人数越多，其获取网络舆情信息的渠道就越多，更有助于该节点获取更多的网络舆情信息；而节点关注的人数越少，该节点获取网络舆情信息的渠道就越少,难以获得有效的网络舆情信息。分析表2-1数据可以发现,在线社交网络会促进舆情信息高效传播,其中,在推特网络中,平均每个用户关注30人,是这四个在线社交网络中舆情传播效率最高的网络。

表2-1　　　　　　　　　　节点出度统计

网络	最小值	第一四分位数	中位数	平均值	第三四分位数	最大值
推特	0	2	9	30	28	3370
生活杂志	0	0	0	4	0	20300
新浪微博	0	1	1	2.7	2	991
腾讯微博	0	0	4	16.7	18	1440

注：表2-1至表2-9中的数据均来源于以下数据集：推特数据来源于美国亚利桑那州立大学数据挖掘和机器学习实验室公开的推特数据集；生活杂志的数据来源于斯坦福大学公布的大型网络数据集；新浪微博的数据来源于清华大学唐杰教授公布的社会网络分析数据集；腾讯微博的数据来源于KDD2012大赛公布的腾讯微博数据集。

资料来源：唐朝生. 在线社交网络信息传播建模及转发预测研究［D］. 秦皇岛：燕山大学,2014.

(2) 点入度。

在线社交网络中某一用户被其他用户关注的数量用点入度表示。上述四大在线社交网络样本中各网络的点入度情况统计如表2-2所示。分析表中数据可知,在线社交网络中存在着"权威用户"。如在腾讯微博中节点粉丝关注值最大可达86500人,而依然存在粉丝值为0的节点。在新浪微博中拥有大量粉丝的博主俗称"大V"用户,他们对非传统安全事件网络舆情传播具有重要的影响力。此类用户已演化成为重要的媒体,其使用网络平台传播舆情信息的行为远超普通用户的基本需求。

表2-2　　　　　　　　　　节点入度统计

网络	最小值	第一四分位数	中位数	平均值	第三四分位数	最大值
推特	0	3	8	30	22	8660
生活杂志	0	1	2	4	3	1520
新浪微博	0	0	0	3	0	3000
腾讯微博	0	0	0	17	1	86500

资料来源：唐朝生. 在线社交网络信息传播建模及转发预测研究［D］. 秦皇岛：燕山大学,2014.

分析上述数据可知,在以上四个网络样本数据中,点入度与点出度的平均值大体一致,而最大值与最小值则有着较大差异。由表 2-3 关于节点总度数的统计数据可知,上述网络中,节点度数的极差很大,只有极个别的节点度数较大,大部分的节点度数都较小,无标度网络特征显著。

表 2-3　　　　　　　　　　节点度数统计

网络	最小值	第一四分位数	中位数	平均值	第三四分位数	最大值
推特	1	6	19	60	52	10300
生活杂志	1	1	2	7	4	20300
新浪微博	1	1	1	5	2	3620
腾讯微博	1	1	6	34	20	86500

资料来源:唐朝生. 在线社交网络信息传播建模及转发预测研究 [D]. 秦皇岛:燕山大学,2014.

3. 密度和互惠性

图的完备性是指图中各节点之间邻接关系的程度,图完备性的表征用图的密度衡量,密度刻画了复杂网络中各个节点之间关系的数量与复杂程度。在理想情境下,若图中任意两个节点相互邻接,则该图具有完备性,其密度记为 1;反之,如果图中各节点孤立存在,则表明节点间不存在任何关系,其密度记为 0。由此,将图的密度表示为图中实际存在的边和可能存在最大边数之比,记为:

$$\Delta = \frac{2L}{g(g-1)} \qquad (2-3)$$

在线社交网络中,互惠性是重要指标之一。如果节点 i 关注了节点 j,则将 i 称为 j 的粉丝。同理,如果节点 j 也是节点 i 的粉丝,当且仅当两个节点有双向边,那么这两个节点存在互惠关系,邻接矩阵中 $a_{ij}a_{ji}$ 为 1,这种关系即为共链接(Eckmann et al.,2002)。一般情况下,互惠性用来表示网络中所有边中的共链接节点的占比。具体表达式记为:

$$R = \frac{1}{m}\sum_{ij} a_{ij}a_{ji} = \frac{1}{m}TrA^2 \qquad (2-4)$$

式(2-4)中,m 表示网络中边的数量。如果互惠性越高,那么非传统安全事件网络舆情在各用户间的流动性越强。如表 2-4 所示,上述四个社交网络中用户之间的关联较少,联系并不密切,社交网络的密度都很低。其中,互惠性最高是的推特网络,其次是生活杂志,新浪微博和腾讯微博中的互惠性均不足1%。由此可见，相较于其他网络平台，推特中传播速度更快。

表 2-4　　　　　　　　　　　网络密度和互惠性统计

指标	推特	生活杂志	新浪微博	腾讯微博
网络密度	0.0003662	0.000002806	0.000004874	0.00002798
互惠性	0.0516300	0.018020000	0.005749000	0.00478200

资料来源：唐朝生．在线社交网络信息传播建模及转发预测研究 [D]．秦皇岛：燕山大学，2014．

4. 同配性与异配性分析

同配性是衡量网络中节点相互连接倾向的性质，反映出网络内部目标节点与其邻居节点之间关联强度。网络同配性差异对非传统安全事件网络舆情传播影响深远。根据以往研究，非传统安全事件网络舆情信息在相关的无标度网络中的传播速度远远高于非相关的无标度网络（Vazquez et al.，2007）。同配性可以依据网络的度相关性进行度量。皮尔森相关系数往往被用来表示网络同配性系数，具体公式如下：

$$r = \frac{M^{-1}\sum_i j_i k_i - \left[M^{-1}\sum_i \frac{1}{2}(j_i + k_i)\right]^2}{M^{-1}\sum_i \frac{1}{2}(j_i^2 + k_i^2) - \left[M^{-1}\sum_i \frac{1}{2}(j_i + k_i)\right]^2} \quad (2-5)$$

在线社交网络中，用户偏好结交同自身具有相似性的人作为朋友，这是同配性的典型表现。此外，有的节点偏好连接度数较大的用户，如"大V"用户，而有的节点偏好连接度数较小的一般用户。在现实社会网络中，度数较大的节点之间联系较多，节点关系呈正向相关，表明其具有同配性（Min et al.，2011），表 2-5 展示了不同社会网络的同配系数。

表 2-5　　　　　　　　　　　社会网络的同配系数

网络名称	节点数量	同配系数
物理学家合作网	52909	0.363
生物学家合作网	1520251	0.127
数学家合作网	253339	0.120
电影演员合作网	449913	0.208
公司董事合作网	7673	0.276

资料来源：唐朝生．在线社交网络信息传播建模及转发预测研究 [D]．秦皇岛：燕山大学，2014．

除同配性外，社交网络同样具有异配性，即度值较小的节点与度值较高的节点之间的连接关系表现为负向相关（Holme et al., 2004）。例如，人人网的同配系数为 -0.0036，赛我网的同配系数为 -0.13（Fu et al., 2007）。这可以理解为，在线社交网络具有较高程度的匿名性、互动性以及较低的参与门槛，任何人都能够通过关注、转发等方式与"明星"节点产生连接，进而冲击真实世界中客观存在的等级壁垒。

上述四个社交网络的同配系数都是负值，呈现异配特征，因此均为异配网络，即在线社交网络中个体度低的节点偏好连接个体度高的节点。然而各社交网络的同配性也呈现不同特点：推特和新浪微博的同配系数明显高于生活杂志和腾讯微博，生活杂志和腾讯微博的同配系数趋于0（见表2-6）。由此可见，在线社交网络中节点自身影响力大小与节点间的连接关系没有明显的相关性，在线社交网络存在去中心化趋势。

表 2-6　　　　　　　　　　同配系数统计

网络	同配系数
新浪微博	-0.11690
推特	-0.10190
生活杂志	-0.03347
腾讯微博	-0.01848

资料来源：唐朝生. 在线社交网络信息传播建模及转发预测研究［D］. 秦皇岛：燕山大学，2014.

5. 小世界特征

"六度分隔"理论起源于20世纪60年代米尔格拉姆所做的小世界社会关系实验。其认为，在社交网络中，任何两位不认识的人均可通过"朋友的朋友"产生联系。"六度分隔"理论引起了信息科学、物理、数学、计算机等学科的新思考：网络舆情信息到底要经过多少次转发才能从发布用户传递至目标用户？微软实验室研究结论表明大约需要6.6次；依据推特在线社交网络用户关系研究，夸克等（Kwak et al., 2010）得出的结论为大约需要5次；脸书和米兰大学Web算法实验室则认为需要4.74次。

通常来讲，网络聚类系数与平均距离是判断网络是否具有小世界特征的指标。通常网络节点距离用节点最短边的数量来定义。理论上网络直径是网络中任意节点最短路径的最大值。但实际上，现实中的社交网络并非相互连通，所以通常将网络直径用网络中任意连通节点的最大距离表示,网络平均路径长度则用网络中所有节点之间最短路径的平均值表示。

聚类系数(Clustering Coefficient,C)体现了网络中节点的聚集程度。通常,我们将聚类系数定义为:在网络中任意选择一个节点 i,假设 k_i 为能够与 i 直接连接的节点数量,E_i 为此类节点之间实际存在的边数,$C_{k_i}^2$ 为可能存在的边数,则节点 i 的聚类系数表达式为:

$$C_i = \frac{E_i}{C_{k_i}^2} = \frac{2E_i}{k_i(k_i-1)} \quad (2-6)$$

平均聚类系数是指网络中包含的所有节点聚类系数的平均值,反映了节点的聚集程度,其表达式为:

$$C = \frac{1}{N}\sum_i C_i \quad (2-7)$$

在线社交网络具有高聚类系数和低平均路径的小世界特征。由表 2-7 可知,四个网络均具有较大的聚集系数和较小的平均路径长度。此外,观察四个网络的聚类系数可知,其数值相差不大,新浪微博比推特略高一些,新浪微博用户节点之间的联系相较于推特网络更为密切,更有助于非传统安全事件网络舆情传播。

表 2-7　　　　　　　　　网络直径和聚类系数统计

指标	推特	生活杂志	新浪微博	腾讯微博
网络直径	21	16	20	—
平均路径长度	7	—	7	—
聚类系数	0.01706	0.01574	0.01831	0.01625

资料来源:唐朝生. 在线社交网络信息传播建模及转发预测研究 [D]. 秦皇岛:燕山大学,2014.

6. 网络幂律分布和无标度特征

度分布是描述网络属性的重要指标。一般而言,$P(k)$ 代表的是网络中度为 k 的节点在整个网络中占的比率,即度为 k 的概率。基于大量现实社会网络观察不难发现,泊松分布和幂律分布是复杂网络模型度分布的两种类型。其中,泊松分布是指大部分节点的度值都在平均度值 $\bar{k}$ 附近,而在远离 $\bar{k}$ 处以指数下降,随机网络便是其典型代表。不同于泊松分布,现实社会中大部分网络节点度分布度服从幂律分布,最典型的是无标度网络:

$$P(k) \propto k^{-\gamma} \qquad (2-8)$$

在服从幂律分布的网络中，$P(k)$ 随度数 k 下降且下降平缓，不会出现峰值。此类网络中，大部分节点的度数偏小（与之连接的边较少），只有极少数节点的度数很大（代表有大量的边与其连接），具备上述特征的网络称作异质网络或非均匀网络。

将上述四个在线社交网络抽象为有向图进行分析，度分布可划分为出度分布、入度分布和总度数分布，均服从幂律分布。如表 2-8 所示，依据点入度分析可知，推特和新浪微博的分段现象并不显著，而生活杂志和腾讯微博的分段现象则比较明显。例如，由于加入机制不同，在入度超过 10 时，腾讯微博出现明显的拐点。若有新用户入驻，网络会自动依据用户特征信息（年龄、性别、喜好、区域等）为其推荐关注对象，比如腾讯微博会自动优先推送该用户的 QQ 好友给新用户。

表 2-8　　　　　　　　　　网络度分布

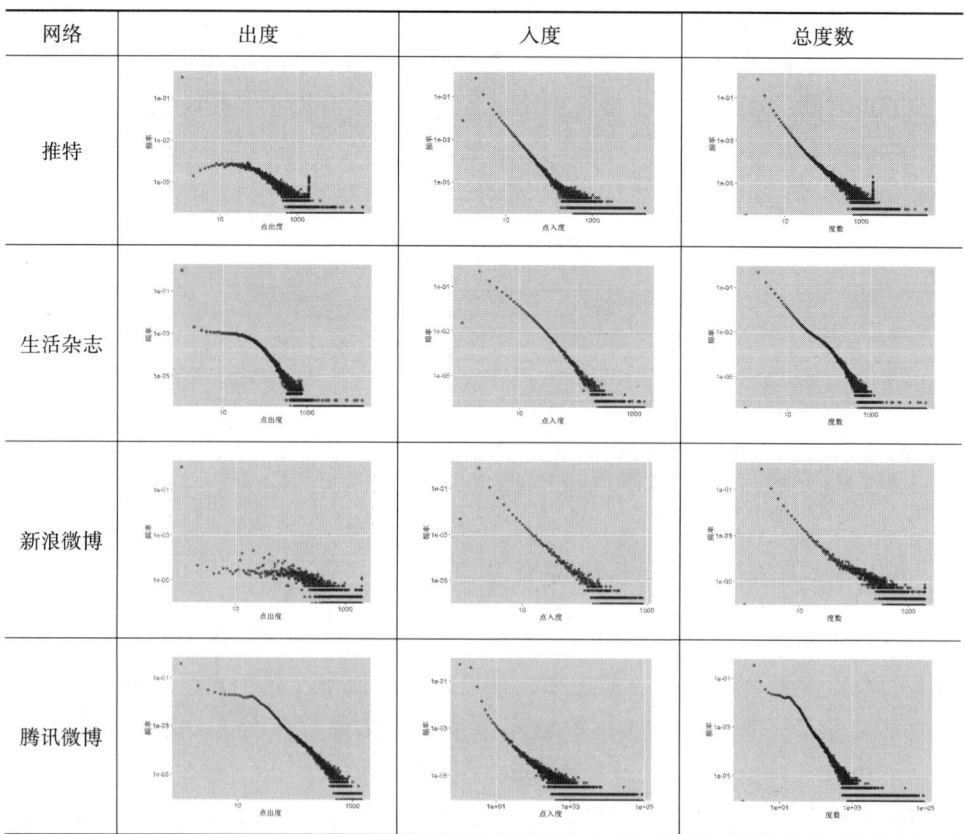

在线社交网络具有明显的幂律分布特征,幂指数越大,幂律分布越显著,分布函数直观展示出自变量与因变量的正相关性。由表2-9可知,网络不同,度分布也不同,但总体均服从幂律分布,且γ取值在2~3之间。其中,推特、新浪微博和腾讯微博严格服从幂律分布,推特的幂律分布特征最为明显;生活杂志的幂律指数仅为1.86,其幂律特征明显不如其他三个网络,这也代表着与其他三个网络相比,生活杂志网络的舆情信息传播效果最弱。

表2-9　　　　　　　　　　网络度分布统计

幂律指数	推特	生活杂志	新浪微博	腾讯微博
出度	2.811	2.959	2.322	2.394
入度	2.207	3.113	2.403	1.826
度数	2.554	1.860	2.498	2.124

如图2-3所示,四个在线社交网络的累积度分布各有不同。由于推特和新浪微博设置了关注上限(最大关注数量为2000人次),重尾分布局限在一个相对较小的区间,因此,这两个网络呈现出一定程度的"尾部提升"效应(樊鹏翼等,2012)。进一步对点入度进行分析,发现网络中绝大多数节点拥有较小的点入度,只有极少数节点拥有较大的点入度,即所谓拥有着大量粉丝的"明星"用户。对总度数进行分析,发现四个在线社交网络均服从幂律分布。由于受到点出度影响,如图2-3(b)所示,生活杂志网络的度分布呈现出较为明显的"分段"现象。

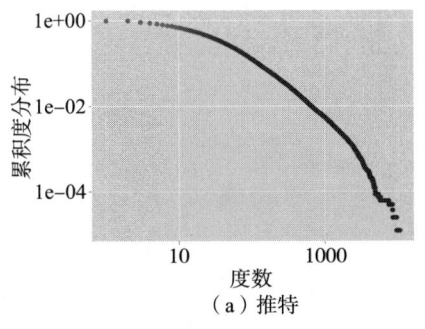
(a) 推特

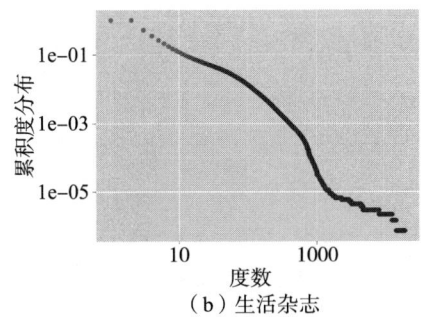
(b) 生活杂志

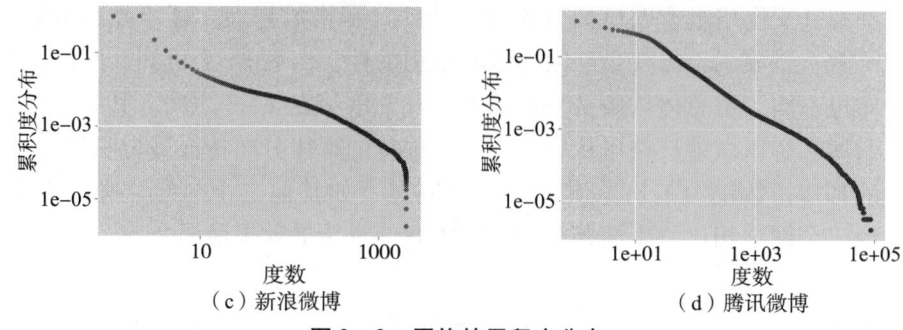

图2-3 网络的累积度分布

2.3.2 经典复杂网络模型

复杂网络（Complex Network）是一种具有自组织、自相似、小世界、无标度等特性的网络（汪小帆等，2006）。如今，复杂网络研究成果日趋丰硕，为新闻传播学、社会学、情报学、管理学等多个专业注入了新动能，成为连接不同专业的桥梁与纽带。其中，"七桥问题""随机图理论""小世界实验"等被公认为是复杂网络研究领域的里程碑事件，具体如表2-10所示。如今，随着国内外学者研究的深入，复杂网络理论得到迅速发展与完善，并涌现出规则网络、随机网络、小世界网络、无标度网络等多种经典的复杂网络模型，为分析非传统安全事件网络舆情传播问题奠定了基础。

表2-10　　　　　　　　复杂网络研究简史

年份	人物	事件	作用
1736	欧拉	七桥问题	图论标志
1959	厄尔多斯、瑞尼	随机图理论	复杂网络开端
1967	米尔格拉姆	小世界实验	六度分隔
1973	马克	弱连接强度	社会关系
1998	沃茨、斯特罗加茨	小世界模型	促进发展
1999	巴拉巴西、艾伯特	无标度网络	大规模应用

1. 规则网络

规则网络是指系统中各节点之间以某种相同规则相互连接而形成的网络。典型的规则网络主要包括3种，即全局耦合网络、最近邻耦合网络以及星形网络。如图 2-4 所示，全局耦合网络中各个节点两两相连，最近邻耦合网络中每个节点仅与相邻的 k 个节点相连，而星形网络则与这两个网络不同，在该网络中将以某一个节点为中心，实现与其他所有节点的相连。

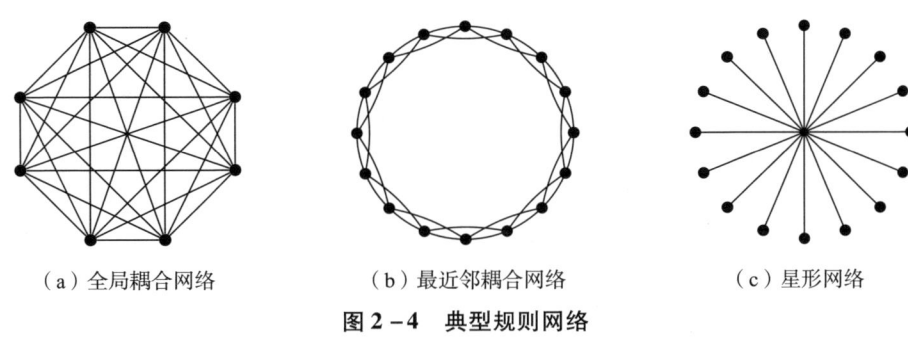

(a) 全局耦合网络　　　　(b) 最近邻耦合网络　　　　(c) 星形网络

图 2-4　典型规则网络

2. 随机网络

20 世纪 50 年代末，由厄尔多斯和瑞尼提出的 ER 网络是最经典的随机网络。与规则网络不同，随机网络节点之间的连接方式是随机的，其有一定的形成规则。如图 2-5 所示，通常在 N 个独立节点中随机选取两个节点，使之在不重复连接的情况下以概率 p 相连，直至网络中边的总数满足 $E = \dfrac{pN(N-1)}{2}$。

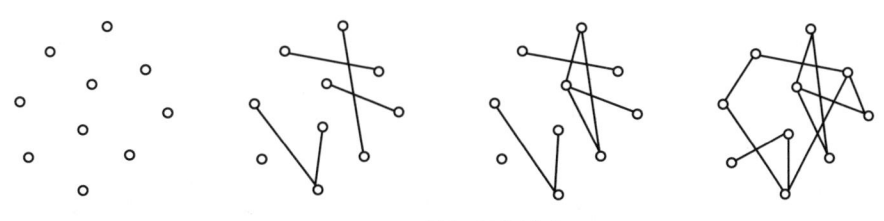

图 2-5　随机网络演化

3. 小世界网络

现实生活中，人们日常所接触到的网络往往介于规则网络与随机网络之间，且同时兼有二者的部分特性。其中，比较典型的当属沃茨和斯特罗加茨提出的小世界网络（WS）。事实上，小世界网络可以看作完全规则网络向完全随机网络的一种过渡，其构造过程主要包括如下两个步骤：第一，假设某一最近邻耦合网络中节点总数为 N，每个节点均与周围 $m/2$ 个节点相互连接，这里 m

为偶数;第二,对网络进行随机重连,即以某一概率 p 随机连接网络中的其他节点,同时要注意不能出现自环和重连现象。具体过程如图2-6所示。

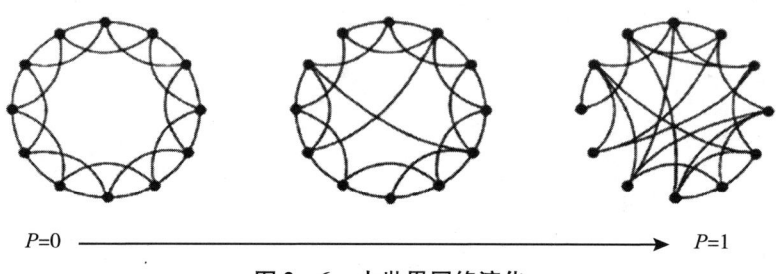

图2-6 小世界网络演化

4. 无标度网络

除小世界网络外,现实社会网络还具有无标度特征,即网络中存在某些个别度值大的节点,而其他大部分节点度值较小,致使节点度值分布呈现幂律分布特征。典型无标度网络为1999年巴拉巴西和艾伯特提出的BA无标度网络。BA无标度网络生成规则主要有两个特征。一是网络增长,从 m_0 个节点开始,通过随机增加连边形成初始网络。随后,在每个时间步内,每新增一个节点便产生 m 条新边。二是优先连接,新加入的网络节点与网络中已有节点连接时优先选择与度值大的节点相连,即与网络节点 i 相连的概率满足 $\prod_i = \frac{k_i}{\sum_j k_j}$,其中 k_i 表示节点 i 的度值,因而 t 个时间步后,网络中将存在 $N = t + m_0$ 个节点和 mt 条边。具体演化过程如图2-7所示。

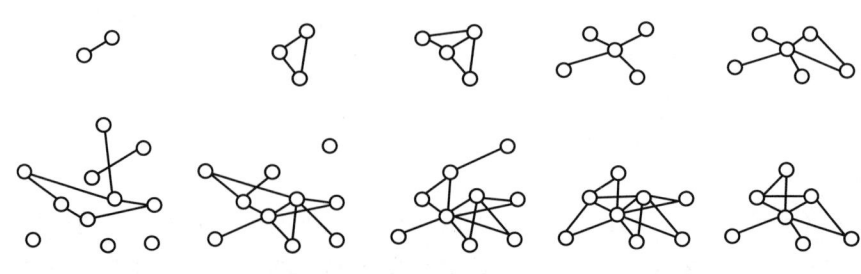

图2-7 BA无标度网络演化

2.4 在线社交网络与传播行为关系

非传统安全事件网络舆情传播受到在线社交网络拓扑关系的影响。本节以新浪微博为例,分析网络拓扑结构与舆情传播的关系。在该网络中,舆情主要通过两种渠道传播扩散:(1)发布微博,传递自身观点以及其他用户不知情的信息等;(2)转发微博,作为其他用户粉丝,通过转发关注者微博传递舆情信息。其中,用户的发布行为可以通过博文总数衡量,用户转发行为可以通过转发数衡量。

2.4.1 在线社交网络上的舆情传播

如图2-8所示,用户之间的关注关系以实线表示,用户行为以及网络舆情信息的传播以虚线表示。若用户 w 在 t 时刻发布一条网络舆情信息,将其记作 $Tw(w, t)$,经过一段时间(Δt),粉丝 v 便能够接收到该信息,此过程我们称为"tweet"。用户 v 接收到信息后可能做出评论,同时基于互惠性,因而用户 x 将接收到带有评论的信息,将其记作 $Tw(v, t+\Delta t)$。此外,用户 v 还可通过"@+用户名"或是私信等主动行为,把信息发送给关注者 u,此过程我们称为"retweet"。

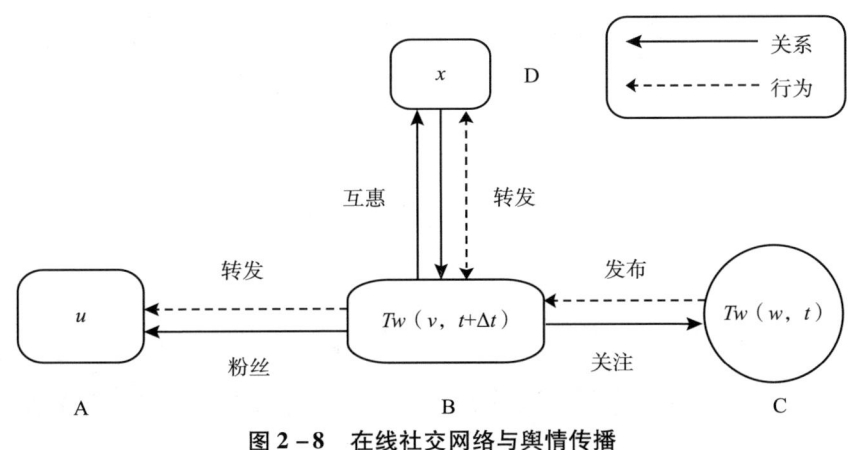

图 2-8 在线社交网络与舆情传播

依据网络拓扑结构分析,用户 v 度数最高,点出度和点入度均为 2,总度数为 4，而其他节点度数均较小，故用户 v 在网络中获取舆情信息更加便捷，其他用户若想让某条网络舆情信息传播更广，必须通过用户 v 才能实现。由此可见，在线社交网络拓扑性质与网络舆情的传播扩散关系十分密切。

2.4.2 网络节点度与舆情传播行为关系

在微博网络中，用户关注他人的数量称为出度。图 2-9 中，用散点图刻画了用户出度与博文数、转发数、转发评论数和博文被转发数之间的关系，其中，x 轴取对数。从图中可以看出，关注数量与用户获取非传统安全事件舆情信息的来源呈正相关关系。关注人数越多，用户主动发布消息的数量也会越多，当关注人数达到 $10^{2.5}$ 后微博的数量陡增，表现更为明显。当用户的关注人数超过 100 时，会较为频繁地转发其他用户的微博，且转发微博的数量随关注人数的增加而增加。此外，用户转发评论和再转发数量会根据用户数量的增加而增加。由此可见，随着出度的提升，用户主动传播非传统安全事件网络舆情信息的频率更高。

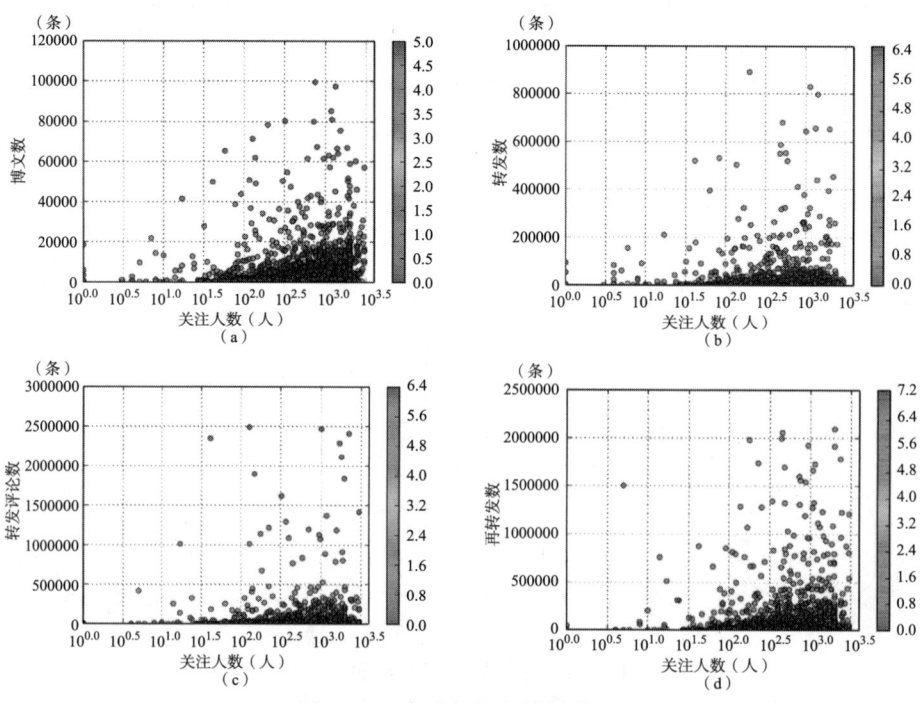

图 2-9　出度与信息传播关系

在微博网络中，用户的粉丝数量即为入度，是指他人关注目标用户的数量。入度越大，用户的粉丝量越大。图 2-10 体现了用户入度与博文数、转发数、转发评论数、再转发数之间的关系。随着粉丝增多，用户发布博文、转发和二次转发的数量也不断增多，但与转发评论数量之间的关系尚不明晰，有些粉丝数量相对较少的用户，也存在频繁转发他人评论的现象。此外，由图 2-10（a）还发现，当入度达到一定量后，博文数量反倒减少，这表明，网络中的"权威用户"（如政府部门政务微博），即使有很多人关注他们，该账号拥有大量粉丝，但其并不会频繁发布博文。

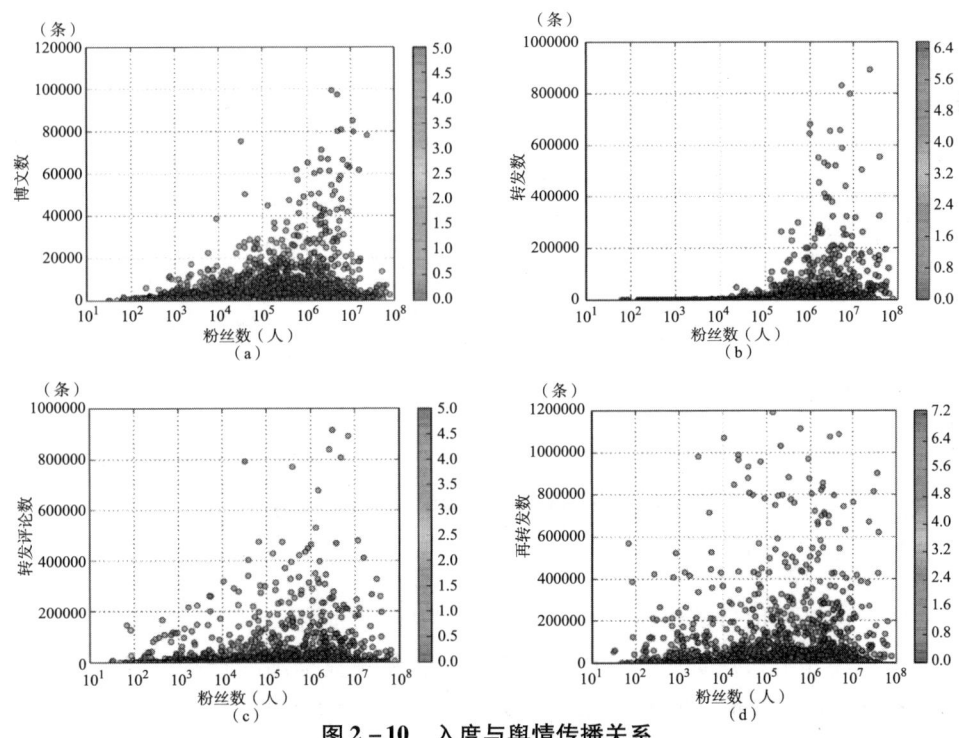

图 2-10　入度与舆情传播关系

2.4.3　网络互惠性与舆情传播行为关系

在微博网络中，微博用户之间互相关注的数量即为互惠性。用户的互惠性越高，表明该用户产生互动行为的概率越大，与其他用户交流舆情信息越顺畅。图 2-11 表示了用户互惠性与博文数、转发数、转发评论数、再转发数之间的关系，其中，x 轴取对数。分析图 2-11 中的四幅散点图可知，随着互惠数的提升,用户传播行为次数增多,二者具有显著的正向相关关系。此外,由图2-11(a)还发现,当互惠数高于100时,用户发表博文的数量急速上升。

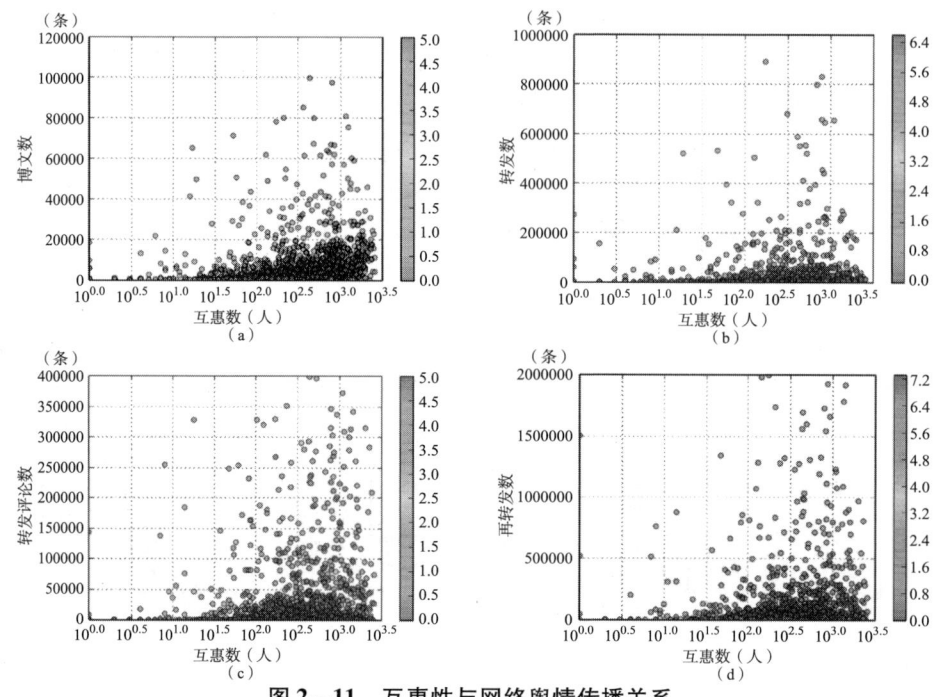

图2-11 互惠性与网络舆情传播关系

2.5 经典传播动力学模型

鉴于网络舆情传播与流行疾病扩散具有某种相似性,早期学者对传染病动力学模型展开了系列研究,其中克马克和麦肯德里克提出的仓室模型最具代表性(Kermack & Mckendrick,1927)。随后,一些学者在此基础上,通过深入分析感染过程、细化人群进行了改进,如SI、SIS、SIR等模型。

2.5.1 SI 模型

SI 模型描述的是感染后不能恢复的传播动力学模型,或早期突然爆发还未得到有效控制时的传播模型。模型把人群划分为两类:易感染者(Susceptible)和感染者(Infective)。时刻 t 这两类人占总人数的比例分别记为 $s(t)$ 和

$i(t)$,$s(t)+i(t)=1$,易感染者人数为 $Ns(t)$,感染者人数为 $Ni(t)$。令常数 λ 为每个感染者每天有效接触的平均人数,即日接触率,意味着每个感染者平均每天可以使 $\lambda s(t)$ 个易感染者感染。因此,每天有 $\lambda Ns(t)i(t)$ 个易感染者被感染,即感染者人数 $Ni(t)$ 的增加率为 $\lambda Ns(t)i(t)$。由此可得人群转移图(如图 2-12 所示),具体等式见式(2-9)。

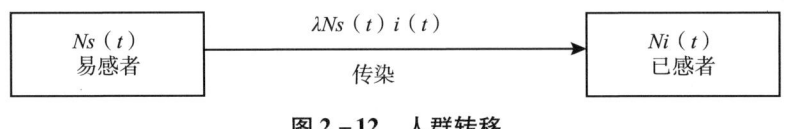

图 2-12 人群转移

$$Ni(t+\Delta t)-Ni(t)=\lambda Ns(t)i(t)\Delta t \tag{2-9}$$

进而有:

$$N\frac{\mathrm{d}i}{\mathrm{d}t}=\lambda Nsi \tag{2-10}$$

设 $t=0$ 时的比例为 i_0,则得到模型如下:

$$\begin{cases} N[i(t+\Delta t)-i(t)]=[\lambda s(t)]Ni(t)\Delta t \\ \dfrac{\mathrm{d}i}{\mathrm{d}t}=\lambda si \\ s(t)+i(t)=1 \end{cases} \tag{2-11}$$

求解得:

$$\begin{cases} \dfrac{\mathrm{d}i}{\mathrm{d}t}=\lambda i(1-i) \\ i(0)=i_0 \end{cases} \tag{2-12}$$

$$i(t)=\frac{1}{1+\left(\dfrac{1}{i_0}-1\right)\mathrm{e}^{-\lambda t}} \tag{2-13}$$

分析模型可知,$i=\dfrac{1}{2}$ 时,$\dfrac{\mathrm{d}i}{\mathrm{d}t}$ 达到最大值 $\left(\dfrac{\mathrm{d}i}{\mathrm{d}t}\right)^m$,这个时刻为:

$$t_m=\lambda^{-1}\ln\left(\frac{1}{i_0}-1\right) \tag{2-14}$$

此刻感染者人数增加速度最快,传播高潮到来,有关部门应引起高度重视。t_m 与 λ 成反比,这是因为日接触率 λ 反映了地区应对水平,λ 越小代表应对水平越高,因此,提高地区应对水平,可有效延缓高潮到来的时间。

2.5.2 SIS 模型

现实中有些感染者恢复后还可能再次被感染,基于这种情形所构建的模型,称为 SIS 模型。在 SI 模型基础上,SIS 模型假设感染者每天被治愈的人数占感染者总数的比例为 μ,称为日恢复率,感染者恢复后再次成为易感染者,则 $\frac{1}{\mu}$ 表示平均感染期。因此有:

$$N\frac{\mathrm{d}i}{\mathrm{d}t} = \lambda Nsi - \mu Ni \quad (2-15)$$

则:

$$\begin{cases} \frac{\mathrm{d}i}{\mathrm{d}t} = \lambda i(1-i) - \mu i \\ i(0) = i_0 \end{cases} \quad (2-16)$$

由式(2-16)求解可得:

$$i(t) = \begin{cases} \left[\frac{\lambda}{\lambda-\mu} + \left(\frac{1}{i_0} - \frac{\lambda}{\lambda-\mu}\right)\mathrm{e}^{-(\lambda-\mu)t}\right]^{-1}, & \lambda \neq \mu \\ \left(\lambda t + \frac{1}{i_0}\right)^{-1}, & \lambda - \mu \end{cases} \quad (2-17)$$

令 $\sigma = \frac{\lambda}{\mu}$,由 λ 和 $\frac{1}{\mu}$ 的含义可知,σ 表示在一个感染期内每一个感染者有效接触的平均人数,称为接触率,由式(2-17)可知,当 $t \to \infty$ 时:

$$i(\infty) = \begin{cases} 1 - \frac{1}{\sigma}, & \sigma > 1 \\ 0, & \sigma \leq 1 \end{cases} \quad (2-18)$$

接触数 $\sigma = 1$ 是一个阈值。当 $\sigma \leq 1$ 时,感染者比例 $i(t)$ 越来越小,最终趋于 0,这是因为感染期内经有效接触,易感染者变为感染者的人数不会超过原来的感染者人数;当 $\sigma > 1$ 时,$i(t)$ 的增减性取决于 $i(0)$,但其极限值 $i(\infty) = 1 - \frac{1}{\sigma}$ 会随着 σ 的增加而增加。由此可知,SI 模型可以视为 SIS 模型的特例。

2.5.3 SIR 模型

SIR 模型假设感染者恢复后具有很强的免疫能力,故将人群划分为易感染者（Susceptible）、感染者（Infective）以及移出者（Removed）三种类型。三种类型的人群在总人数 N 中所占比例分别为 $s(t)$、$i(t)$、$r(t)$；病人的日接触率为 λ，日治愈率为 μ，$\sigma = \dfrac{\lambda}{\mu}$。

显然：
$$s(t) + i(t) + r(t) = 1 \qquad (2-19)$$
且式（2-15）依然成立，对于移出者来说，应有：
$$N\dfrac{dr}{dt} = \mu N i \qquad (2-20)$$

初始时刻的易感染者和感染者的比例记为 $s_0 > 0$ 和 $i_0 > 0$（不妨设移出者初始值为 $r_0 = 0$），则根据式（2-15）、式（2-19）和式（2-20），SIR 模型的方程可以写为：
$$\begin{cases} \dfrac{di}{dt} = \lambda s i - \mu i \\ \dfrac{ds}{dt} = -\lambda s i \\ i(0) = i_0,\ s(0) = s_0 \end{cases} \qquad (2-21)$$

对模型进行分析可知，若 $s_0 > \dfrac{1}{\sigma}$，$i(t)$ 先逐渐增加，当 $s_0 = \dfrac{1}{\sigma}$ 时，达到最大值 $i_m = s_0 + i_0 - \dfrac{(1+\ln \sigma s_0)}{\sigma}$，然后逐渐减小并趋于 0，而 $s(t)$ 逐渐减小至 s_∞。若 $s_0 \leqslant \dfrac{1}{\sigma}$，$i(t)$ 逐渐减小并趋于 0，$s(t)$ 逐渐减小至 s_∞。由此可见，如果蔓延条件在 $i(t)$ 增加一段时间后才发生，那么 $\dfrac{1}{\sigma}$ 必然是一个阈值，即当 $s_0 > \dfrac{1}{\sigma}$ 时，发生蔓延，而当接触数 σ 减小，阈值 $\dfrac{1}{\sigma}$ 增大，使得 $s_0 \leqslant \dfrac{1}{\sigma}$ 时，则不会蔓延。通常假设初始值 $s_0 \approx 1$，$\sigma = \dfrac{\lambda}{\mu}$ 中，应对水平越高，日接触率 λ 越小，相反日恢复率 μ 越大，σ 越小。因此，应对水平的提升对控制信息扩散具有积极作用。

另一方面，$\sigma_s = \dfrac{\lambda s}{\mu}$ 为交换数，表示一个感染者感染易感染者的平均数，也就是说，一个感染者与 σ_s 个易感染者交换。所以当 $s_0 \leqslant \dfrac{1}{\sigma}$ 时，必有 $\sigma_s \leqslant 1$。因此，交换数小于 1，感染者比例 $i(t)$ 不会增加，不会呈现蔓延态势。

根据上述分析，接触数 σ 在 SIR 模型中是一个非常重要的参数，可以根据实际数据估计 σ 的数值。由于初始值 i_0 通常很小，故略去 i_0，可得：

$$\sigma = \frac{\ln s_0 - \ln s_\infty}{s_0 - s_\infty} \quad\quad (2-22)$$

2.6　本章小结

本章首先剖析了非传统安全事件网络舆情内涵以及传播特征。其次，把用户当作节点、用户之间关注关系当作边，分析在线社交网络拓扑结构相关属性，发现网络具有小世界、无标度特征。再次，通过关注人数、粉丝数和互惠人数分析网络节点出度、入度和互惠性等拓扑性质与网络舆情传播行为的关系。研究表明，当节点度数以及互惠性增加，用户传播非传统安全事件网络舆情信息行为次数也会增加。最后，归纳了经典的传播动力学模型，为进一步研究非传统安全事件网络群体集聚舆情传播问题奠定了基础。

第3章 非传统安全事件网络舆情传播用户画像

非传统安全事件下，网络空间海量数据隐式记录了网民的传播与交互行为。从数据层面分析网络群体集聚舆情传播行为，刻画非传统安全事件在线社交网络用户画像，既可以直观地体现网络用户主题偏好，又有助于深入研究用户的情感倾向与群体行为，是认识非传统安全事件下网络空间用户复杂行为规律的前提和基础。因此，本章构建非传统安全事件下社会化媒体用户画像模型，精准识别用户需求偏好，为低成本高效率地完善社交网络平台服务、揭示非传统安全事件下在线社交网络活动中的用户信息行为规律、有效引导非传统安全事件网络舆情传播、维护社会和谐稳定奠定基础。

3.1 问题提出

3.1.1 用户画像

大数据时代，社交媒体日益全民化、多元化以及参与自由化的特征，使得在线社交活动呈现出海量数据、类型多样、传播迅速、去中心化分布等显著特点。平台上用户浏览、点击、转发、留言、评论等碎片化信息痕迹可直接或间接反映出在线社交网络用户的性格、特点、态度、偏好、习惯等情况，据此可以重构非传统安全事件下的社交媒体用户需求（Zaugg & Rackham, 2016）。这些碎片化的、全方位、立体化刻画用户需求的数据，称为"用户画像"（Quintana & Haley, 2017）。

用户画像的概念于2006年被交互设计之父艾伦首次提出。艾伦指出，用户画像是真实用户的虚拟代表，通过将用户分为不同类型，并抽取各类用户特征，设定名字、照片、场景等要素，实现对用户的形象描述。近年来，一些学者结合社交媒体海量数据对非传统安全事件用户画像做了进一步诠释。刘海等（2015）认为用户画像是用户在网上浏览、点击、留言、评论等全方位、立体性的数据集合。孟巍等（2017）认为用户画像是通过不断叠加、更新用户人口属性、行为属性、社交网络、心理特征、兴趣爱好等数据，抽象出来的完整信息标签，进而组合搭建出的立体化用户虚拟模型。谭浩和冯安然（2017）从生活形态、消费形态、家庭形态、社交形态、环境形态等维度对用户进行了刻画描绘。林燕霞（2017）基于社会认同理论，提取各类群体感兴趣的微博主题特征属性，由此构建了面向微博不同主题兴趣的用户画像，从而对社交活动中的不同用户进行分类，直观体现不同群体的用户兴趣与行为态度。

3.1.2 基于用户画像的舆情传播

随着社交网络的兴起，用户在社交平台上的活动痕迹等非结构化数据逐渐成为描述用户画像的重要数据来源（刘海鸥等，2018）。一些学者还将用户画像应用于非传统安全事件网络舆情的相关研究。刘海鸥等（2019）借鉴用户画像思想，构建了非传统安全事件情境下在线社交网络用户舆情画像，全面揭示了网络用户信息行为特征。任中杰等（2019）基于微博情感分析和用户画像建立突发事件情感预测模型，并以天津"8·12"事故非传统安全事件为例进行验证，为非传统安全事件下分类舆情精准引导策略提供辅助，为舆情危机应对决策提供理论支撑。许超英（2018）设计出非传统安全事件等情境下在线社交网络中意见领袖画像系统，通过识别出基于话题的意见领袖，引导非传统安全事件社会舆情的发展。吴林等（2020）基于事件信息结构表示理论，通过追溯用户的历史行为数据，采用多种语义挖掘算法及逻辑回归预测模型刻画非传统安全事件背后的高危人群特征，构建面向企业的舆情监测画像体系与企业舆情监测分析体系，降低了负面舆情爆发的概率。安璐等（2020）以非传统安全事件"巴塞罗那恐怖袭击"话题下所有微博及评论数据为例，对微博信息发布与评论用户进行画像，掌握参与恐怖事件讨论的用户特点，加强反恐等非传统安全事件网络舆情引导。

需要注意的是，当前基于微博、论坛等多种社交平台探讨非传统安全事件下在线社交网络用户画像及其信息行为的研究尚不完善。比较而言，国外学者对微博用户行为的实证分析研究成果相对比较丰富，国内相关研究仍需进一步深入拓展。此外，目前有关微博用户行为的研究关注较多的是非传统安全事件下在线社交网络用户转发行为,但用户行为分析的研究深度和广度都有待加强。同时,目前针对非传统安全事件下在线社交网络用户行为建模的研究相对匮乏,特别是非传统安全事件下用户行为的高度复杂性,使得单一的驱动机制往往只能解释特定行为的动机,且模型缺乏与实际数据的有效结合,因而具有一定的局限性。虽然一些传统研究利用博客、微博和论坛数据对群体或个体水平上的发帖行为以及博文的评论行为进行了分析,但受限于单一视角和单数据集,很难刻画非传统安全事件下人们在线社交活动的全貌。因此,针对上述问题,本章根据获取的非传统安全事件下大量社交平台数据,深入分析用户行为统计分布特征,挖掘用户行为潜在规律,提出社交平台用户行为模型,进而从定量角度揭示出非传统安全事件下在线社交网络用户行为规律。

3.2 非传统安全事件用户画像

构建非传统安全事件在线社交网络用户画像模型,一般常常使用通俗易懂且贴近现实的语义标签来描述用户属性特征、行为特征与偏好特征,据此形成用户画像的概念模型并将其作为实际用户的虚拟代表。通常而言,非传统安全事件下,可从多个维度刻画并构建在线社交网络用户画像模型。一般来说,搜集到的非传统安全事件下用户社交活动"痕迹"维度和数量越多,用户画像模型就越能准确反映非传统安全事件下社交网络用户的具体特征。然而,由于信息搜集成本及隐私保护方面的限制,构建完全匹配的"精准"用户画像几乎不可能。因此,需要充分考虑实际应用场景,构建满足条件需求的非传统安全事件在线社交网络用户画像模型。

3.2.1 非传统安全事件用户画像特点

大数据时代,非传统安全事件在线社交网络用户画像需充分结合大数据的"5V"特点,即体量大(volume)、时效强(velocity)、模态多(variety)、低精确(veracity)、价值密度低(value),因而需要收集和处理的数据量远远超过过去,更新要求速度更快,对数据的实时性要求更高。因此,数据驱动下非传统安全事件在线社交网络用户画像应具备以下新特点。

(1)时空可变性。从时间上看,非传统安全事件下用户关注焦点往往会受到学习计划、认知加深、任务调整等因素影响而发生漂移。随着时间推移,用户对非传统安全事件的关注程度可能呈现提高、降低甚至消失的趋势，致使用户画像具有时效性特征。事实上，非传统安全事件情境下用户画像刻画的是目标用户某个时间段内的行为，为此要实时持续地准确把握用户的关注焦点漂移并及时更新用户画像。从空间上看，用户画像表现的侧重点会随着非传统安全事件发展而变化，侧重获取用户搜索、转发、评论网络舆情的行为特征和规律，动态挖掘用户的关注焦点偏好，预测用户信息需求，从而实现非传统安全事件网络舆情引导的精准性。

（2）可迭代性。用户画像数据来源可划分为静态数据和动态数据。静态数据涉及用户的基本属性信息，如姓名、年龄、职业等相对稳定的信息。而动态数据则是非传统安全事件下，用户与系统实时交互产生的点击、浏览、检索等诸多行为数据，且随行为的持续发生而逐渐累加增多。用户画像的刻画结果随时更新且日益丰富多彩，表现出用户画像具有可迭代性，这就要求与时俱进地调整网络舆情引导方式。

（3）知识性。用户不仅是资源的利用者，更是资源的开发创造者。非传统安全事件下，用户围绕事件发生和进展会产生大量用户行为数据，其中蕴含了许多潜在的知识和经验。用户画像借助数据处理技术收集、整理、筛选非传统安全事件下的用户行为数据，并通过可视化的方式将行为中隐含的知识、规律、经验等呈现出来，使得用户画像具有较强的知识性。同时，有些用户还是非传统安全事件下知识创造者，通过构建专家画像，联通用户之间的知识，可促进非传统安全事件知识分享与传播，发挥知识价值。

（4）聚类性。以用户为中心是现代组织的服务理念，研究非传统安全事件下人的行为、需求、偏好的共性并深入开发是极其有价值的工作。用户画像的目的就是为了精准识别客户并根据其共同特征将用户分类，以便精准锁定目标客户并施策。具体而言，非传统安全事件用户画像通过分析挖掘用户数据，依据用户活跃度、兴趣偏好、行为习惯等指标，将具有相似兴趣的用户聚成一个簇，实现用户分类管理，形成不同特征的用户群体，进而针对不同用户群体开展有针对性的网络舆情引导工作，因而具有聚类性。

3.2.2 非传统安全事件用户画像标签体系

非传统安全事件下构建完整的用户画像，需要从多维度多层次对用户进行描述，这就需要根据用户属性、信息需求来建立一个完善、精准、动态的标签体系。主要包括以下五个维度。

（1）人口统计学维度。人口统计学特征包括性别、年龄、教育、收入、职业、行业等自然属性以及后天社会化所形成的社会属性，以帮助识别用户身份，是影响用户行为的重要内容。

（2）能力属性维度。在互联网时代，用户既是接收者又是生产者，内容的优劣与用户能力具有很大关系，主要表现为用户的信息素养，如搜索、浏览、创造等行为的质量和效率等。

（3）价值属性维度。系统中用户的活跃度和影响力差异较大，价值属性主要指用户在系统中的影响能力。

（4）社交关系维度。用户的社交关系维度指的是用于描述用户的社交图谱、家庭成员、朋友圈，这些信息往往代表用户的消费预期和客户社会关系网。通过社交信息，可以尽可能完整地了解客户，以便为客户提供个性化的服务。根据非传统安全事件下用户间关注、分享、讨论、咨询、评论、点赞、合作等互动行为构建社交关系图谱，刻画用户需求偏好、知识共享的关联，揭示用户在社交平台的贡献率、活跃程度等社交影响力。

（5）兴趣属性维度。用户的兴趣属性由显性兴趣和隐性兴趣构成，是对信息偏好程度的表现。用户显性兴趣是用户情感的外在表示，是用户主动提供信息的行为，如检索式输入关键词、主题词等；用户隐性兴趣是通过系统跟踪用户的浏览、评论、收藏等行为获取的内在兴趣。

3.3 非传统安全事件网络舆情画像概念模型

构建非传统安全事件情境下在线社交网络用户画像要遵循两项原则，即从具体非传统安全事件场景出发，解决实际问题，以及依据用户的属性和特征进行设计。针对不同的非传统安全事件和用户需求，集合用户的属性维度，构建用户画像主要包括四个阶段，即基础数据采集、数据预处理、用户画像建模、用户画像形成。本节旨在通过爬取新浪微博、腾讯QQ、天涯论坛和人人网相关数据，构建非传统安全事件下在线社交网络用户画像概念模型，分析用户在线社交活动中信息行为特征，绘制较为全面的非传统安全事件在线社交活动用户画像，为挖掘人类在线社交信息行为规律提供支撑。

3.3.1 舆情画像的提出

本书尝试借鉴"用户画像"思想提出非传统安全事件下在线社交网络用

户"舆情画像"理念,并从研究对象、画像目标、构成要素、研究方法等维度进行对比,具体如表3-1所示。

表3-1　非传统安全事件下舆情画像与用户画像思想的类比

类比元素	用户画像	舆情画像
研究对象	目标用户	非传统安全事件下在线社交网络用户舆情传播行为
画像目标	各类用户人物原型(3~7个)	我国最为典型的社交平台如新浪微博、腾讯QQ、天涯论坛和人人网上的若干个用户
构成要素	用户的自然属性、关系属性、兴趣属性、能力属性、行为属性、信用属性等	在线社交用户的基本属性特征和信息行为特征(时间间隔分布、活跃度分布、时间间隔重标度、交互周期、交互热度、阵发性和记忆性等)
研究方法	采用定性与单标签建模的分析方法	基于人类动力学的定量分析方法

由表3-1可以看出,舆情画像的研究对象是"非传统安全事件下在线社交网络用户舆情信息传播行为",与之相对应的为用户画像研究中的"目标用户";非传统安全事件舆情画像的目标界定为"我国最为典型的社交平台如新浪微博、腾讯QQ、天涯论坛和人人网上的若干个用户",与之相应的用户画像的目标一般为各类用户人物原型(3~7个)。从构成要素来看,结合在线社交网络用户在非传统安全事件下舆情信息传播的特点,将舆情画像的构成要素细分为在线社交网络用户基本属性特征和信息传播行为特征两大方面,基本属性特征主要涵盖在线社交网络用户年龄、性别、学历、地址等自然数据,用户信息行为特征主要涵盖在线社交网络用户在非传统安全事件情境下进行信息传播的时间间隔分布、活跃度分布、时间间隔重标度、交互周期、交互热度、阵发性和记忆性等,而用户画像一般则围绕用户的自然属性、关系属性、兴趣属性、能力属性、行为属性、信用属性等展开论述。从研究方法来看,舆情画像中通过抓取非传统安全事件情境下在线社交网络用户的行为数据,对多个指标进行人类动力学定量分析,以使得所勾勒的"舆情画像"粒度更为清晰,而用户画像多采用定性与单标签建模的分析方法,这种方法难以对用户画像进行细粒度的刻画。

根据上述分析,刻画非传统安全事件情境下在线社交网络用户信息传播行为的"舆情画像"具体步骤可以归纳为:首先,基于人类动力学视角构建非传统安全事件下在线社交网络用户"舆情画像模型",细分画像构成维度;其次,以我国最为典型的社交平台(如新浪微博、腾讯QQ、天涯论坛和人人网）为例，获取用户 ID、登录时间、信息发布时间、发帖数和回帖数、粉丝数与关注数等个人基本特征数据和用户信息行为数据，并对抓取的个人基本特征数据进行显著性检验；最后，通过实证分析，勾勒出在线社交网络用户在非传统安全事件下网络舆情信息传播概况，并进一步分析用户的态度观点倾向与群体行为特征。

3.3.2 网络舆情画像模型

通过分析社会生活中应用最广泛、传播覆盖最深入的社交网络平台用户相关数据，构建非传统安全事件下在线社交网络用户舆情画像概念模型。从人类动力学研究视角出发，对在线社交网络用户非传统安全事件网络舆情信息传播行为特征进行定量分析，进而揭示非传统安全事件下在线社交网络用户舆情信息传播行为规律，为完善我国网络舆情生态环境治理体系提供参考。

在构建非传统安全事件在线社交网络用户舆情画像时，通常会使用高度精练的特征标识（标签）来描绘用户基本属性特征和信息行为特征，进而从多个维度刻画用户舆情画像模型，并基于此形成舆情画像的轮廓。一般而言，获取的非传统安全事件下用户社交行为活动数据越多，构建的画像特征越精准。但由于网络隐私保护和数据获取成本较高，很难构建完全匹配用户特征的精确画像模型，且数据获取过程中还需要考虑具体的使用情景。鉴于上述考虑，在爬取天涯、新浪微博、QQ 等社交平台用户信息时，主要从以下两个方面考虑：在线社交网络用户通过哪些行为（如回答问题、点击图片、浏览信息流、关注等）产生或获取非传统安全事件相关网络舆情信息；通过哪些行为（如转发、点赞、评论等）将该网络舆情信息传播出去。由此，将重点研究非传统安全事件下在线社交活动中用户的以下两种网络舆情信息传播行为：（1）同一个人发布不同网络舆情信息的行为，称为发布行为；（2）不同个体同时评论某一条网络舆情信息，其中包含信息发布者对评论者的回复信息，称为交互行为。依据在线社交网络特性以及用户的自身特点，从三个维度对非传统安全事件下社交活动中用户画像模型进行划分，即用户的基本特征（人口统计学属性）、用户的网络舆情信息发布行为特征以及用户社交行为特征。非传统安全事件下在线社交活动中用户画像概念模型如图 3-1 所示。

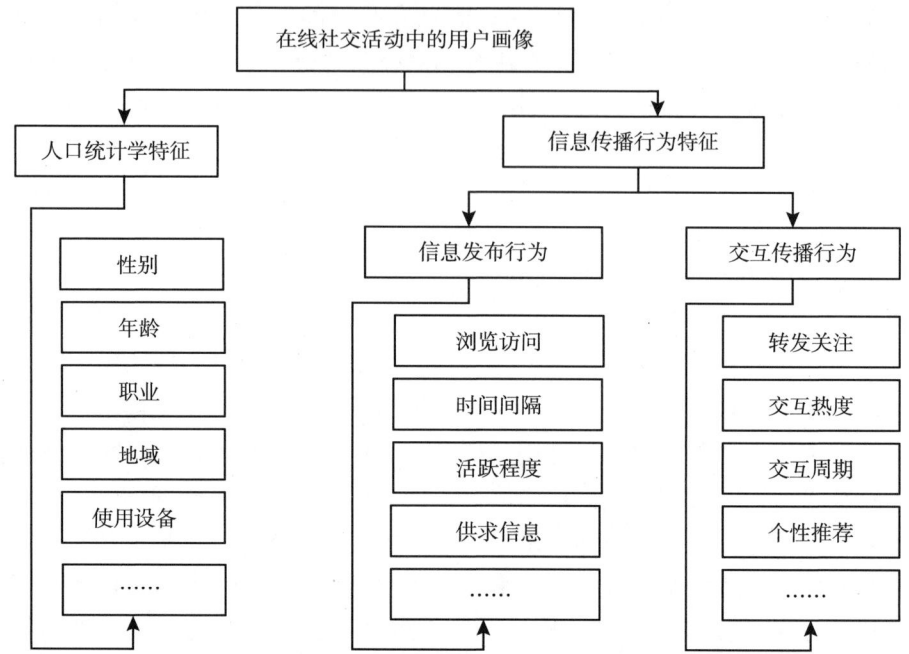

图 3-1 非传统安全事件下在线社交活动中的用户画像概念模型

3.4 非传统安全事件在线社交用户舆情传播行为特征分析

以非传统安全事件在线社交网络用户网络舆情传播行为特征为研究对象，我们抓取了 168 位新浪微博用户 99734 条记录，900 个 QQ 群用户 55651 条记录，705 位天涯社区用户 19070 条记录，以及 169 位人人网用户 107242 条记录。针对每个用户收集了用户 ID、登录时间、发布时间、发帖数和回帖数、粉丝数与关注数等数据，针对每条信息收集了信息 ID、被转发和评论时间、转发数和评论数等数据，进而通过信息 ID 对每条非传统安全事件网络舆情传播统计特征进行分析，通过用户 ID 探讨在线社交网络用户在非传统安全事件下网络舆情传播行为，并据此对时间间隔分布、活跃度分布、时间间隔分布宽度、时间间隔重标度、交互周期与热度分布、交互阵发性与记忆性等进行分析。

3.4.1 时间间隔分布

社交网络用户行为时间特性是表征用户活跃程度的重要属性。由于用户在非传统安全事件下会从事各种无规律的上网行为，对于无规律的活动，研究用户相同活动相继发生的时间间隔，可发现其从事网络舆情传播活动的规律，对研究社交网络用户的非传统安全事件信息行为具有重要意义。四个数据集的时间间隔分布如图3-2所示。

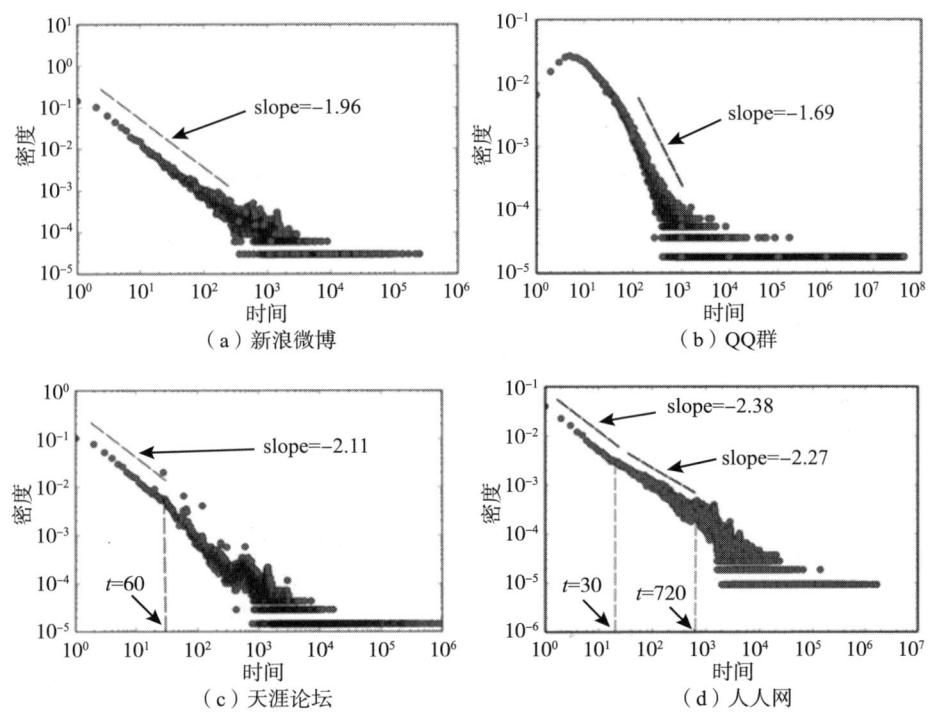

图3-2 时间间隔分布

从图3-2可以看出，四个数据集的时间间隔分布在双对数坐标下呈现明显的胖尾特征，表明非传统安全事件下只有少数在线社交网络用户处于活跃状态，频繁地发布消息，而大部分用户活跃度较低，一般处于静默状态，如在QQ群中，频繁发出消息的是固定的几个"话唠"，大部分成员都处于"潜水"或"冒泡"的状态。去掉下垂的头部和松散的尾部，四个数据集的时间间隔部分服从幂律分布，通过最大似然估计方法计算幂指数，幂指数集中在1.69～

2.38 的范围内。天涯论坛和人人网的时间间隔分布均出现弯折，其中天涯论坛在 $t=60$ 分钟时出现弯折，在小于 60 分钟内时间间隔服从 $\alpha=2.11$ 的幂律分布。人人网在 $t=30$ 分钟时和 $t=720$ 分钟时出现弯折，两个区间的时间间隔服从 $\alpha=2.38$ 和 $\alpha=2.27$ 的幂律分布。

3.4.2 活跃度分布

非传统安全事件下，用户从事某种活动的强度对其时间间隔分布有重大影响。因此，为研究时间间隔分布与活动强度之间的关系，将数据按照活跃度升序排列，平均分成 10 组，每组大致有相同数量的个体，分别计算每组的平均活跃度和时间间隔的幂指数，绘制各组平均活跃度与幂指数之间的关系图。如图 3-3 所示，新浪微博、QQ 群和人人网的活跃度与幂指数呈正相关关系，表明活跃度对时间间隔分布具有重要影响，与张子柯（2017）研究中的结论一致。天涯论坛的活跃度与幂指数之间没有明显的正相关关系，活跃度与幂指数的正相关关系是否只在一定条件下适用，两者的相关关系是否还存在其他情况，还有待进一步商榷。

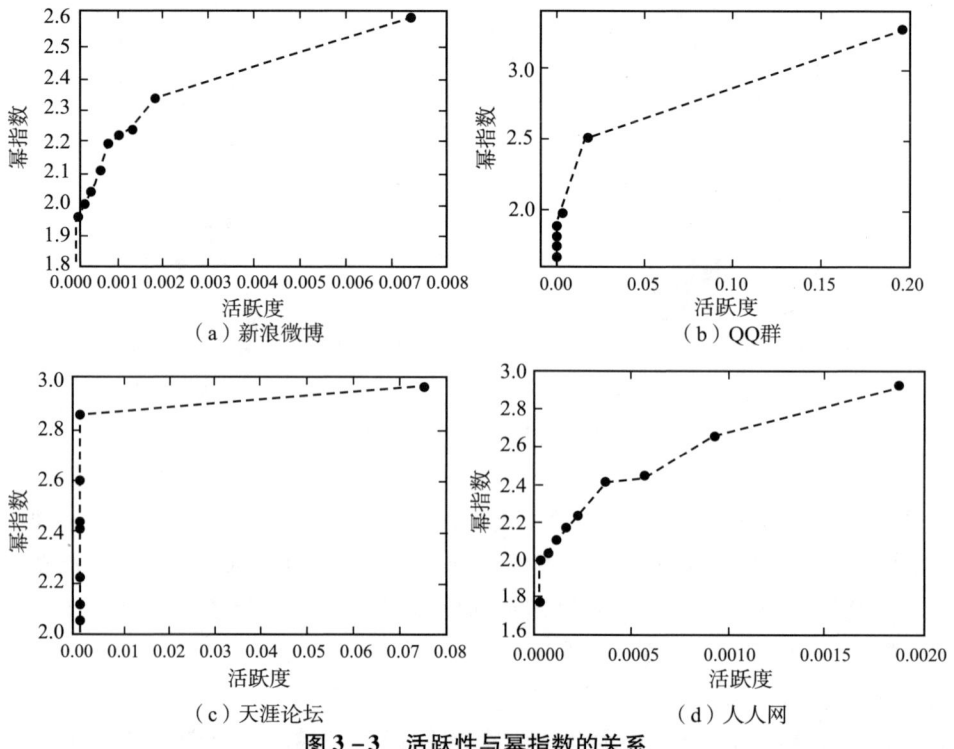

图 3-3　活跃性与幂指数的关系

3.4.3 时间间隔分布宽度

衡量时间间隔分布宽度的重要指标为二阶矩，其计算公式为 $\langle t^2 \rangle = \int t^2 p(t) \mathrm{d}t \approx \frac{1}{n_i} \sum_{1}^{n_i} t_i^2$。其中，$\langle t^2 \rangle$ 表示时间间隔的二阶矩，t 为同一个体发出两条信息之间的时间间隔，$p(t)$ 表示时间间隔 t 所占的概率。图 3-4 显示了四个数据集二阶矩的分布情况，二阶矩随活跃度下降，表明非传统安全事件下网络舆情发布行为中，活跃度越大的用户，发布行为的时间间隔越窄。QQ 群和天涯社区的图像相似，上方均存在一些散乱的点，这是由数据集对内容和关系的侧重程度不同造成的。事实上，新浪微博和人人网更重视关系，QQ 群和天涯社区更侧重内容，这些散乱的点代表经常处于沉默状态的个体，当遇到困难时，这些用户在一段时间内会爆发性发言。

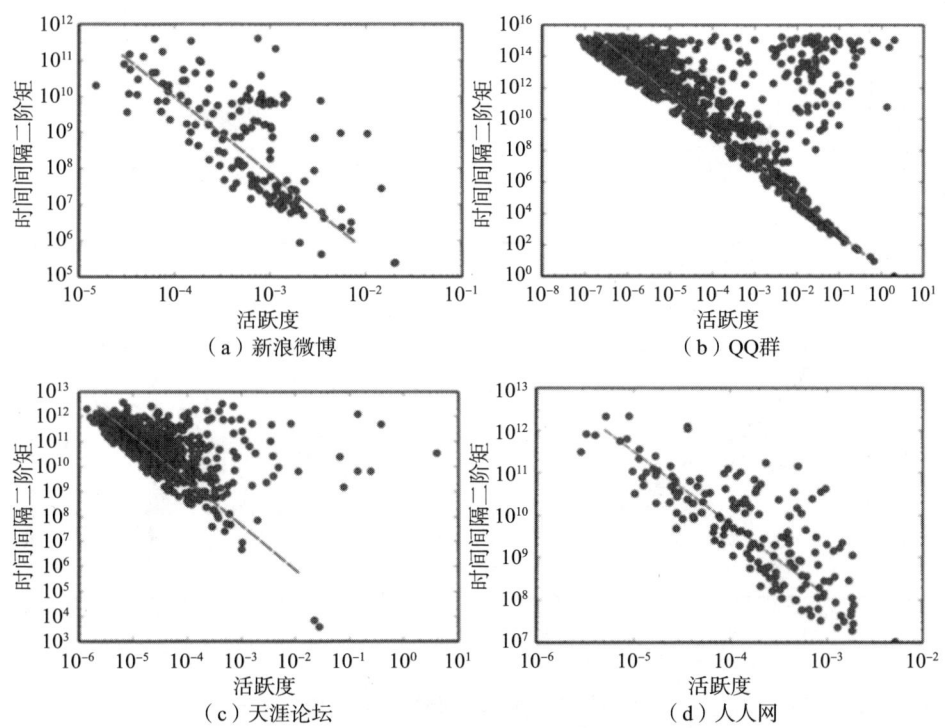

图 3-4 时间间隔分布宽度

3.4.4 时间间隔重标度

本章选取了三组数据对时间间隔进行重标度，以此研究非传统安全事件下网络舆情传播过程中时间间隔分布的潜在规律。以 $\frac{t}{\langle t \rangle}$ 标度个体两个连续发布行为的时间间隔，t 表示时间间隔，$\langle t \rangle$ 表示时间间隔的均值，将 $p(t)\langle t \rangle$ 作为 $\frac{t}{\langle t \rangle}$ 的函数，分析重标度后的结果。数据重新标度后的时间间隔分布如图 3-5 所示，各组的图像均能基本拟合为一条曲线 $F(t)$，$F(t)$ 与时间间隔的均值相互独立，表明时间间隔服从函数 $p(t) = \left(\frac{1}{\langle t \rangle}\right) F\left(\frac{t}{\langle t \rangle}\right)$，这揭示了非传统安全事件下用户在线社交行为具有某种相似的潜在机制。

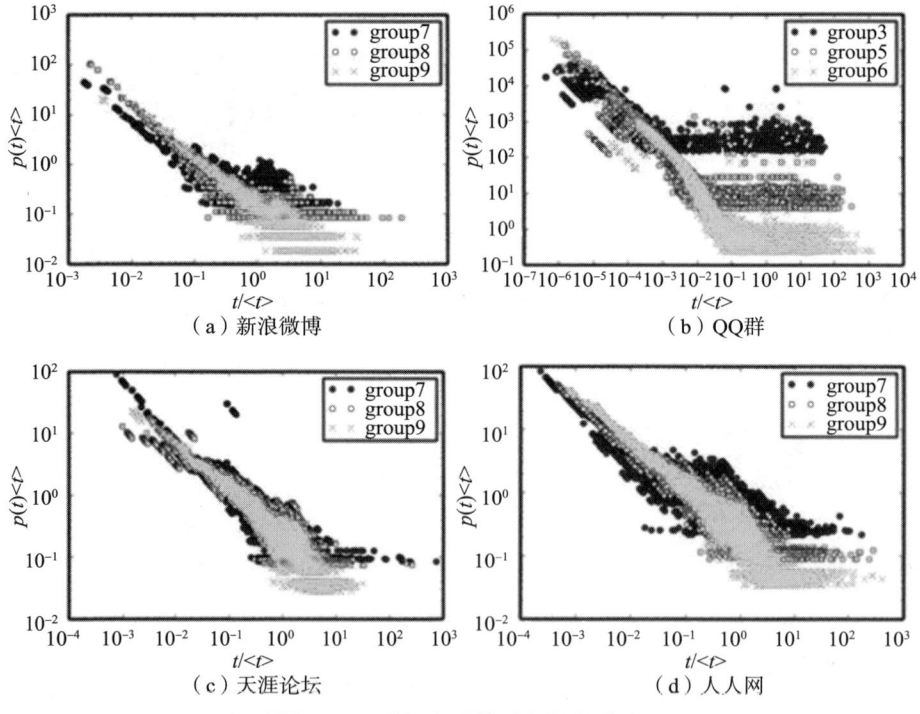

（a）新浪微博　　（b）QQ群

（c）天涯论坛　　（d）人人网

图 3-5　重标度后的时间间隔分布

注：$\frac{t}{\langle t \rangle}$ 标度个体两个连续发布行为的时间间隔，$p(t)\langle t \rangle$ 表示重标度结果。其中，t 表示时间间隔，$\langle t \rangle$ 表示时间间隔的均值。

3.4.5 交互周期与热度分布

非传统安全事件中,用户对相关网络舆情信息的兴趣呈逐渐衰减的趋势。事件伊始,用户兴趣极浓,但随着时间推移,若没有任何催化效应,用户兴趣将逐渐递减乃至消失。一般而言,用户对非传统安全事件的讨论存在一个交互周期,定义为发布事件信息与最后一条评论的时间差。通常信息发布三个月后评论数量非常少,因此剔除距离采集时间三个月之外的信息,可以得出每条信息的交互周期及其互补累积分布情况,具体如图3-6所示。

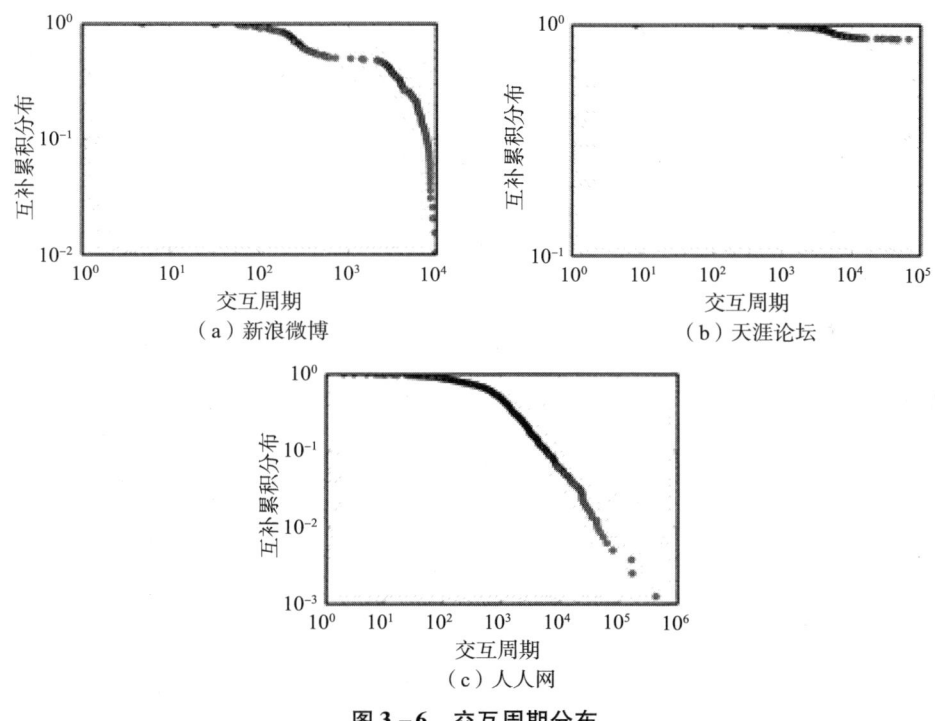

图3-6 交互周期分布

由图可见,非传统安全事件热门话题与冷淡话题间交互周期相差4~6个数量级,新浪微博最大与最小的交互周期相差较少,为4个数量级。此外,天涯社区信息交互周期分布与其他明显不同,其交互周期分布较窄,具有长周期的网络舆情所占的概率较大,这是由部分话题的"直播"效应引起的,即经过几天到十几天不等的时间陆续发布非传统安全事件网络舆情,持续吸引网民跟帖并讨论进而形成较长的交互周期。QQ 群用户的讨论较为随意，对非传统安全事件话题的讨论难以界定，因此不对其话题的交互周期进行讨论。

此外，非传统安全事件下，用户行为与其在社交活动中的交互是密不可分的，交互热度对人类行为具有重要影响。交互热度的计算公式为 $P_i = \dfrac{N_i}{T_i}$。其中，P_i 表示交互热度，N_i 表示讨论总数量，T_i 表示交互周期。图 3-7 显示交互热度的互补累积分布，不同交互热度话题相差 5 个左右的数量级。同图 3-6 类似，天涯社区的分布与其他明显不同，交互热度强的话题所占的概率非常高，由此说明论坛是引起非传统安全事件网络舆情爆发性评论的主要聚集地。

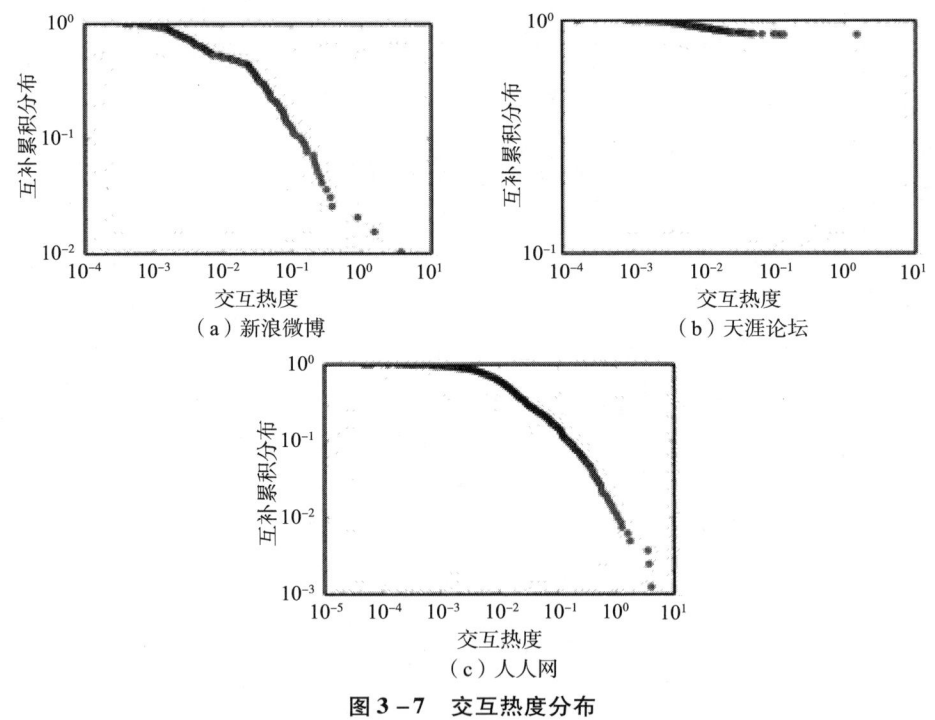

图 3-7 交互热度分布

3.4.6 交互的阵发性和记忆性

戈（Goh K I）和巴拉巴西（Barabási A L）提出的阵发性和记忆性是刻画用户社交行为的重要指标。这里在研究非传统安全事件下社交用户信息交互的记忆性时，把时间间隔按照发生时间排序，分成两个序列，即序列 1 和序列 2，其中序列 1 由前 $N-1$ 个元素构成，序列 2 由后 $N-1$ 个元素构成。记忆性的计算公式为：$M = \dfrac{1}{N_t - 1} \sum\limits_{i=1}^{N_t-1} \dfrac{(t_i - m_1)(t_{i+1} - m_2)}{\sigma_1 \sigma_2}$。其中，$N_t$ 指时间间隔的总数，m_1，m_2 表示序列1和序列2的均值，σ_1，σ_2 表示序列1和序列2的标准差。M 的取值为 $(-1, 1)$，M 值越接近1，表示记忆性越强；M 值越接近 -1，表示反记忆性越强；$M=0$ 表示记忆性与反记忆性出现的可能性一样大。利用阵发性 B 和记忆性 M 的计算公式，得到非传统安全事件下社交网络用户交互行为阵发性与记忆性的二维投影。

如图3-8所示，新浪微博和天涯社区的阵发性均为正值，且记忆性结果大部分为正值。与发布行为不同，新浪微博和天涯论坛不仅存在爆发性评论，而且人们的交互行为具有一定的可预测性，但人人网则表现出"强阵发弱记忆"的特征。

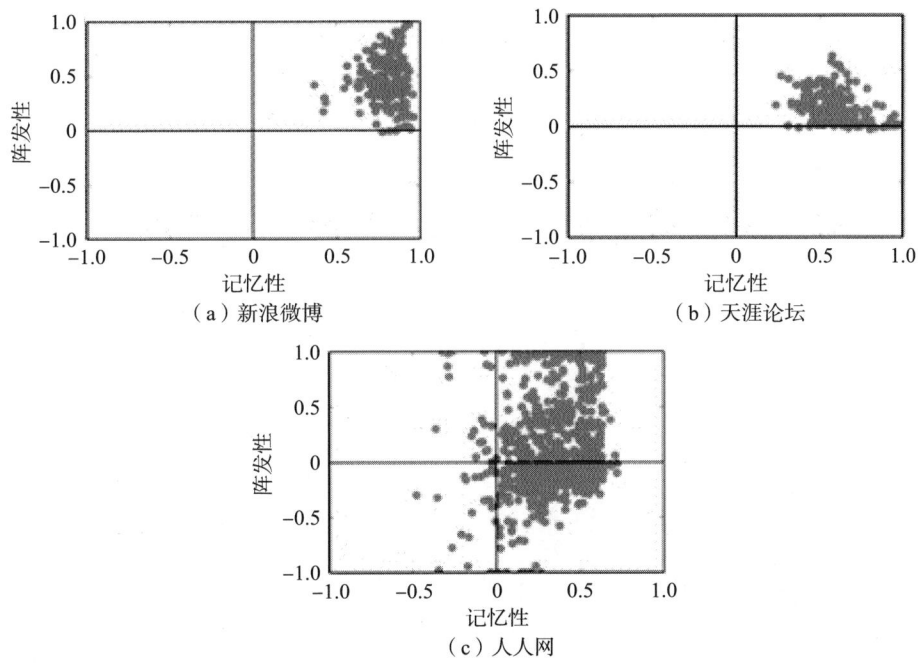

图3-8 交互行为的阵发性与记忆性分布

3.5 本章小结

非传统安全事件下人们参与在线社交活动趋于常态化，研究人类在线社交活动的统计特征并刻画非传统安全事件在线社交网络用户画像，有助于线上用户的正确引导和发挥正能量传播的积极性和主动性。本章通过对新浪微博、QQ 群、天涯论坛、人人网等社交平台的深入挖掘，开发了非传统安全事件情境下在线社交网络用户画像模型，并对信息行为时间统计特征进行了实证分析。结果发现，对非传统安全事件网络用户舆情信息发布而言，其行为的时间间隔服从幂律分布，并呈现重尾分布特征，证明在线社交网络用户众多行为都偏离泊松过程，活跃程度与幂指数正相关，与时间间隔宽度负相关，并呈现出"强阵发弱记忆"的显著特征。

第 4 章　非传统安全事件虚实耦合的网络群体交互行为模型

非传统安全事件下，网络空间海量舆情信息大规模传播扩散极易引发现实社会非理性行为，且二者在线上线下虚实交互下耦合互动，同步扩散，可能导致社会治理环境稳定性遭遇震荡。为此，本章拓展分析非传统安全事件下线上线下虚实耦合交互的网络群体行为集聚过程，构建信息－行为耦合交互的非传统安全事件网络群体集聚动力学模型，并通过求解基本再生数分析稳定状态下网络群体集聚行为最终波及范围。最后，以 2011 年日本大地震非传统安全事件引发的"抢盐"风波为例进行实证分析，验证信息－行为耦合互动非传统安全事件网络群体集聚模型有效性，并分析网络舆情与行为吸引力、信息－行为耦合强化效用对非传统安全事件在线社交网络舆情传播过程的影响。

4.1　问题提出

近年来，非传统安全事件下在线社交网络舆情传播问题引起了众多学者的广泛关注，不同学者从不同视角出发，提出多种模型来刻画在线社交网络舆情传播动态过程，进而揭示出非传统安全事件在线社交网络舆情传播的内在规律。

值得注意的是，现有关于非传统安全事件的在线社交网络舆情传播研究大多数着眼于在线社交平台单层网络空间舆情传播问题，而忽略了线上线下虚实空间动态交互过程。事实上，社交网络具有较强的互动性，真正的社会复杂关系系统往往是由多层网络相互关联组成的（Wang et al.，2017；Wang et al.，2017）。在非传统安全事件下，在线社交网络用户普遍处在恐慌、焦虑状态，这些用户收到相关网络舆情后，不仅会立即转发给好友，围绕非传统安全事件的产生、发展实时交互形成网络群体集聚，还会与线下行为交织渗透、联动共振，并在现实社会中盲目跟风参与一些社会活动，甚至涌现出非理性集聚行为（Pan et al.，2018）。同时，线下行为也会反向影响线上虚拟空间舆情的传播过程（Ruan et al.，2012），二者相互作用进一步推动非传统安全事件相关网络舆情大规模传播扩散，甚至引发连锁反应，对社会安定构成严重威胁。例如，2011年日本发生大地震后，有关"碘盐可以防辐射"的网络舆情瞬间涌现，商场、超市等立刻出现食盐抢购情况，且人们在抢购食盐的同时，还继续向更多人分享这一消息。由此可见，非传统安全事件下谣言等网络舆情大规模扩散给社会正常运转带来了极大动荡，并反向影响网络舆情传播扩散。因此，扩展分析线上线下虚实耦合互动的非传统安全事件网络群体交互行为，将用户现实社会行为纳入在线社交网络舆情传播模型十分必要。

4.2 耦合网络群体交互行为研究

为分析非传统安全事件网络舆情传播过程中虚实网络群体交互过程，一些国内外学者开始将单层社交网络用户交互行为研究拓展为双层乃至多层网络间的群体交互行为分析，通过借助双层网络来分析两个传播间的动态耦合交互过程（Zhao et al.，2014；Wei et al.，2016；Gao et al.，2016；Wei et al.，2016）。例如，杜蓉等（2014）基于豆瓣、同城活动网站研究线上线下虚实群体交互的社交影响，发现网络舆情传播在一定程度上推动了线下行为扩散，而线下行为扩散对线上社交关系的建立也有一定的促进作用。朱宏淼等（2020）构建了线上微信群与线下社会关系双层耦合网络知识传播模型，发现线上微信群知识分享既可能促进线下组织中的知识传播，也可能抑制线下组织中的知识传播，且双层耦合网络拓扑结构对知识传播扩散速度与扩散范围具有重要影响，无标度耦合网络更有助于知识传播扩散。武澎等（2013）基于信息流构建了非传统安全事件超网络舆情传播模型。王光辉等（2017）以超网络模型为基础，借鉴社会影响理论，提出了舆情异化机理的极化算法，并对其具体流程进行解析。

需要注意的是，已有描述耦合网络群体相互作用过程的模型通常分析的是可逆传播过程，即假设感染者治愈后可能再次被感染。然而，非传统安全事件却与此不同，它几乎不会反复发生，这就导致网络舆情传播与行为扩散过程是不可逆的。此外，现有研究模型仅考虑了当某个体在某层网络中处在感染状态而在另一层网络中处在易感染状态时，某层感染状态对另一层易感染状态用户状态转变的单一影响。然而在非传统安全事件网络舆情传播与现实社会行为扩散相互作用的过程中，存在耦合强化效用，即对于同一用户，当其在两层网络中均处在感染状态时，会促使其在两层网络中长时间保持该状态，而当某用户在某层网络中处在免疫者状态而在另一层网络中处在易感染或感染状态时，会促使其转变为免疫者状态。

根据上述分析，本章将深入分析信息-行为耦合交互的非传统安全事件网络群体交互行为内在机制，构建动力学模型，并以 2011 年日本大地震引发的非传统安全事件——"抢盐"风波网络舆情谣言事件为例，验证模型的有效性，揭示信息-行为耦合强化效用下非传统安全事件网络群体交互行为规律。

4.3 非传统安全事件虚实耦合网络群体交互机制分析

4.3.1 基于双层网络的群体交互过程分析

借助双层网络模型构建思想，分析信息-行为耦合交互影响下非传统安全事件网络舆情传播过程。如图 4-1 所示，上层网络为虚拟连通层，代表舆情传播的在线社交网络，下层网络为物理接触层，代表真实社会行为传播的用户接触网络层。每层包含 N 个用户节点，但各层网络拓扑结构不同。图中实线代表各层网络内部用户节点之间的交互过程，虚线表示两个网络的层间交互过程。简单起见，分别用网络层 A 和网络层 B 表示上述两层网络。

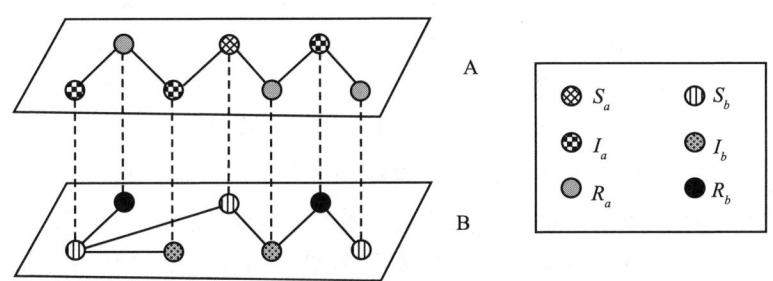

图 4-1 信息-行为耦合交互双层网络

网络层 A 中，节点分为未知者（Ignorant，S_a）、传播者（Spreader，I_a）和免疫者（Stifler，R_a）。其中，未知者 S_a 相当于 SIR 模型中的易感染者，传

播者 I_a 相当于 SIR 模型中的感染者，免疫者 R_a 相当于 SIR 模型中的恢复者。当 S_a 接触 I_a 后，会以 α 的概率转化为传播者 I_a，或者以 $(1-\alpha)$ 的概率转化为免疫者 R_a；传播者 I_a 可能因多次传播而对网络舆情不再敏感，进而逐渐以 γ 的概率停止传播并转化为免疫者。由此可用 $S_a I_a R_a$ 模型描述非传统安全事件网络舆情传播过程。

相应地，网络层 B 节点划分为易感染者（Susceptible, S_b）、感染者（Infected, I_b）和恢复者（Recovered, R_b）三类。其中，易感染者 S_b 为不知情用户，感染者 I_b 为知情并采取行为的用户，恢复者 R_b 为停止某种行为的用户。当 S_b 与 I_b 联系后，会以概率 β 转化为感染者，进而采取同样行为影响更多的人；或以概率 $(1-\beta)$ 认为与己无关或持否定态度不采取相应行为。同理，感染者 I_b 会以概率 η 停止该行为。由此可知，分别用 β、η 替代 $S_a I_a R_a$ 模型中的概率 α 和 γ，可得 $S_b I_b R_b$ 模型，进而刻画非传统安全事件下现实社会行为扩散过程。

4.3.2 非传统安全事件信息-行为耦合交互内在机制分析

非传统安全事件下网络舆情与线下行为相互交织共同传播，并产生耦合强化效用。这里耦合强化效用包括两类，一类是由网络舆情传播者或行为感染者产生的耦合强化效用，另一类是由网络舆情免疫者或行为恢复者产生的耦合强化效用。非传统安全事件下信息-行为耦合交互作用过程大致分为三种情形。

（1）假如某一用户是网络层 A 中的传播者，其在真实社会中接触到相关行为后，也会采取相应行为以影响更多用户；同样地，如果某一用户是网络层 B 中的感染者，其在社交网络中接触到相关网络舆情后，也会倾向于持续传播该网络舆情，进而分享给更多人。

（2）假如某一用户是网络层 A 中的免疫者，则该用户在现实社会中倾向于不采取或不再继续采取相关行为；同样地，若某用户在网络层 B 中为行为恢复者，也会更倾向于不传播或不再传播相关网络舆情。

（3）如果某一用户是网络层 A 中的未知者，且在网络层 B 中为易感染者，则一旦其在现实社会看到别人采取相应行为时，往往会成为网络舆情传播者或网络舆情免疫者。

假设 μ 为网络舆情传播者或行为感染者产生的耦合强化效用强度系数，υ 为由网络舆情免疫者或行为恢复者产生的耦合强化效用强度系数，在网络舆情

第 4 章　非传统安全事件虚实耦合的网络群体交互行为模型

传播者或行为感染者产生的耦合强化效用影响下，两层网络用户状态转换概率分别定义为 α_1、γ_1、β_1、η_1；在网络舆情免疫者或行为恢复者产生的耦合强化效用影响下，两层网络用户状态转换概率分别定义为 α_2、γ_2、β_2、η_2。由吕琳媛等（Lv et al., 2011）的研究可知，上述用户状态转换概率函数分别为：
$\alpha_1 = 1 - (1-\alpha)e^{-\mu}$、$\alpha_2 = \alpha e^{-\nu}$、$\beta_1 = 1 - (1-\beta)e^{-\mu}$、$\beta_2 = \beta e^{-\nu}$、$\gamma_1 = \gamma e^{-\mu}$、$\gamma_2 = 1 - (1-\gamma)e^{-\nu}$、$\eta_1 = \eta e^{-\mu}$、$\eta_2 = 1 - (1-\eta)e^{-\nu}$。

综上所述，在信息 - 行为耦合交互作用影响下，用户作为传播主体在非传统安全事件网络舆情传播过程中呈现七种状态：未知者与行为易感染者（$S_a S_b$）、传播者与行为易感染者（$I_a S_b$）、传播者与行为感染者（$I_a I_b$）、传播者与行为恢复者（$I_a R_b$）、免疫者与行为易感染者（$R_a S_b$）、免疫者与行为感染者（$R_a I_b$）、免疫者与行为恢复者（$R_a R_b$）。

4.4 虚实耦合的非传统安全事件网络群体交互动力学建模

4.4.1 非传统安全事件下用户节点状态转移概率分析

依据用户节点在各层网络中的度数对用户进行分类。令 $N(d, h)$ 表示在网络层 A 中度值为 d 且在网络层 B 中度值为 h 的用户节点数量，$S_a S_b(d, h, \tau)$、$I_a S_b(d, h, \tau)$、$I_a I_b(d, h, \tau)$、$I_a R_b(d, h, \tau)$、$R_a S_b(d, h, \tau)$、$R_a I_b(d, h, \tau)$、$R_a R_b(d, h, \tau)$ 分别表示 τ 时刻处在 $S_a S_b$、$I_a S_b$、$I_a I_b$、$I_a R_b$、$R_a S_b$、$R_a I_b$、$R_a R_b$ 状态的用户节点数量，$\rho^{S_a S_b}(d, h, \tau)$、$\rho^{I_a S_b}(d, h, \tau)$、$\rho^{I_a I_b}(d, h, \tau)$、$\rho^{I_a R_b}(d, h, \tau)$、$\rho^{R_a S_b}(d, h, \tau)$、$\rho^{R_a I_b}(d, h, \tau)$、$\rho^{R_a R_b}(d, h, \tau)$ 为对应状态用户的节点密度。显然，其满足归一化公式：

$$\rho^{S_a S_b}(d, h, \tau) + \rho^{I_a S_b}(d, h, \tau) + \rho^{I_a I_b}(d, h, \tau) + \rho^{I_a R_b}(d, h, \tau)$$
$$+ \rho^{R_a S_b}(d, h, \tau) + \rho^{R_a I_b}(d, h, \tau) + \rho^{R_a R_b}(d, h, \tau) = 1 \quad (4-1)$$

假设用户节点 j 在 τ 时刻处在 $S_a S_b$ 状态。网络层 A 中，$p_{A(j)}^{S_a S_b \to I_a S_b}$、$p_{A(j)}^{S_a S_b \to R_a S_b}$ 分别表示用户节点 j 在时段 $[\tau, \tau+\Delta\tau]$ 内转变为 $I_a S_b$、$R_a S_b$ 两状态的概率，在网络层 B 中，$p_{B(j)}^{S_a S_b \to I_a I_b}$、$p_{B(j)}^{S_a S_b \to R_a I_b}$、$p_{B(j)}^{S_a S_b \to I_a R_b}$、$p_{B(j)}^{S_a S_b \to R_a R_b}$ 分别表示用户节点 j 在时段 $[\tau, \tau+\Delta\tau]$ 内转变为 $I_a I_b$、$R_a I_b$、$I_a R_b$、$R_a R_b$ 四种状态的概率，则有：

$$\begin{cases} p_{A(j)}^{S_aS_b \to I_aS_b} = 1 - (1 - \alpha\Delta\tau)^g \\ p_{A(j)}^{S_aS_b \to R_aS_b} = (1 - \alpha\Delta\tau)^g \\ p_{B(j)}^{S_aS_b \to I_aI_b} = [1 - (1 - \beta\Delta\tau)^f]\alpha_1 \\ p_{B(j)}^{S_aS_b \to R_aI_b} = [1 - (1 - \beta\Delta\tau)^f](1 - \alpha_1) \\ p_{B(j)}^{S_aS_b \to I_aR_b} = (1 - \beta\Delta\tau)^f \alpha_2 \\ p_{B(j)}^{S_aS_b \to R_aR_b} = (1 - \beta\Delta\tau)^f (1 - \alpha_2) \end{cases} \quad (4-2)$$

式（4-2）中，$g = g(\tau)$ 表示 τ 时刻用户节点 j 在网络层 A 的相邻用户节点中处在 I_aS_b 状态的用户节点数量，$f = f(\tau)$ 表示 τ 时刻用户节点 j 在网络层 B 的相邻用户节点中处在 I_aI_b 或 R_aI_b 状态的用户节点数量。

假设用户节点 j 在网络层 A 中有 d 个相邻用户节点，在网络层 B 中有 h 个相邻用户节点，g 和 f 为服从如下二项分布的随机变量：

$$\begin{cases} \prod(g, \tau) = \binom{d}{g}\theta(d, h, \tau)^g (1 - \theta(d, h, \tau))^{d-g} \\ \prod(f, \tau) = \binom{h}{f}\omega(d, h, \tau)^f (1 - \omega(d, h, \tau))^{h-f} \end{cases} \quad (4-3)$$

式（4-3）中，$\theta(d, h, \tau)$ 表示 τ 时刻在 A、B 两层网络中组合度为 (d, h) 的用户节点与网络层 A 中处在 I_aS_b、I_aI_b、I_aR_b 三种状态用户节点相连的概率，$\omega(d, h, \tau)$ 表示 τ 时刻在 A、B 两层网络中组合度为 (d, h) 的用户节点与网络层 B 中处在 I_aI_b、R_aI_b 两种状态用户节点相连的概率。这两个概率可分别写为：

$$\begin{cases} \theta(d, h, \tau) = \sum_{d'} P(d'|d)[\rho^{I_aS_b}(d', h, \tau) + \rho^{I_aI_b}(d', h, \tau) + \rho^{I_aR_b}(d', h, \tau)] \\ \omega(d, h, \tau) = \sum_{h'} P(h'|h)[\rho^{I_aI_b}(d, h', \tau) + \rho^{R_aI_b}(d, h', \tau)] \end{cases}$$

$$(4-4)$$

式（4-4）中，$P(d'|d)$、$P(h'|h)$ 分别为网络层 A、B 的度度相关性函数。$(\rho^{I_aS_b}(d', h, \tau) + \rho^{I_aI_b}(d', h, \tau) + \rho^{I_aR_a}(d', h, \tau))$ 表示 τ 时刻网络层 A 中组合度为 (d', h) 的用户节点处在网络舆情传播者 I_a 状态的用户节点密度，$\rho^{I_aI_b}(d, h', \tau) + \rho^{R_aI_b}(d, h', \tau)$ 表示 τ 时刻网络层 B 中组合度为 (d, h') 的用户节点处在行为感染者 I_b 状态的用户节点密度。

针对网络层 A 中 g 所有可能值取平均可得用户由网络舆情未知者与行为易感染者 S_aS_b 状态转变为网络舆情传播者与行为易感染者 I_aS_b 状态的概率 $\overline{p_A^{S_aS_b \to I_aS_b}}$ 为：

第 4 章 非传统安全事件虚实耦合的网络群体交互行为模型

$$\overline{p_A^{S_aS_b \to I_aS_b}} = \sum_{g=0}^{d} \binom{d}{g} \theta(d,h,\tau)^g (1-\theta(d,h,\tau))^{d-g} (1-(1-\alpha\Delta\tau)^g)$$

$$= 1 - (1-\alpha\theta(d,h,\tau)\Delta\tau)^d \qquad (4-5)$$

同样，可以得到用户由网络舆情未知者与行为易感染者 S_aS_b 状态转变为网络舆情免疫者与行为易感染者 R_aS_b 状态以及保持 S_aS_b 状态不变的概率分别 $\overline{p_A^{S_aS_b \to R_aS_b}}$、$\overline{p_A^{S_aS_b \to S_aS_b}}$ 为：

$$\overline{p_A^{S_aS_b \to R_aS_b}} = \sum_{g=0}^{d} \binom{d}{g} \theta(d,h,\tau)^g (1-\theta(d,h,\tau))^{d-g} (1-\alpha\Delta\tau)^g$$

$$- (1-\theta(d,h,\tau)\Delta\tau)^d$$

$$= (1-\alpha\theta(d,h,\tau)\Delta\tau)^d - (1-\theta(d,h,\tau)\Delta\tau)^d \qquad (4-6)$$

$$\overline{p_A^{S_aS_b \to S_aS_b}} = 1 - \overline{p_A^{S_aS_b \to I_aS_b}} - \overline{p_A^{S_aS_b \to R_aS_b}} = (1-\theta(d,h,\tau)\Delta\tau)^d \qquad (4-7)$$

类似地，针对网络层 B 中 f 所有可能值取平均可得用户由网络舆情未知者与行为易感染者 S_aS_b 状态转变为网络舆情传播者与行为感染者 I_aI_b 状态的概率 $\overline{p_B^{S_aS_b \to I_aI_b}}$ 为：

$$\overline{p_B^{S_aS_b \to I_aI_b}} = \sum_{f=0}^{h} \binom{h}{f} \omega(d,h,\tau)^f (1-\omega(d,h,\tau))^{h-f} (1-(1-\beta)^f) \alpha_1 \Delta\tau$$

$$= (1-(1-\beta\omega(d,h,\tau))^h) \alpha_1 \Delta\tau \qquad (4-8)$$

同理，可以得到用户由 S_aS_b 状态转变为 R_aI_b、I_aR_b、R_aR_b 以及保持 S_aS_b 状态不变的概率 $\overline{p_B^{S_aS_b \to R_aI_b}}$、$\overline{p_B^{S_aS_b \to I_aR_b}}$、$\overline{p_B^{S_aS_b \to R_aR_b}}$、$\overline{p_B^{S_aS_b \to S_aS_b}}$ 分别为：

$$\overline{p_B^{S_aS_b \to R_aI_b}} = \sum_{f=0}^{h} \binom{h}{f} \omega(d,h,\tau)^f (1-\omega(d,h,\tau))^{h-f} (1-(1-\beta)^f)(1-\alpha_1)\Delta\tau$$

$$= (1-(1-\beta\omega(d,h,\tau))^h)(1-\alpha_1)\Delta\tau \qquad (4-9)$$

$$\overline{p_B^{S_aS_b \to I_aR_b}} = \Big[\sum_{f=0}^{h} \binom{h}{f} \omega(d,h,\tau)^f (1-\omega(d,h,\tau))^{h-f} (1-\beta)^f$$

$$- (1-\omega(d,h,\tau))^h \Big] \alpha_2 \Delta\tau$$

$$= ((1-\beta\omega(d,h,\tau))^h - (1-\omega(d,h,\tau))^h) \alpha_2 \Delta\tau \qquad (4-10)$$

$$\overline{p_B^{S_aS_b \to R_aR_b}} = \Big[\sum_{f=0}^{h} \binom{h}{f} \omega(d,h,\tau)^f (1-\omega(d,h,\tau))^{h-f} (1-\beta)^f$$

$$- (1-\omega(d,h,\tau))^h \Big] (1-\alpha_2) \Delta\tau$$

$$= ((1-\beta\omega(d,h,\tau))^h - (1-\omega(d,h,\tau))^h)(1-\alpha_2)\Delta\tau \qquad (4-11)$$

$$\overline{p_B^{S_aS_b \to S_aS_b}} = 1 - \overline{p_B^{S_aS_b \to I_aI_b}} - \overline{p_B^{S_aS_b \to R_aI_b}} - \overline{p_B^{S_aS_b \to I_aR_b}} - \overline{p_B^{S_aS_b \to R_aR_b}}$$
$$= (1 - \omega(d, h, \tau)\Delta\tau)^h \qquad (4-12)$$

依据上述过程，可得 A、B 两层网络中如下其他多个平均用户状态转移概率: $\overline{p_A^{I_aS_b \to I_aS_b}} = 1 - \gamma\Delta\tau$、$\overline{p_A^{I_aS_b \to R_aS_b}} = \gamma\Delta\tau$、$\overline{p_A^{I_aI_b \to I_aI_b}} = 1 - \gamma_1\Delta\tau$、$\overline{p_A^{I_aI_b \to R_aI_b}} = \gamma_1\Delta\tau$、$\overline{p_A^{I_aR_b \to R_aR_b}} = \gamma_2\Delta\tau$、$\overline{p_A^{I_aR_b \to I_aR_b}} = 1 - \gamma_2\Delta\tau$、$\overline{p_B^{I_aS_b \to I_aS_b}} = (1 - \omega(d, h, \tau)\Delta\tau)^h$、$\overline{p_B^{I_aS_b \to I_aI_b}} = 1 - (1 - \beta_1\omega(d, h, \tau)\Delta\tau)^h$、$\overline{p_B^{I_aS_b \to I_aR_b}} = (1 - \beta_1\omega(d, h, \tau)\Delta\tau)^h - (1 - \omega(d, h, \tau)\Delta\tau)^h$、$\overline{p_B^{R_aS_b \to R_aS_b}} = (1 - \omega(d, h, \tau)\Delta\tau)^h$、$\overline{p_B^{R_aS_b \to R_aI_b}} = 1 - (1 - \beta_2\omega(d, h, \tau)\Delta\tau)^h$、$\overline{p_B^{R_aS_b \to R_aR_b}} = (1 - \beta_2\omega(d, h, \tau)\Delta\tau)^h - (1 - \omega(d, h, \tau)\Delta\tau)^h$、$\overline{p_B^{I_aI_b \to I_aI_b}} = 1 - \eta_1\Delta\tau$、$\overline{p_B^{I_aI_b \to I_aR_b}} = \eta_1\Delta\tau$、$\overline{p_B^{R_aI_b \to R_aI_b}} = 1 - \eta_2\Delta\tau$、$\overline{p_B^{R_aI_b \to R_aR_b}} = \eta_2\Delta\tau$。此外，还有 $\overline{p_A^{R_aS_b \to R_aS_b}} = \overline{p_A^{R_aI_b \to R_aI_b}} = \overline{p_A^{R_aR_b \to R_aR_b}} = \overline{p_B^{I_aR_b \to I_aR_b}} = \overline{p_B^{R_aR_b \to R_aR_b}} = 1$。

4.4.2 信息-行为耦合交互的 $S_aI_aR_a - S_bI_bR_b$ 动力学模型构建

研究非传统安全事件下信息-行为耦合交互传播动力学的一个重要方法就是构建转移概率树。根据 4.3 节非传统安全事件虚实耦合交互行为内在机制，可绘制如图 4-2 所示的转移概率树，以描述非传统安全事件下信息-行为耦合交互中不同时刻用户状态的所有可能变化。图中箭头及箭头上的注释分别代表用户状态转移方向和对应的状态转移概率，叶子节点为下一时刻用户的可能状态。据此得出时段 $[\tau, \tau+\Delta\tau]$ 内各种用户状态的密度变化。

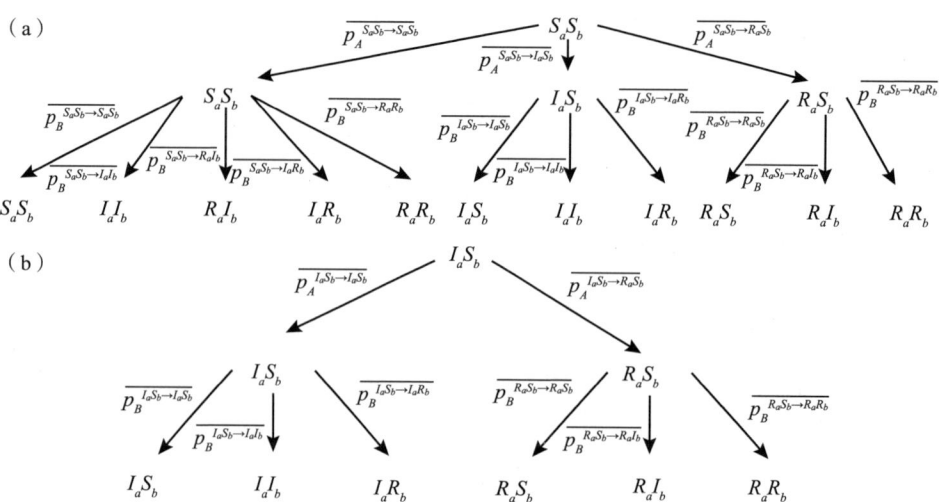

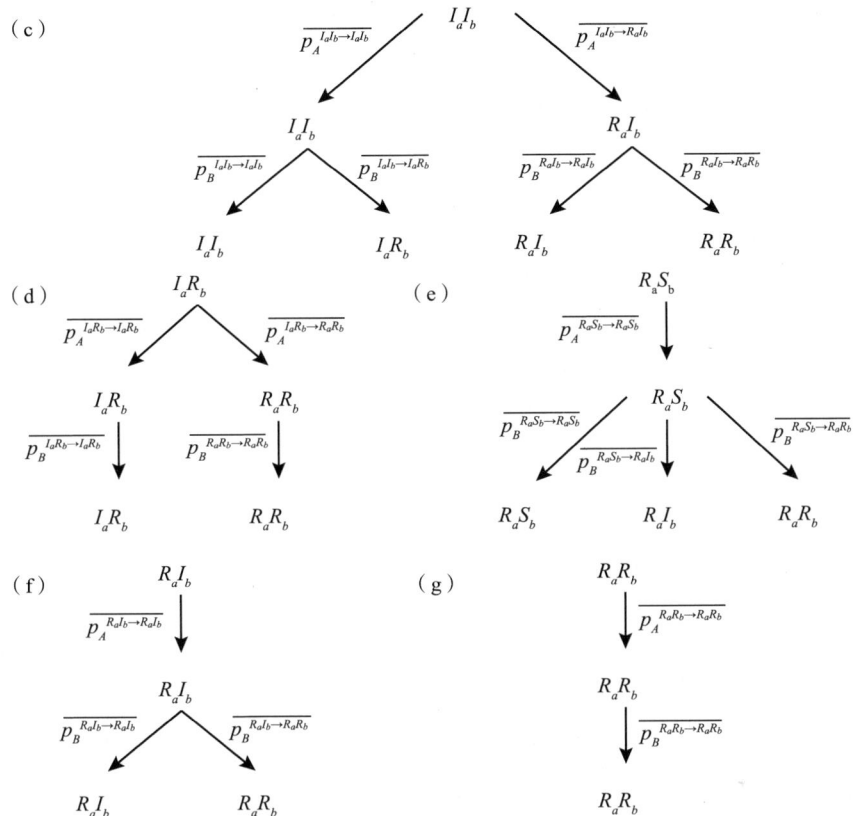

图 4-2 信息-行为耦合交互下 7 种状态转移概率树

注：(a) S_aS_b 状态；(b) I_aS_b 状态；(c) I_aI_b 状态；(d) I_aR_b 状态；(e) R_aS_b 状态；(f) R_aI_b 状态；(g) R_aR_b 状态。

$$\rho^{S_aS_b}(d, h, \tau + \Delta\tau) = \overline{p_A^{S_aS_b \to S_aS_b} p_B^{S_aS_b \to S_aS_b}} \rho^{S_aS_b}(d, h, \tau)$$

$$\rho^{I_aS_b}(d, h, \tau + \Delta\tau) = \overline{p_A^{S_aS_b \to I_aS_b} p_B^{S_aS_b \to I_aS_b}} \rho^{S_aS_b}(d, h, \tau)$$
$$+ \overline{p_A^{I_aS_b \to I_aS_b} p_B^{I_aS_b \to I_aS_b}} \rho^{I_aS_b}(d, h, \tau)$$

$$\rho^{I_aI_b}(d, h, \tau + \Delta\tau) = \overline{p_A^{S_aS_b \to S_aS_b} p_B^{S_aS_b \to I_aI_b}} \rho^{S_aS_b}(d, h, \tau)$$
$$+ \overline{p_A^{S_aS_b \to I_aS_b} p_B^{S_aS_b \to I_aI_b}} \rho^{S_aS_b}(d, h, \tau)$$
$$+ \overline{p_A^{I_aS_b \to I_aS_b} p_B^{I_aS_b \to I_aI_b}} \rho^{I_aS_b}(d, h, \tau)$$
$$+ \overline{p_A^{I_aI_b \to I_aI_b} p_B^{I_aI_b \to I_aI_b}} \rho^{I_aI_b}(d, h, \tau)$$

$$\rho^{I_aR_b}(d, h, \tau + \Delta\tau) = \overline{p_A^{S_aS_b \to S_aS_b} p_B^{S_aS_b \to I_aR_b}} \rho^{S_aS_b}(d, h, \tau)$$
$$+ \overline{p_A^{S_aS_b \to I_aS_b} p_B^{S_aS_b \to I_aR_b}} \rho^{S_aS_b}(d, h, \tau)$$
$$+ \overline{p_A^{I_aS_b \to I_aS_b} p_B^{I_aS_b \to I_aR_b}} \rho^{I_aS_b}(d, h, \tau)$$

$$\rho^{R_aS_b}(d, h, \tau+\Delta\tau) = \overline{p_A^{S_aS_b\to R_aS_b} p_B^{S_aS_b\to R_aS_b}} \rho^{S_aS_b}(d, h, \tau)$$

$$+ \overline{p_A^{I_aI_b\to I_aI_b} p_B^{I_aI_b\to I_aR_b}} \rho^{I_aI_b}(d, h, \tau)$$

$$+ \overline{p_A^{I_aR_b\to I_aR_b} p_B^{I_aR_b\to I_aR_b}} \rho^{I_aR_b}(d, h, \tau)$$

$$+ \overline{p_A^{I_aS_b\to R_aS_b} p_B^{R_aS_b\to R_aS_b}} \rho^{I_aS_b}(d, h, \tau)$$

$$+ \overline{p_A^{R_aS_b\to R_aS_b} p_B^{R_aS_b\to R_aS_b}} \rho^{R_aS_b}(d, h, \tau)$$

$$\rho^{R_aI_b}(d, h, \tau+\Delta\tau) = \overline{p_A^{S_aS_b\to S_aS_b} p_B^{S_aS_b\to R_aI_b}} \rho^{S_aS_b}(d, h, \tau)$$

$$+ \overline{p_A^{S_aS_b\to R_aS_b} p_B^{R_aS_b\to R_aI_b}} \rho^{S_aS_b}(d, h, \tau)$$

$$+ \overline{p_A^{I_aS_b\to R_aS_b} p_B^{R_aS_b\to R_aI_b}} \rho^{I_aS_b}(d, h, \tau)$$

$$+ \overline{p_A^{I_aI_b\to R_aI_b} p_B^{R_aI_b\to R_aI_b}} \rho^{I_aI_b}(d, h, \tau)$$

$$+ \overline{p_A^{R_aS_b\to R_aS_b} p_B^{R_aS_b\to R_aI_b}} \rho^{R_aS_b}(d, h, \tau)$$

$$+ \overline{p_A^{R_aI_b\to R_aI_b} p_B^{R_aI_b\to R_aI_b}} \rho^{R_aI_b}(d, h, \tau)$$

$$\rho^{R_aR_b}(d, h, \tau+\Delta\tau) = \overline{p_A^{S_aS_b\to S_aS_b} p_B^{S_aS_b\to R_aR_b}} \rho^{S_aS_b}(d, h, \tau)$$

$$+ \overline{p_A^{S_aS_b\to R_aS_b} p_B^{R_aS_b\to R_aR_b}} \rho^{S_aS_b}(d, h, \tau)$$

$$+ \overline{p_A^{I_aS_b\to R_aS_b} p_B^{R_aS_b\to R_aR_b}} \rho^{I_aS_b}(d, h, \tau)$$

$$+ \overline{p_A^{I_aI_b\to R_aI_b} p_B^{R_aI_b\to R_aR_b}} \rho^{I_aI_b}(d, h, \tau)$$

$$+ \overline{p_A^{I_aR_b\to R_aR_b} p_B^{R_aR_b\to R_aR_b}} \rho^{I_aR_b}(d, h, \tau)$$

$$+ \overline{p_A^{R_aS_b\to R_aS_b} p_B^{R_aS_b\to R_aR_b}} \rho^{R_aS_b}(d, h, \tau)$$

$$+ \overline{p_A^{R_aI_b\to R_aI_b} p_B^{R_aI_b\to R_aR_b}} \rho^{R_aI_b}(d, h, \tau)$$

$$+ \overline{p_A^{R_aR_b\to R_aR_b} p_B^{R_aR_b\to R_aR_b}} \rho^{R_aR_b}(d, h, \tau) \qquad (4-13)$$

当 $\Delta\tau \to 0$ 时，可以得到如下非传统安全事件信息 – 行为耦合交互动力学方程：

$$\frac{\partial \rho^{S_aS_b}(d,h,\tau)}{\partial \tau} = -d\rho^{S_aS_b}(d, h, \tau) \sum_{d'} P(d'|d)(\rho^{I_aS_b}(d', h, \tau)$$

$$+ \rho^{I_aI_b}(d', h, \tau) + \rho^{I_aR_b}(d', h, \tau))$$

$$- h\rho^{S_aS_b}(d, h, \tau) \sum_{h'} P(h'|h)(\rho^{I_aI_b}(d, h', \tau) + \rho^{R_aI_b}(d, h', \tau))$$

$$\frac{\partial \rho^{I_aS_b}(d, h, \tau)}{\partial \tau} = d\alpha\rho^{S_aS_b}(d, h, \tau) \sum_{d'} P(d'|d)(\rho^{I_aS_b}(d', h, \tau)$$

$$+ \rho^{I_aI_b}(d', h, \tau) + \rho^{I_aR_b}(d', h, \tau))$$

$$- h\rho^{I_aS_b}(d, h, \tau) \sum_{h'} P(h'|h)(\rho^{I_aI_b}(d, h', \tau)$$

$$+ \rho^{R_aI_b}(d, h', \tau)) - \gamma\rho^{I_aS_b}(d, h, \tau)$$

$$\frac{\partial \rho^{I_a I_b}(d,h,\tau)}{\partial \tau} = h\alpha_1 \beta \rho^{S_a S_b}(d,h,\tau) \sum_{h'} P(h'|h)(\rho^{I_a I_b}(d,h',\tau)$$
$$+ \rho^{R_a I_b}(d,h',\tau)) - \gamma_1 \rho^{I_a I_b}(d,h,\tau)$$
$$+ h\beta_1 \rho^{I_a S_b}(d,h,\tau) \sum_{h'} P(h'|h)(\rho^{I_a I_b}(d,h',\tau)$$
$$+ \rho^{R_a I_b}(d,h',\tau)) - \eta_1 \rho^{I_a I_b}(d,h,\tau)$$

$$\frac{\partial \rho^{I_a R_b}(d,h,\tau)}{\partial \tau} = h\alpha_2(1-\beta)\rho^{S_a S_b}(d,h,\tau) \sum_{h'} P(h'|h)(\rho^{I_a I_b}(d,h',\tau)$$
$$+ \rho^{R_a I_b}(d,h',\tau)) - \gamma_2 \rho^{I_a R_b}(d,h,\tau)$$
$$+ h(1-\beta_1)\rho^{I_a S_b}(d,h,\tau) \sum_{h'} P(h'|h)(\rho^{I_a I_b}(d,h',\tau)$$
$$+ \rho^{R_a I_b}(d,h',\tau)) + \eta_1 \rho^{I_a I_b}(d,h,\tau)$$

$$\frac{\partial \rho^{R_a S_b}(d,h,\tau)}{\partial \tau} = d(1-\alpha)\rho^{S_a S_b}(d,h,\tau) \sum_{d'} P(d'|d)(\rho^{I_a S_b}(d',h,\tau)$$
$$+ \rho^{I_a I_b}(d',h,\tau) + \rho^{I_a R_b}(d',h,\tau))$$
$$- h\rho^{R_a S_b}(d,h,\tau) \sum_{h'} P(h'|h)(\rho^{I_a I_b}(d,h',\tau)$$
$$+ \rho^{R_a I_b}(d,h',\tau)) + \gamma \rho^{I_a S_b}(d,h,\tau)$$

$$\frac{\partial \rho^{R_a I_b}(d,h,\tau)}{\partial \tau} = h(1-\alpha_1)\beta \rho^{S_a S_b}(d,h,\tau) \sum_{h'} P(h'|h)(\rho^{I_a I_b}(d,h',\tau)$$
$$+ \rho^{R_a I_b}(d,h',\tau)) + h\beta_2 \rho^{R_a S_b}(d,h,\tau) \sum_{h'} P(h'|h)$$
$$(\rho^{I_a I_b}(d,h',\tau) + \rho^{R_a I_b}(d,h',\tau)) + \gamma_1 \rho^{I_a I_b}(d,h,\tau)$$
$$- \eta_2 \rho^{R_a I_b}(d,h,\tau)$$

$$\frac{\partial \rho^{R_a R_b}(d,h,\tau)}{\partial \tau} = h(1-\alpha_2)(1-\beta)\rho^{S_a S_b}(d,h,\tau) \sum_{h'} P(h'|h)(\rho^{I_a I_b}(d,h',\tau)$$
$$+ \rho^{R_a I_b}(d,h',\tau)) + \gamma_2 \rho^{I_a R_b}(d,h,\tau)$$
$$+ h(1-\beta_2)\rho^{R_a S_b}(d,h,\tau) \sum_{h'} P(h'|h)(\rho^{I_a I_b}(d,h',\tau)$$
$$+ \rho^{R_a I_b}(d,h',\tau)) + \eta_2 \rho^{R_a I_b}(d,h,\tau) \qquad (4-14)$$

4.5 非传统安全事件网络群体交互稳定状态分析

依据式（4-14）可得，$\partial \rho^{S_a S_b}(d,h,\tau)/\partial \tau \leq 0$，$\partial \rho^{R_a R_b}(d,h,\tau)/\partial \tau \geq 0$，可以看出，$S_a S_b$ 状态的用户数量持续减少，$R_a R_b$ 状态的用户数量持续增加。

当 $\tau \to \infty$ 时,系统处于稳定状态,式(4-14)各式右侧均为 0。此时, I_aS_b、 I_aI_b、 I_aR_b、 R_aI_b 四种状态仅为暂时状态,即非传统安全事件网络舆情的传播者与感染者都不存在,当 $\tau \to \infty$ 时, I_aS_b、 I_aI_b、 I_aR_b、 R_aI_b 四种状态用户密度均为 0。基于此,根据式(4-14),着重分析系统稳定状态下 S_aS_b、 R_aS_b、 R_aR_b 三种状态的用户密度。

4.5.1 基本再生数求解

基本再生数 R_0 是动力学模型中的重要参数,其代表当系统稳定时引入一个传播者后,在平均传播周期内能够影响的其他用户数量。研究显示,当 $R_0<1$ 时,传播者在平均传播周期内能够影响的人数不足 1 人,此时网络舆情不会大规模扩散;而当 $R_0>1$ 时,传播者在平均传播周期内可以影响的人数大于 1 人,网络舆情将会大规模扩散。

通常,大多数在线社交网络具有无标度特性,因此,假设 A、B 两层网络均为异质网络。网络层 A 度相关性可以表示为 $P(d'|d) = d'P(d')/\langle d \rangle$,其中 $P(d)$ 为其度分布函数,$\langle d \rangle$ 为网络层 A 用户节点平均度,网络层 B 度度相关性可以表示为 $P(h'|h) = h'P(h')/\langle h \rangle$,其中 $P(h)$ 为其度分布函数,$\langle h \rangle$ 为网络层 B 用户节点平均度。故而可得:

$$\frac{\partial \theta(d, h, \tau)}{\partial \rho^{I_aS_b}(d, h, \tau)} = \frac{\partial \theta(d, h, \tau)}{\partial \rho^{I_aI_b}(d, h, \tau)} = \frac{\partial \theta(d, h, \tau)}{\partial \rho^{I_aR_b}(d, h, \tau)} = \frac{dP(d)}{\langle d \rangle}$$
$$\frac{\partial \omega(d, h, \tau)}{\partial \rho^{I_aI_b}(d, h, \tau)} = \frac{\partial \omega(d, h, \tau)}{\partial \rho^{R_aI_b}(d, h, \tau)} = \frac{hP(h)}{\langle h \rangle} \quad (4-15)$$

为了计算基本再生数 R_0,根据范和沃特蒙(Van & Watmongh, 2002)的研究,定义:

$$x = (\rho^{I_aS_b}(d, h, \tau), \rho^{I_aI_b}(d, h, \tau), \rho^{I_aR_b}(d, h, \tau), \rho^{R_aI_b}(d, h, \tau),$$
$$\rho^{S_aS_b}(d, h, \tau), \rho^{R_aS_b}(d, h, \tau), \rho^{R_aR_b}(d, h, \tau))^T \quad (4-16)$$

分别构造函数 $F(x)$、$V(x)$,$V(x) = V^-(x) - V^+(x)$,其中,$F(x)$ 表示各个状态中新增加的传播状态或感染状态用户节点的概率,$V^-(x)$ 表示由其他状态用户节点转变为该状态用户节点的概率,$V^+(x)$ 表示由该状态用户节点转变为其他状态用户节点的概率,则有 $x' = F(x) - V(x)$。由式(4-14)得:

$$F(x) = \begin{bmatrix} d\alpha\rho^{S_aS_b}(d, h, \tau)\theta(d, h, \tau) \\ h\alpha_1\beta\rho^{S_aS_b}(d, h, \tau)\omega(d, h, \tau) \\ h\alpha_2(1-\beta)\rho^{S_aS_b}(d, h, \tau)\omega(d, h, \tau) \\ h(1-\alpha_1)\beta\rho^{S_aS_b}(d, h, \tau)\omega(d, h, \tau) \\ 0 \\ 0 \\ 0 \end{bmatrix} \quad (4-17)$$

$$V(x) = \begin{bmatrix} h\rho^{I_aS_b}(d, h, \tau)\omega(d, h, \tau) + \gamma\rho^{I_aS_b}(d, h, \tau) \\ -h\beta_1\rho^{I_aS_b}(d, h, \tau)\omega(d, h, \tau) + \gamma_1\rho^{I_aI_b}(d, h, \tau) + \eta_1\rho^{I_aI_b}(d, h, \tau) \\ -h(1-\beta_1)\rho^{I_aS_b}(d, h, \tau)\omega(d, h, \tau) \\ +\gamma_2\rho^{I_aR_b}(d, h, \tau) - \eta_1\rho^{I_aI_b}(d, h, \tau) \\ -h\beta_2\rho^{R_aS_b}(d, h, \tau)\omega(d, h, \tau) - \gamma_1\rho^{I_aI_b}(d, h, \tau) + \eta_2\rho^{R_aI_b}(d, h, \tau) \\ -\dfrac{\partial\rho^{S_aS_b}(d, h, \tau)}{\partial\tau} \\ -\dfrac{\partial\rho^{R_aS_b}(d, h, \tau)}{\partial\tau} \\ -\dfrac{\partial\rho^{R_aR_b}(d, h, \tau)}{\partial\tau} \end{bmatrix}$$

$$(4-18)$$

显然,$E_0 = (0, 0, 0, 0, 1, 0, 0)$ 为平衡点,$F(x)$、$V(x)$ 在 E_0 处分别求导可得:

$$DF(E_0) = \begin{pmatrix} F & 0 \\ 0 & 0 \end{pmatrix}, \quad DV(E_0) = \begin{pmatrix} V & 0 \\ J_1 & 0 \end{pmatrix}$$

其中,

$$F = \begin{bmatrix} \alpha d^2\dfrac{P(d)}{\langle d \rangle} & \alpha d^2\dfrac{P(d)}{\langle d \rangle} & \alpha d^2\dfrac{P(d)}{\langle d \rangle} & 0 \\ 0 & \alpha_1\beta h^2\dfrac{P(h)}{\langle h \rangle} & 0 & \alpha_1\beta h^2\dfrac{P(h)}{\langle h \rangle} \\ 0 & \alpha_2(1-\beta)h^2\dfrac{P(h)}{\langle h \rangle} & 0 & \alpha_2(1-\beta)h^2\dfrac{P(h)}{\langle h \rangle} \\ 0 & (1-\alpha_1)\beta h^2\dfrac{P(h)}{\langle h \rangle} & 0 & (1-\alpha_1)\beta h^2\dfrac{P(h)}{\langle h \rangle} \end{bmatrix}$$

$$V = \begin{bmatrix} \gamma & 0 & 0 & 0 \\ 0 & \gamma_1 + \eta_1 & 0 & 0 \\ 0 & -\eta_1 & \gamma_2 & 0 \\ 0 & -\gamma_1 & 0 & \eta_2 \end{bmatrix}$$

则有：

$$FV^{-1} = \begin{bmatrix} \dfrac{\alpha d^2 P(d)}{\gamma \langle d \rangle} & \dfrac{\alpha d^2 P(d)(\gamma_2 + \eta_1)}{(\gamma_1 + \eta_1)\gamma_2 \langle d \rangle} & \dfrac{\alpha d^2 P(d)}{\gamma_2 \langle d \rangle} & 0 \\ 0 & \dfrac{\alpha_1 \beta h^2 P(h)(\gamma_1 + \eta_2)}{(\gamma_1 + \eta_1)\eta_2 \langle h \rangle} & 0 & \dfrac{\alpha_1 \beta h^2 P(h)}{\eta_2 \langle h \rangle} \\ 0 & \dfrac{\alpha_2 (1-\beta) h^2 P(h)(\gamma_1 + \eta_2)}{(\gamma_1 + \eta_1)\eta_2 \langle h \rangle} & 0 & \dfrac{\alpha_2 (1-\beta) h^2 P(h)}{\eta_2 \langle h \rangle} \\ 0 & \dfrac{(1-\alpha_1)\beta h^2 P(h)(\gamma_1 + \eta_2)}{(\gamma_1 + \eta_1)\eta_2 \langle h \rangle} & 0 & \dfrac{(1-\alpha_1)\beta h^2 P(h)}{\eta_2 \langle h \rangle} \end{bmatrix}$$

(4-19)

可得 FV^{-1} 的谱半径为：

$$\begin{aligned} R_0 &= \rho(FV^{-1}) \\ &= \max\left\{ \dfrac{\alpha d^2 P(d)}{\gamma \langle d \rangle}, \dfrac{\alpha_1 \beta h^2 P(h)(\gamma_1 + \eta_2) + (1-\alpha_1)\beta h^2 P(h)(\gamma_1 + \eta_1)}{(\gamma_1 + \eta_1)\eta_2 \langle h \rangle} \right\} \end{aligned}$$

(4-20)

基本再生数 R_0 为式（4-20）中等号右侧较大值。当 $R_0 > 1$ 时，在线社交网络舆情得到大范围传播扩散；而当 $R_0 < 1$ 时，网络舆情会逐渐消失，不会形成扩散态势。

4.5.2 稳定状态非传统安全事件网络舆情传播最终扩散规模

根据 4.4 节信息-行为耦合交互动力学模型可知，当系统趋于稳定状态时，非传统安全事件网络舆情传播者与行为感染者都将逐渐消失，满足下式：

$$\rho^{I_a S_b}(d, h, \infty) = \rho^{I_a I_b}(d, h, \infty) = \rho^{S_a I_b}(d, h, \infty) = \rho^{R_a I_b}(d, h, \infty) = 0$$

(4-21)

这时，系统中用户状态仅有三种：$S_a S_b$、$R_a S_b$、$R_a R_b$。所以仅分析非传统安全事件网络舆情传播最终规模 $\rho^R(d, h, \infty) = \rho^{R_a S_b}(d, h, \infty) + \rho^{R_a R_b}(d, h, \infty)$ 即可，然后衡量非传统安全事件网络舆情影响程度。

鉴于模型考虑了信息-行为之间的耦合交互作用，直接分析非传统安全事件网络舆情传播最终扩散规模变得困难,为此,通过分析稳定状态下网络舆情未知者与行为易感染者 S_aS_b 状态用户密度 $\rho^{S_aS_b}(d,h,\infty)$,求解网络舆情最终扩散规模降低难度。依据文献(Arino et al.,2007)可知,稳定状态下网络舆情未知者与行为易感染者 S_aS_b 状态用户密度 $\rho^{S_aS_b}(d,h,\infty)$ 与基本再生数及 4.4.1 节中矩阵 V 有关,可得下式:

$$
\begin{aligned}
\ln\left(\frac{\rho^{S_aS_b}(d,h,0)}{\rho^{S_aS_b}(d,h,\infty)}\right) &= R_0 \frac{\rho^{S_aS_b}(d,h,0)-\rho^{S_aS_b}(d,h,\infty)}{\rho^{S_aS_b}(d,h,0)} \\
&+ \left[\frac{\alpha d^2 P(d)}{\langle d \rangle} \quad \frac{\alpha d^2 P(d)}{\langle d \rangle} + \frac{[\beta+\alpha_2(1-\beta)]h^2 P(h)}{\langle h \rangle}\right. \\
&\left. \frac{\alpha d^2 P(d)}{\langle d \rangle} \quad \frac{[\beta+\alpha_2(1-\beta)]h^2 P(h)}{\langle h \rangle}\right] \\
&\times \begin{bmatrix} \frac{1}{\gamma} & 0 & 0 & 0 \\ 0 & \frac{1}{\gamma_1+\eta_1} & 0 & 0 \\ 0 & \frac{\eta_1}{(\gamma_1+\eta_1)\gamma_2} & \frac{1}{\gamma_2} & 0 \\ 0 & \frac{\gamma_1}{(\gamma_1+\eta_1)\eta_2} & 0 & \frac{1}{\eta_2} \end{bmatrix} \begin{bmatrix} \rho^{I_aS_b}(d,h,0) \\ \rho^{I_aI_b}(d,h,0) \\ \rho^{I_aR_b}(d,h,0) \\ \rho^{R_aI_b}(d,h,0) \end{bmatrix} \\
&= R_0 \frac{\rho^{S_aS_b}(d,h,0)-\rho^{S_aS_b}(d,h,\infty)}{\rho^{S_aS_b}(d,h,0)} \\
&+ \frac{\alpha d^2 P(d)}{\gamma \langle d \rangle}\rho^{I_aS_b}(d,h,0) \\
&+ \left[\frac{\alpha d^2 P(d)\langle h \rangle + [\beta+\alpha_2(1-\beta)]h^2 P(h)\langle d \rangle}{(\gamma_1+\eta_1)\langle d \rangle\langle h \rangle}\right. \\
&\left. + \frac{\alpha d^2 P(d)\eta_1}{(\gamma_1+\eta_1)\gamma_2\langle d \rangle} + \frac{[\beta+\alpha_2(1-\beta)]h^2 P(h)\gamma_1}{(\gamma_1+\eta_1)\eta_2\langle h \rangle}\right] \\
&\rho^{I_1I_2}(d,h,0) + \frac{\alpha d^2 P(d)}{\gamma_2\langle d \rangle}\rho^{I_aR_b}(d,h,0) \\
&+ \frac{[\beta+\alpha_2(1-\beta)]h^2 P(h)}{\eta_2\langle h \rangle}\rho^{R_aI_b}(d,h,0) \quad (4-22)
\end{aligned}
$$

由于 $\rho^R(d,h,\infty) = 1 - \rho^{S_aS_b}(d,h,\infty)$,网络舆情传播最终扩散规模 FR 可以表示为:

$$
FR = \sum_h \sum_d P(d)P(h)(1-\rho^{S_aS_b}(d,h,\infty)) \quad (4-23)
$$

分析式（4-23）可知，非传统安全事件网络舆情传播的最终扩散规模同虚拟在线社交网络度分布函数 $P(d)$ 与现实社会接触网络度分布函数 $P(h)$ 具有密切关系。

4.6 "抢盐"非传统安全事件案例分析

基于 Matlab 平台实证研究非传统安全事件——日本"抢盐"风波，分析信息-行为耦合交互的非传统安全事件网络舆情传播 $S_a I_a R_a - S_b I_b R_b$ 模型的动力学特性，并验证该模型的有效性，为有效控制网络舆情传播提供理论支撑。无标度网络是当前研究中社交网络的典型代表，因此，本节通过 BA 无标度网络优先连接算法生成虚拟连通层在线社交网络和物理接触层现实社会网络。其中，二者的用户节点数量都是 $N=1000$，节点平均度是 $\langle d \rangle = \langle h \rangle = 6$，节点度二阶矩分别为 $\langle d^2 \rangle = 87.724$ 和 $\langle h^2 \rangle = 88.3$。重复执行 50 次后，以平均值得出结果。

4.6.1 基于"抢盐"事件的模型有效性与先进性分析

2011年3月11日，日本太平洋海域发生9.0级地震，3月15日网友"渔翁"发布信息声称日本核电站爆炸污染山东海域，之后该消息迅速蔓延，并引发"抢盐"浪潮。随后，国家发改委、工信部等紧急发文：我国食用盐等日用消费品库存充裕，供应完全有保障，各地要打击扰乱市场行为。同时，中国盐业总公司启动应急工作机制，确保食盐供给。北京、上海、广东、浙江、江苏等地也陆续召开新闻发布会澄清谣言。3月19日17时，除个别省份少数城市小型商超因运输配送等原因暂时缺货，其他地区均恢复正常。3月20日，杭州市公安局西湖分局依法对散布谣言的网民处以行政拘留10日并处罚款500元，自此，谣言逐渐消散。

由于民众认为食盐是必需品，就算囤货也无可厚非，加之无良商贩四处传播谣言搅得人心惶惶，使得人们抱着"宁可信其有，不可信其无"的心理，参与到抢盐活动及其网络舆情传播中。因此，将 $S_a I_a R_a - S_b I_b R_b$ 模型参数分别设置为 $\alpha=0.5$，$\beta=0.5$，$\gamma=0.4$，$\eta=0.4$，$\mu=0.5$，$\nu=1.5$。如图 4-3（a）所示，通过对比传统 SIR 模型、信息-行为耦合交互 $S_a I_a R_a - S_b I_b R_b$ 模型以及新浪微博中的"抢盐"微博数据，验证 $S_a I_a R_a - S_b I_b R_b$ 模型的有效性与先进性。因为现实中的发帖量可用网络舆情传播者密度表示,故将微博发帖量、SIR 模型 I 状态用户密度以及 $S_aI_aR_a - S_bI_bR_b$ 模型中 I_aS_b、I_aI_b、I_aR_b 三种状态的用户密度总和进行对比。此外,本节还对比了现实社会网络行为扩散结果与食盐销售量,具体如图 4-3(b)所示。

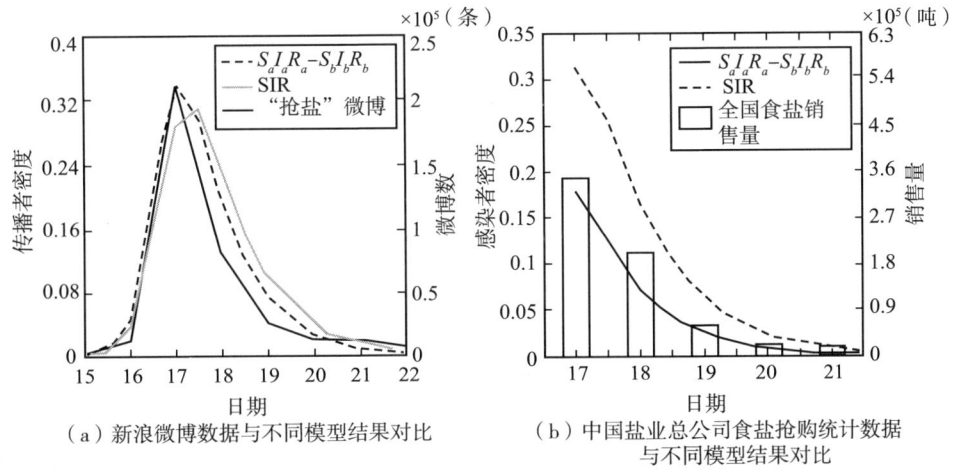

图 4-3 $S_aI_aR_a - S_bI_bR_b$ 模型验证

由上图可知,不管是在线社交网络舆情传播,还是现实社会抢盐行为,$S_aI_aR_a - S_bI_bR_b$ 模型结果均与现实数据十分接近,在非传统安全事件在线社交网络舆情传播过程中,$S_aI_aR_a - S_bI_bR_b$ 模型与传统 SIR 传播模型相比明显更优。这是因为传统 SIR 模型忽视了现实中抢盐行为对非传统安全事件在线社交网络舆情传播的影响。然而,现实生活中非传统安全事件网络舆情传播与抢盐行为扩散两个过程耦合共生。例如,传播网络舆情的用户遇到抢盐行为,可能因潜意识相信"碘盐防辐射"的谣言而做出跟风抢购的行为。相反,不传播该事件的用户可能已得知该信息为谣言,故停止抢盐,同时,生活中不再抢盐的人也会停止在网络中传播该舆情信息。但是,与真实数据相比,$S_aI_aR_a - S_bI_bR_b$ 模型下降趋势略慢,这是因为该事件网络舆情爆发后,政府多措并举及时辟谣,迅速平息了抢盐风波。此外,就抢盐行为扩散趋势变化而言,$S_aI_aR_a - S_bI_bR_b$ 模型结果与现实数据也十分接近,且比传统 SIR 模型更优。究其原因,这与政府的强制性措施及各领域专家的公共引导息息相关,而传统的 SIR 模型无法体现网络舆情传播对抢盐行为扩散的作用过程。综上所述,与传统 SIR 模型相比,$S_aI_aR_a - S_bI_bR_b$ 传播模型结果与真实数据的变化趋势更加一致,更能反映网络舆情与抢盐行为传播的真实情况,故该模型的先进性和有效性得到验证。

4.6.2 基于"抢盐"事件的信息-行为耦合交互网络舆情传播演化过程

为分析信息-行为耦合交互网络舆情传播演化过程,依然设置如上参数,即 $\alpha=0.5$、$\beta=0.5$、$\gamma=0.4$、$\eta=0.4$、$\mu=0.5$、$\upsilon=1.5$,进而揭示各状态用户密度演化规律。

由图4-4可知,S_aS_b 状态的用户密度整体呈不断减小的趋势,R_aR_b 状态的用户密度整体呈不断提高的趋势,I_aS_b、I_aI_b、I_aR_b、R_aI_b 状态的用户密度则呈现先提升至峰值然后逐步减小的演化趋势。进一步分析 I_aR_b、R_aI_b 状态的用户密度,发现二者数值极低,可见线上线下矛盾用户很少。值得注意的是,R_aS_b 状态的用户密度先提升至峰值再减小后,会出现小幅度回升直至稳定。究其原因,是因为随着非传统安全事件网络舆情的扩散传播,越来越多的用户逐步转变为免疫者 R_a 状态,而由于抢盐行为的扩散,致使易感染者 S_b 状态的人数逐渐变少,故当 R_a 状态用户密度的增长速度超过 S_b 状态用户密度的下降速度时,处于 R_aS_b 状态的用户密度逐渐提高,反之则降低。此外,当 I_b 状态用户数量变少时,S_b 状态用户看到抢盐行为的机会同样会减少,故部分易感

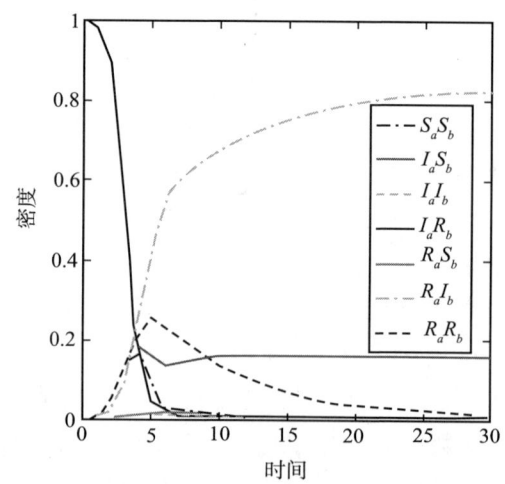

图4-4 $S_aI_aR_a-S_bI_bR_b$ 模型网络舆情传播演化过程

染者稳定在 S_b 状态,此时 R_aS_b 状态用户密度曲线将提升到某点并保持平稳。同理可知,为何 I_aS_b、R_aS_b 状态的用户密度在同一时间达到最高值,而 I_aI_b 状态的用户稍微滞后。当系统达到稳定状态,只有 S_aS_b、R_aS_b、R_aR_b 三种状态的用户,该结果同前面分析一致。

4.6.3 网络舆情与行为吸引力对传播过程的影响

非传统安全事件网络舆情与相关行为对不同用户具有不同的吸引力。由于网络舆情传播者密度最大值(I_aS_b、I_aI_b、I_aR_b 三种状态用户节点密度之和的最大值)刻画了舆情的最大影响,网络舆情免疫者密度最大值(R_1S_2、R_1I_2、R_1R_2 三种状态用户节点密度之和的最大值)反映了网络舆情扩散范围,行为感染者密度最大值(I_aI_b、R_aI_b 两种状态用户节点密度之和的最大值)刻画了某行为带来的最大影响程度;行为恢复者密度最大值(I_aR_b、R_aR_b 两种状态用户节点密度之和的最大值)刻画了参与该行为的人数总和,因而通过上述数值进行分析。

图 4-5 和图 4-6 刻画了在网络舆情吸引力和行为吸引力影响下 I_a、I_b、R_a、R_b 状态用户密度的变化情况。其中,图 4-5 设置参数 $\beta=0.5$,$\gamma=0.5$,$\eta=0.5$,$\mu=2$,$\nu=2$,图 4-6 设置参数 $\alpha=0.5$,$\gamma=0.5$,$\eta=0.5$,$\mu=2$,$\nu=2$。分析两幅图可知,随着传播概率 α、β 的增大,I_a、I_b、R_a、R_b 状态用户密度最大值均逐渐增大。这一结果表明,非传统安全事件网络舆情吸引力越大,行为感染力越强,则传播人数和采取该行为的人数越多,得知网络舆情以及了解该行为的人数也越多。同时,考虑信息-行为耦合强化效用影响,随着网络舆情吸引力增大,新增传播者一般倾向于采取相应行为,进而促使行为感染者人数增加。此外,由于知晓网络舆情和相应行为的用户,无论是否传播网络舆情或采取该行为,最终均会变为网络舆情免疫者和行为恢复者,因而获悉该网络舆情与行为的用户数量会逐步增大。

与此同时,对比图 4-5(a)与图 4-5(b)、图 4-6(a)与图 4-6(b)可知,非传统安全事件下,与网络舆情传播者密度变化趋势相比,行为感染者密度变化趋势稍显缓慢,且峰值较小。这主要是因为相较于现实社会,在线社交网络平台跨越了时空界限,且具有匿名性,为用户分享信息提供了便利,同时,现实社会中有些活动仅需派代表参加,并非全员参与。同理,对

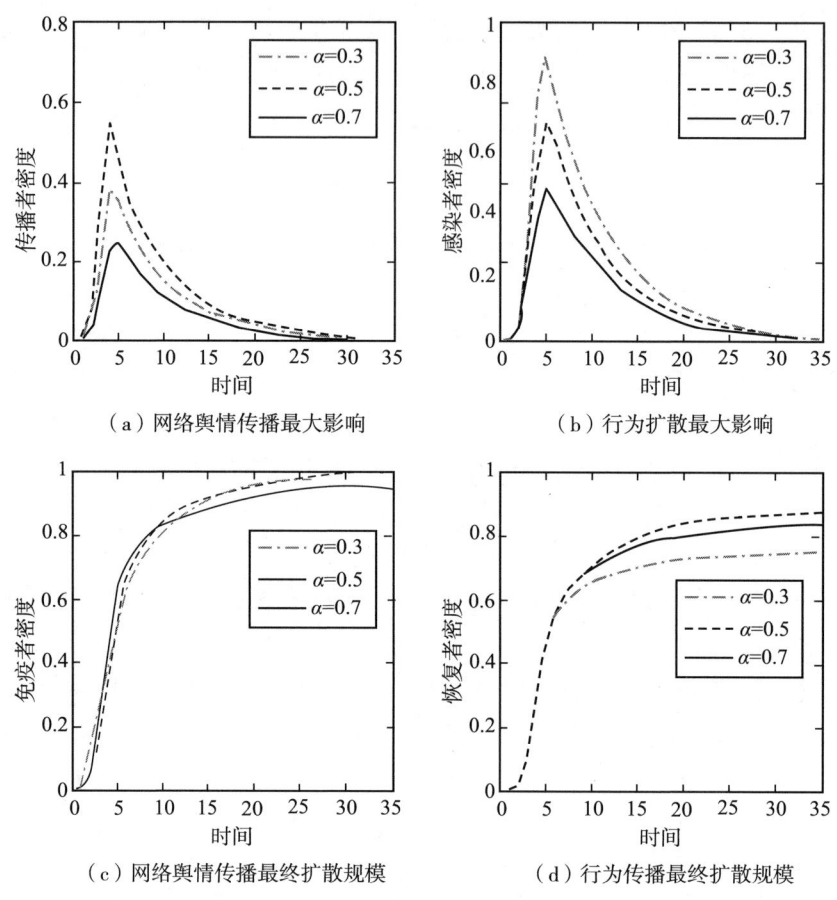

(a) 网络舆情传播最大影响　　(b) 行为扩散最大影响

(c) 网络舆情传播最终扩散规模　　(d) 行为传播最终扩散规模

图 4-5　网络舆情吸引力影响分析

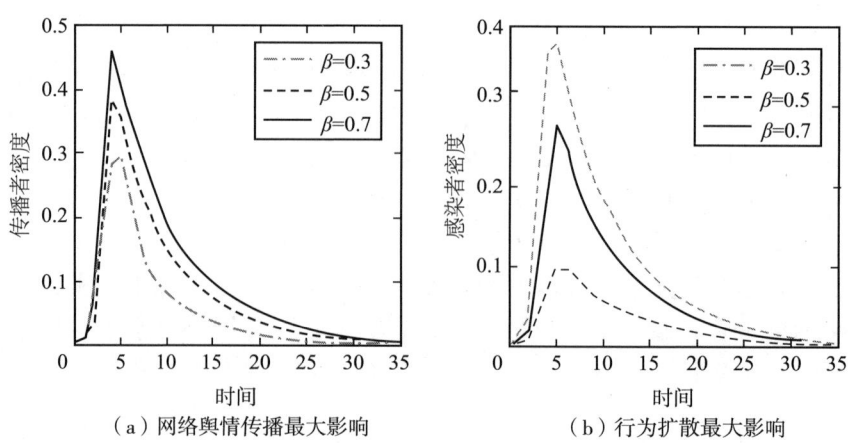

(a) 网络舆情传播最大影响　　(b) 行为扩散最大影响

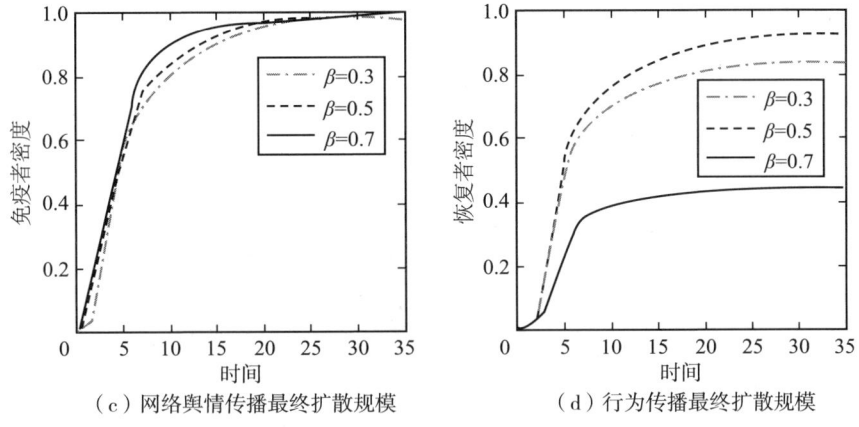

(c) 网络舆情传播最终扩散规模　　(d) 行为传播最终扩散规模

图 4-6　行为吸引力影响分析

比图 4-5 (c) 与图 4-5 (d)、图 4-6 (c) 与图 4-6 (d) 也可发现类似结果。此外，对比图 4-5 (c) 与图 4-6 (d) 还会发现，当网络舆情吸引力增大时，网络舆情免疫者密度增长速度减缓；而当行为吸引力增大时，行为恢复者密度增长速度加快。这主要是因为当网络舆情传播者密度达到峰值逐渐减小时，行为感染者密度仍在上升，此时新增加的行为感染者将进一步刺激网络舆情传播者传播网络舆情，而减少的网络舆情传播者会阻碍行为感染者继续采取某种行为。

4.6.4　信息-行为耦合强化效用对传播过程的影响

由上可知，传播过程受信息-行为耦合强化效用影响显著。图 4-7 刻画了非传统安全事件网络舆情、行为最大影响程度以及网络舆情与行为最终扩散规模受信息-行为耦合强化效用影响情况。图中 $\alpha=0.5$，$\beta=0.5$，$\gamma=0.5$，$\eta=0.5$，横坐标为网络舆情传播者或行为感染者产生的耦合强化效用强度 μ，纵坐标为网络舆情免疫者或行为恢复者产生的耦合强化效用强度 v。图 4-7 (a) 至图 4-7 (d) 各图数值随着颜色由深至浅而逐步增大。

分析图 4-7 可知，网络舆情、行为最大影响程度以及网络舆情与行为最终扩散规模会随网络舆情传播者或行为感染者产生的耦合强化效用强度的增大而持续变大；会随着网络舆情免疫者或行为恢复者产生的耦合强化效用强度的增大而不断减小。此外，从图 4-7 (a) 至图 4-7 (d) 对角线颜色不难看出，相比于网络舆情免疫者或行为恢复者产生的耦合强化效用，网络舆情传播者或行为感染者产生的耦合强化效用影响力度更大。此外，对比各图不难发现，行为扩散变化幅度比网络舆情传播变化幅度更大，说明现实中用户更容易受到信息-行为耦合强化效用的影响来决定是否采取某种行为。综上所述，政府机构应采取有效措施提升网络舆情免疫者或行为恢复者产生的耦合强化效用影响力度，进而有效干预网络舆情信息传播，净化网络空间。

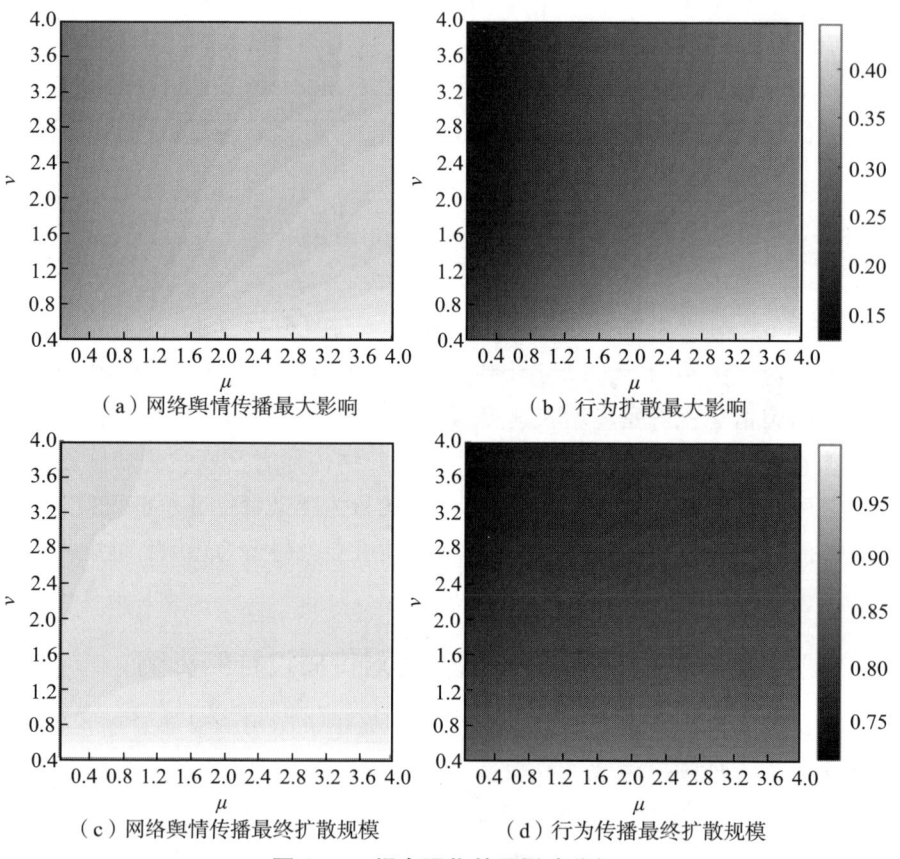

图 4-7 耦合强化效用影响分析

注：μ 为网络舆情传播者或行为感染者产生的耦合强化效用强度，ν 为网络舆情免疫者或行为恢复者产生的耦合强化效用强度。

4.6.5 信息-行为耦合交互下非传统安全事件网络舆情传播启示

从"抢盐"事件及其动力学模型特性分析可知，舆情传播最大影响程度以及最终扩散规模受网络舆情和行为吸引力、信息-行为耦合强化效用的影响较大，具体有以下四点启示。

(1) 网络舆情与行为吸引力对非传统安全事件产生的最大影响与最终波及范围具有重要影响。应对非传统安全事件负面舆情信息或行为传播,需要各级政府及媒体在号召力、感染力、语言表达艺术上狠下功夫,多措并举提升权威信息吸引力,进而最大程度降低负面舆情信息带来的危害,维护社会和谐稳定。

(2) 非传统安全事件网络舆情与行为耦合交互演变扩散。在信息-行为耦合强化效用影响下,无论网络舆情的吸引力还是现实社会行为的吸引力增强,都会促使双方大规模扩散传播。例如,"乐天集团签署'萨德'易地协议"的消息爆发后,我国网民对该事件给予高度关注,并在各大网络平台大规模传播相关信息。在爱国主义情怀驱动下,大多数民众抵制乐天产品,再度加剧了相关网络舆情扩散传播。可以看出,在线社交网络中与该事件有关的舆情信息与真实社会中民众的抵制行为耦合交互、演化共生,终将推动网络舆情和现实社会行为大规模蔓延。

(3) 伴随非传统安全事件网络舆情与行为吸引力的增强,网络舆情产生的最大影响更大,且传播周期更长。这是因为在线社交网络传播范围更广、速度更快,且在信息-行为耦合强化效用影响下,网络舆情停止传播的速度相对较缓,进而延长了网络舆情传播周期。此外,与现实社会非理性行为相比,若负面网络舆情盛行,其控制难度更大,且更容易引发社会危机(苏妍嫄,2018)。因此,政府有关部门应不断提高舆情分析能力,增强危机意识及业务水平,及时了解公众诉求及其动态变化,尽早纾解潜在矛盾。同时,政府还应积极引导宣传正面舆情信息,提升宣传信息吸引力,并组织开展丰富的实践活动,强化主流意识形态,引导公众树立正确价值观。

(4) 与非传统安全事件网络舆情免疫者或行为恢复者产生的耦合强化效用相比,网络舆情传播者或行为感染者产生的耦合强化效用影响更大。现实生活中,用户行为更容易受到信息-行为耦合强化效用的影响。为此,政府等机构应多措并举应对非传统安全事件负面网络舆情大规模扩散,及时规避公众非理性行为,维护社会秩序稳定。

4.7 本章小结

本章将用户现实社会行为融入在线社交网络舆情传播过程,考虑非传统安全事件下信息-行为耦合强化效用,建立 $S_aI_aR_a-S_bI_bR_b$ 模型,剖析行为扩散对网络舆情传播的影响，然后求解基本再生数，进一步探究稳定状态时非传统安全事件网络舆情传播的最终扩散规模，并结合 2011 年"抢盐"事件进行案例分析。结果显示，信息－行为耦合强化效用将促使非传统安全事件网络舆情传播周期延长，同时，网络舆情传播者或行为感染者产生的耦合强化效用影响，要比由网络舆情免疫者或行为恢复者产生的耦合强化效用影响更大。此外，非传统安全事件网络舆情最终扩散规模受信息－行为耦合强化效用影响，将远超现实社会行为最终扩散规模，但二者的变化幅度相反。

第 5 章　非传统安全事件网络舆情主题 – 情感耦合演化模型

非传统安全事件下，在线社交网络舆情信息反映了公众关注点及各级各地政府部门的信息透明度。同时，非传统安全事件网络舆情在演化过程中可以衍生出多个相关话题，进而改变舆情的发展规律，因此，探究主题与情感的变化对揭示非传统安全事件网络舆情传播机理具有重要意义。本章在传统社交媒体话题分析的基础上引入情感演化周期理论，对非传统安全事件舆情产生至平息的全周期各阶段网络舆情主题进行界定，识别不同阶段的公众关注点，并通过建立分阶段 LDA 主题模型，探究网络舆情主题作用下情感倾向的变化和各阶段网民群体的诉求。研究结果解释了非传统安全事件网络舆情传播演变规律及情感倾向，为政府有关部门科学疏导网络舆情、提高社会治理水平、加强非传统安全事件应急管理提供决策支持。

5.1　问题提出

随着互联网技术的不断发展和应用，越来越多的网民参与到非传统安全事件的讨论中来，表达自己的观点和情绪，使得非传统安全事件舆情传播过程呈现出四个方面的情感传播效应，即情绪感染、态度极化、行为模仿和文化认同。其中，情绪传播是网络舆情的指向灯和风向标，是非传统安全事件下社情民意的真实体现，深刻影响着网民群体心理与行为，若不及时引导，极易引发网民的群体极化情绪和行为。

国外关于非传统安全事件网络舆情情感分析的研究较早。伯明翰和斯米顿（Bermingham & Smeaton，2010）使用情感词典对文本情绪值进行计算，判断出网民群体对舆情关联事件的情感状态。伯杰和米尔克曼（Berger & Milkman，2009）指出情感性信息更容易被网民群体转发。裴和李（Bae & Lee，2012）

研究发现，受欢迎的推特用户在推文中表达的情感影响了他们的受众情感，且受众基于时间序列的正负情感变化与受欢迎推特用户真实世界的情绪状况有关。亚迪和博伊德（Yardi & Boyd，2010）通过分析推特数据发现，非传统安全事件下网民群体倾向于表达悲观情感，如愤怒、焦急等。同时，也有学者就非传统安全事件网络舆情传播周期、网络舆情主题挖掘与网民群体情感的关系进行研究（Ceron & Curini，2015；Yi et al.，2016）。

国内许多学者也对非传统安全事件下网络舆情群体情感开展了系列研究。姜金贵和闫思琦（2018）研究发现，权威机构信息发布的及时性和透明性能够影响网民的情感倾向，进而促使网民情感不断演化，有效引导非传统安全事件网络舆情发展趋势。同时，非传统安全事件下不同网络舆情主题也会引发网民不同情感态度，且受信息公开透明度影响，将进一步影响网民的情绪，从而衍生出隐性主题，进而在情感和主题的双重作用下，推动非传统安全事件网络舆情传播演化。王雷等（2014）利用实验与仿真两种方法分别对群体情感传播和群体内情感强度变化的动力学规律及其影响因素进行了研究。金鑫等（2012）从政府、媒体、意见领袖、网民自身四个维度对各阶段网络舆情情感倾向性进行了分析，并对不同传播者在传播过程中的相互影响做了深入研究。赵卫东等（2015）研究了非传统安全事件舆情传播过程中的群体情感演化，并提出了一种网民群体情绪传播模型，阐释了非传统安全事件下网络舆情信息与网民情感之间的相互关系。

综上所述，国内外学者分别从不同角度研究了网络舆情传播中的情感演变问题，但大多数研究对网络舆情发展不同阶段主题波动、社会需求演变等影响考虑不足。然而在非传统安全事件发生后，随着事态的发展演变，网民关注的焦点逐渐演变，不同阶段往往涌现出不同的网络舆情主题，网民情感也随之动态演变。为此，本章拓展研究舆情主题与情感耦合互动作用机理，以期揭示出非传统安全事件下网民群体情感演变趋势与演化规律。

5.2 网络舆情主题-情感耦合概述

5.2.1 网络舆情主题-情感耦合演化周期

通过研究大量非传统安全事件网络舆情演变案例可以发现，演变将导致四个层面的情感传播效应：情绪感染、态度极化、行为模仿、文化认同。本节基于情绪感染将非传统安全事件主题－情感耦合互动演化周期演变分为四个阶段。

（1）潜伏阶段。当某一非传统安全事件发生后，事关网民自身利益的社会问题、矛盾逐渐产生，网民开始在社交网络平台讨论交流。但由于此时相关网民对引发事件话题的情绪响应尚不强烈，仍然处于情绪积蓄阶段，网络舆情显示为"隐性"。一旦网民情绪持续积累到一定程度，网络舆情逐渐扩散，由潜伏期进入下一阶段成长期。

（2）爆发阶段。这一阶段自身利益受到影响的网民聚集在一起展开深入交流讨论，网络舆情逐渐由"隐性"向"显性"转换，并不断传播扩散，网络舆情进入成长期。此时，网民观点逐渐趋于一致，相对统一的网络舆情及群体意见开始形成。此外，网络舆情的扩散往往伴随着强烈的情绪传播，当情绪积累到一定程度时，在媒体的巨大攻势下将推动网民情绪爆发。

（3）波动阶段。随着网络舆情趋同化现象愈加明显，在意见领袖的强大推动下，网络舆情进入成熟期。此时，主流网络舆情引起知名媒体关注，公众对非传统安全事件的评论及交流达到新高潮，网络舆情传播达到高峰期，且伴随着事件的发展，网民情绪出现起伏，故称该阶段为波动阶段。波动阶段是情绪传播过程的重要环节，会受到政府情绪引导、网络舆情生态优化、网民兴趣变化、媒体报道、议题变化等系列因素的触发或推动。

（4）平稳阶段。网络舆情传播成熟期后期，网民情绪趋于理性化，情绪宣泄、思想表达进入消极阶段，本书称之为平稳阶段。此时，大部分网民意见观点趋于一致，所涉及的非传统安全事件基本得以解决，网络舆情逐渐进入衰退期。网民情绪逐渐平和，不再发表激烈的看法，网络舆情的新议题不再具有超强的爆发力和感召力。同时由于有限时间内网民关注的信息有限，随着新的社会热点的出现，新的网络舆情日渐产生，网民关注点逐渐转移，导致原来的网络舆情逐渐淡出大部分网民视线。

5.2.2 网络舆情主题及情感倾向分析

本书以微博为例，根据微博发布时间，对非传统安全事件网络舆情文本内容进行聚合，进而分析主题与情感倾向性的变化。

1. 主题分析

潜在狄利克雷分配（Latent Dirichlet Allocation，LDA）是由布莱（Blei）等学者在2003年提出的一种无监督的生成式主题模型，主要用于短文本、小信息等文本集合及话题发现。如图5-1所示，LDA模型是一个典型的三层贝叶斯模型，通过将文本信息转化为数字信息，构建词袋模型。与传统的空间向量模型（VSM）相比，LDA模型增加了概率信息。图5-1中，K代表主题个数，M代表文档总数，N_m代表第m个文档的单词总数。β表示每个Topic下词的多项分布Dirichlet先验参数，α表示每个文档下Topic的多项分布Dirichlet先验参数。$Z_{m,n}$表示第m个文档中第n个词的主题，$W_{m,n}$则代表第m个文档中的第n个词。剩下的两个隐含变量分别表示第m个文档下的Topic分布和第k个Topic下的词分布，前者是k维（k为Topic总数）向量，后者是v维向量（v为词典中term总数）。使用LDA主题模型对聚合后的文档进行话题发现，通过构建语料库，建立文档-词条矩阵，可有效挖掘非传统安全事件数据集中的深层次语义，探究数据集中的高频关注点及特征词，故本章截取文本排名前10的潜在主题进行解读。

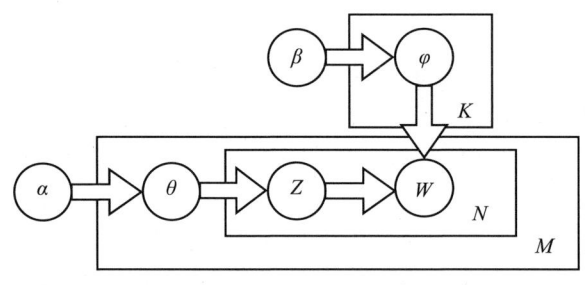

图 5-1 LDA 模型

2. 情感倾向分析

借助ROST CM6系统进行情感倾向性分析，将数据分割成正面情绪和负面情绪两大组。情感倾向性分析之后，将分割完的正面情感和负面情感两组数据抽取出来，提取高频词进行语义网络分析，具体流程如图5-2所示。

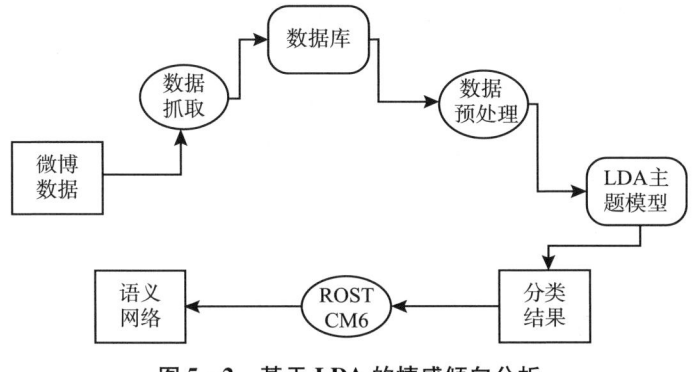

图 5-2 基于 LDA 的情感倾向分析

5.3 网民情感表达内外部动因

非传统安全事件发生后,在舆情演化的不同阶段,公众的情感波动与舆情的主题变化相互影响、共同演化。其中情感作为个体的感性认知,往往更容易受到多种因素的干扰而发生变动,包括触发事件的特性、舆情主体的推动等外源动因和网民自身性格、经历、心理状况等内源动因。以下将选取影响网民情感表达的两大关键因素——催化环境和公众心理进行分析。

5.3.1 催化环境

(1)媒介技术发展为非传统安全事件下网民情感表达赋权。媒介开放性、低门槛等特性,使得网民拥有了普遍的媒介接近使用权。互联网对现有社会结构进行了全方位颠覆性的重构,非传统安全事件发生后,网民可以自由地在网络空间发表言论、观点,甚至宣泄个人情绪。从"媒介即人的延伸"的角度来看,媒介技术的发展不仅延伸了非传统安全事件情境下人们表达与交流个人意见的渠道,更拓宽了民众进行非理性情绪宣泄的途径与方式。

(2)匿名性成为非传统安全事件下网民情感宣泄的保护伞。网络空间的匿名性使得非传统安全事件下网民的话语表达权在一定程度上得到释放,民众的表达欲望比现实生活中更加活跃,更容易将现实社会压抑的情绪和观点在网络上毫无保留地宣泄出来。在"匿名性"保护伞作用下,网民宣泄的负面情绪和非理性言论会在短时间内汇集成非传统安全事件的复杂网络舆论场。

(3)意见领袖对非传统安全事件下网民情绪的产生具有助推作用。意见领袖通常具有强大的话语权和影响力，他们对待非传统安全事件的态度、言论以及观点能够获得更多网民关注，因此，意见领袖是影响网民情绪走向的一个重要指标。当非传统安全事件发生后，一旦出现极端情绪的意见领袖，即发表看法时带有强烈的个人非理性和消极色彩的意见领袖，极易影响粉丝对该事件的态度并促使粉丝大量转发扩散，最后引起"蝴蝶效应"，从而造成负面影响。

5.3.2 公众心理

（1）朴素心理。朴素心理理论由威尔曼和戈尔曼提出，指人们对某些现象、信息、新闻或事件自发产生的不成熟感知和理解，并对这些感知和理解进行模拟。当非传统安全事件发生时，大多数人都会凭直觉做出判断，并坚信自己的判断是正确的，因而容易将自己置于道德制高点，并拒绝反思个人意见，由此形成偏见。但实际上他们的判断往往带有偏见，网民往往更倾向于接受与自己直觉经验相符合的信息并固执己见，而对于不符合个人预期的信息表示怀疑或者拒绝接受，因而对非传统安全事件下情绪的产生具有巨大影响。

（2）认同心理。认同心理表示人们更倾向于盲目地认同自己心中存在的思想。认同心理由认知成分和情感成分两部分组成。认知成分是通过对非传统安全事件下各网络舆情内容进行比较分析产生的认同，情感成分则是在非传统安全事件发生后网民情感受到其他网民情绪感染或触动而产生的认同。在认同心理中，网民的情感成分往往占主导地位。

（3）盲目从众。非传统安全事件下，群体内部一些成员受到群体外部影响后，往往缺乏对事件本身的论证与质疑，自愿或迫于压力表现出与大多数人一致的意识或行为，随波逐流跟从大多数人的观点，尤其当其得知意见领袖的观点时，出于从众心理，往往不做判断就盲目跟风转发。

（4）群体极化。群体极化是指群体中原始团队支持的意见在讨论后得到更多支持，最终形成群体意见极化，即对某一事件讨论之后形成的群体观点比讨论前的个人观点更加极端。这是一种广泛存在于网民群体中的心理特征。在新媒体技术快速发展的互联网时代，网络的开放性、匿名性和信息的可选择性等特征进一步强化了非传统安全事件下的群体极化效应。尤其当非传统安全事件爆发初期，诸多事情尚不明朗，群体极化极有可能激发网民在非理性思考情况下的极端情绪或行为。

5.4 案例分析

5.4.1 数据采集与预处理

2018年12月,福建发生了一起"见义勇为反被拘"的非传统安全事件,引起网民热议。赵某制止了一场侵害事件,帮助一名被侵害女士脱离危险,制止过程中赵某踹伤暴徒造成其内脏损伤,后经鉴定达到二级伤残。在见义勇为的3天后,赵某被以故意伤害罪名拘押到看守所,并处以14天拘留。"见义勇为反被拘"事件一经曝光即引发网络热议。赵某本人也在社交平台陈述了事件原委,向网友寻求帮助。

本节将以上述事件为研究对象进行案例分析。以"福建小伙见义勇为反被拘"为关键词,利用网络爬虫工具八爪鱼在微博网页上采集数据,包括微博内容、发布者、发布时间、微博点赞数量、评论数量、转发数量、微博发布来源等信息。所采集微博数据的发布时间为2019年2月17日到2019年2月28日,一共得到微博数据1301条。使用R语言编写程序剔除标点、多余空白、停用词、分词,其中停用词表根据哈工大停用词表结合本事件编制而成,采用R语言的中文分词包"jiebaR"对微博内容进行中文分词,得到预处理后的数据集1108条。

5.4.2 LDA主题模型分析

本节根据"见义勇为反被拘"网络舆情关注度,将该事件划分为四个阶段。2019年2月17日为潜伏阶段:求助微博"救下正在被侵害的女住户后,男子却被拘留14天"发出后随即刷爆各个社交媒体,当日转发量超过57万。2019年2月18日至2019年2月20日为爆发阶段:这一事件引发社会舆论争议后,18日下午,当地警方表示,舆情发生后,各级部门都在积极地应对处置。19日上午,有记者报道,当地检察院的确曾接到公安机关开具的提请批准逮捕书,但已在规定期限内做出"不批准逮捕的决定",而当事人赵某也于1月被释放。同日当地公安局也表示,获悉此事后相关工作人员已介入了解,警方将尽快公布调查结果。2019年2月21日至2019年2月26日为波动阶段:

公众质疑相关部门为何不及时采取有效措施解决问题。2019年2月27日至2019年2月28日为平稳阶段：处理结果比较符合人们的预期，讨论热度下降。

图5-3显示了"福建小伙见义勇为反被拘"相关词条在时间维度的演化过程。由图5-3可知，自2019年2月17日赵某发布微博后，人们逐渐开始关注该非传统安全事件，但该事件并没有引起轰动效应。直到记者采访了被赵某见义勇为打伤的当事人李某，关注度才出现了新的增长高潮。随后当地警方发布案情通报，更是使此次非传统安全事件的关注度达到峰值，并引发了网民关于见义勇为法制法规建设和弘扬社会主义正能量的大讨论，最后此次非传统安全事件随着时间的流逝归于平静。

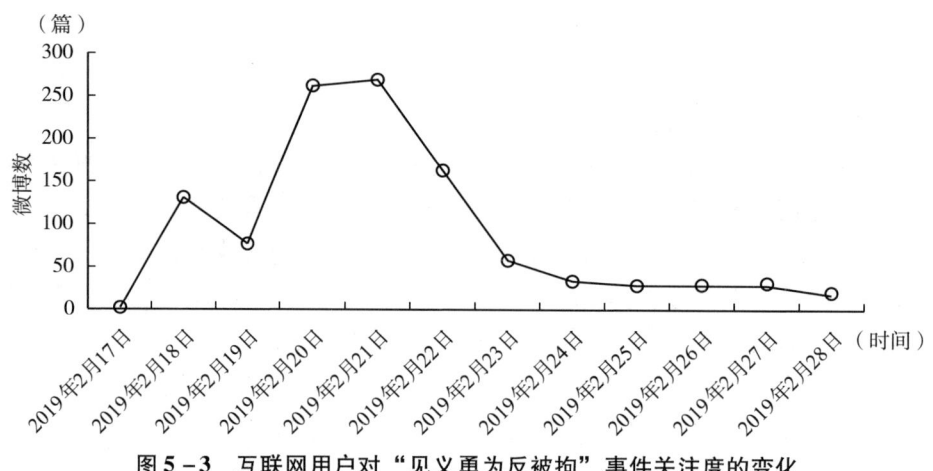

图5-3 互联网用户对"见义勇为反被拘"事件关注度的变化

5.4.3 情感倾向性分析

利用ROST CM6软件进行情感倾向性分析，将爬取到的2月17日到2月28日关于该事件的博文分为积极情绪（情绪值为0~40）和消极情绪（情绪为-40~0）两组，得到每日网民群体情感强度（见图5-4）和情感分布统计（见图5-5）。

根据LDA主题挖掘出潜在主题，结合博文具体内容，进行情感传播各阶段分析。

（1）潜伏阶段，赵某将事件经过发到微博，逐渐引起网民关注。网民情感被调动起来，不自觉地变成了情绪感染群体。网民群体大多对赵某的遭遇表示愤慨和同情，这一阶段携有负面情感的网民居多，高达67.6%。

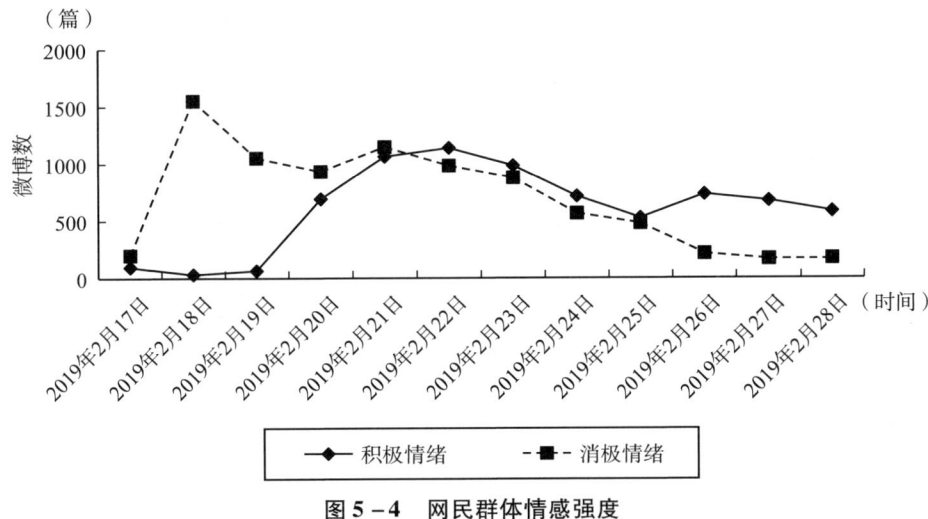

图 5-4 网民群体情感强度

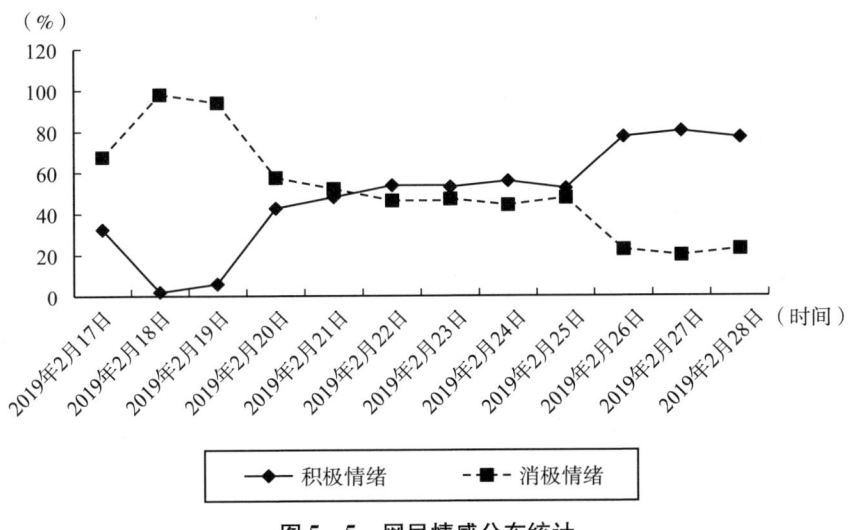

图 5-5 网民情感分布统计

（2）爆发阶段，2月18日，当事人李某接受记者采访，对自己做的事情进行辩解，网民群体对李某的说法表示强烈不满，负面情绪爆发。接下来，记者在19日又采访了当地警方，警方对赵某见义勇为却被拘留14天的回应含糊其词，加之案情通报迟迟不出，导致网民对警方及检方的强烈质疑，负面情绪进一步升级。

（3）波动阶段，21日凌晨，当地警方通过官方渠道发布案情通报，认定赵某的行为为见义勇为，并对其做出不起诉决定，赵某被证清白。网民对见义勇为法律法规建设方面进行了讨论。这一阶段消极情感和积极情感逐渐趋于稳定。随后，企业家孙先生向赵某捐助 10 万元，认为见义勇为值得鼓励，网民积极情感得以调动。

（4）平稳阶段，网民将焦点聚焦于警方是否存在失职、追责等问题上。这一阶段网民情绪平和，逐渐回归理性，能够客观公正地看待问题。

从上述分析可以看出，舆情发展过程中政府对非传统安全事件信息发布的及时性极大地影响着网民群体的情感强度和舆情走向。表 5-1 为各阶段正负情感分布占比。

表 5-1　　　　　　　　各阶段正负情感分布

阶段	时间	消极情感占比（％）	积极情感占比（％）	主题内容
潜伏阶段	2019 年 2 月 17 日	67.6	32.4	赵某将自身遭遇发到微博引发广泛关注
爆发阶段	2019 年 2 月 18 日至 2019 年 2 月 20 日	69.54	30.46	当事人李某接受采访；警方及检方接受采访
波动阶段	2019 年 2 月 21 日至 2019 年 2 月 26 日	40.4	59.6	警方发布案情通报；企业家孙先生向赵某捐款 10 万元
平稳阶段	2019 年 2 月 27 日至 2019 年 2 月 28 日	21.35	78.65	对见义勇为、弘扬社会正气的广泛讨论

5.4.4　网民群体情感宣泄原因及需求分析

从此次事件可以看出网民群体的情感宣泄原因和内心需求。

（1）公检法机关对此类见义勇为事件的不合理做法易导致广大网民的群体不满。人们大多会从道德层面思考此次事件中谁是谁非，希望公检法部门在遵循法律法规处理此类事件时能够更多地体现出社会温情。这也从侧面表明，网民群体并不会盲目地看待事件发展，在该事件中网民群体有极高的参与度和对公权监督的热情。

（2）此次事件中赵某被拘背后的无奈感感染了网民群体。广大网民群体期待多元化的利益表达渠道、完善的法律法规体系和更加公平公正的制度保障。

(3) 警察、城管、政府官员等因为工作性质原因容易成为网民群体关注的对象，特别是前些年城管、警察等粗暴执法造成的负面影响，使得出现此类事件时，只要相关主体牵涉其中，网民群体往往就会预设立场，进行标签化解读。这就要求相关部门能够更加透明执法，及时公布信息，做到信息对称。

5.5 网民情感引导策略与建议

当下，互联网已经成为非传统安全事件网络舆情传播的重要聚集地，在这个充斥着各种意识形态的综合体中，网民已经不再满足于非传统安全事件网络舆情的交流与传播，而是呈现"后真相"的特征。与真相相比，网民更注重非传统安全事件网络舆情中的自我感知和情感表达，若不对其进行有效引导，各种负面信息、消极情绪、极端言论将成为一个充满负能量的黑暗磁场，存在随时爆发衍生危害的风险。网民负面的情绪化表达在网络上无处不在，尤其在非传统安全事件中，网民的负面情感很容易引发群体性事件。本章通过研究"福建小伙见义勇为反被拘"这一非传统安全事件，将关于网民情感引导的策略与建议总结如下。

5.5.1 强化潜伏期的网络预警

（1）构建网络监督体系。情感孕育阶段，网民对于相关话题反应不强烈，是从根本上约束网民负面情感爆发的最好时期，要求政府在建立一套完善的舆情监督体系的同时提升情感引导能力。整合自身资源，通过大数据等技术手段对非传统安全事件的曝光平台进行实时监督管理，以便能够及时有效地掌握该事件网络舆情的发展动向并对公众的情感进行关注与引导，避免极端情绪占据主导地位。

（2）主动设置议程了解网络舆情变动。政府部门要随时关注社会热点事件、敏感话题，全面追踪、把握舆情脉搏，对非传统安全事件发生后的舆情掌控做到"未雨绸缪"。在满足公众信息需求和知情权的基础上，主动设置议程，引导舆情。要加强网络文化阵地建设。巩固和扩大政府官方网站和重点新闻网站、商业网站覆盖面，提高办网水平，建设政府官方微博群，设立官方微信新闻公众号、辟谣 App 等，实现网上正面舆情有效引导，唱响社会主旋律。

（3）推动网络舆情治理智库建设。针对非传统安全事件网络舆情形成一套测试网络舆情压力、预测舆情传播的风险评估办法。进一步建立非传统安全事件专家系统，应用人工智能、计算机等技术，根据智库专家提供的知识和经验，对非传统安全事件发生后的网民情感与网络舆情发展方向进行推理和判断，并提供智能解决方案。同时，鼓励网络实践人才以融入式视角审视网络事件，与智库建设同步分析，进而提出更贴近事实的观点和建议。

5.5.2 完善爆发期的处置机制

（1）树立"第一时间"原则，抢占舆情话语权。网民在接收消息时大多缺乏求证意识，其情感倾向往往受"第一信息"影响。若此时失声或刻意逃避，就会给不良媒体留出制造、散播谣言的空间，网民们很容易在没有得到官方消息的时候情绪失控。因此，在非传统安全事件发生后，政府或官方媒体要赶在网络舆情恶化之前尽快查清事实真相，用最快的速度发声，及时回应，并随事态发展进行实时追踪报道，站稳立场，明确观点和态度，以充足的事实证据客观公正地取得大众的信任，及时安抚网民情绪。

（2）确保信息公开透明，还原事实真相。事情真相决定舆情走向，坚持尊重事实原则，将还原事实真相放在舆情监管任务的首位。在此基础上要及时、有效、有针对性地披露非传统安全事件相关细节信息，及时扭转网络舆情传播局势，保证网络信息准确性。对于受到公众广泛关注的非传统安全事件，要让公众及时了解事实真相。此外，还要及时处理谣言和虚假信息，从根本上确保网络信息的准确性和安全性。

（3）充分发挥媒体平台的舆论引导作用。网民的观点和态度极易受到媒体平台立场和观点的影响。作为非传统安全事件发生后事态消息的传播者，媒体往往具备专业的信息传播能力，相对于传统舆论引导者有着更强的引领作用。为此，主流媒体要努力在线上和线下两个舆论场同时下功夫，在不同的传播领域，针对不同类型的受众，实行差异化的表达方式，提高意见性信息的到达率。同时，注意运用新媒体传播效能，积极追求实际传播效果，扩大传播范围，保持领先和引领作用。

（4）构建多部门应急处置联动机制。一是组建非传统安全事件网络舆情传播监管指挥小组，提升指挥层次，缩减沟通环节，协同网信办、公安、通信、经信委及有关省级涉事部门发挥监管作用，确保反应迅速、信息顺畅、指令统一。二是完善非传统安全事件处置应急预案，线上线下协同互动，建立覆盖网络舆情发现、研判、处置、评估全流程的工作体系，同时规范职能部门职责,密切协作,加强应急演练及引导督促,保证网民情绪的平稳。三是明确移动通信运营商、网络平台运营商对其用户发布的信息事先审查,严令禁止发布网络虚假信息;对已造成不良影响的不实信息,应该及时采取通告、删除、更正等事后处置措施。

5.5.3 加强情感波动期的网络引导

(1) 加强网络道德意识宣传。网络的"虚拟式在场"在某种程度上造成了网络道德滑坡。情感波动期,为预防网民情感再次被舆情左右,需要政府机构、主流媒体和社会教育等多方协同发力。例如,政府可出台相关规章制度,加强网络舆情监管,引导网民意识到自身道德缺失的问题。主流媒体可借助自身的公信力宣传网络道德知识,提升网民媒介素养。

(2) 加强意见领袖培养。意见领袖能够有效引领网民情感。非传统安全事件网络舆情传播过程中有必要加强培育新的意见领袖,鼓励引导政治方向正确和学识渊博的学者、专家或社会名人参与网络讨论,用富有吸引力的话语表达其独特的思想,传播正能量,达到引导舆情的目的。

(3) 扩大网络法律宣传力度。近些年来,国家在网络媒体发展、安全等方面出台了相应的法律法规,例如《中华人民共和国网络安全法》《互联网群组信息服务管理规定》和《微博客信息服务管理规定》等。但是网络法律普及力度仍有不足,需要政府、媒体和社会组织共同努力,加大网络法律的宣传力度,丰富网络法律宣传途径,完善网络法律宣传管理体制。

5.5.4 重视平稳期的恢复与重建

(1) 加强网民自我道德修养,培养提升社会责任意识。作为网络活动的主体,人们应该深刻认识到,不仅在现实社会中需要恪守道德,在网络环境中同样需要加强自身道德修养,提升自身道德意识,保持冷静头脑并坚持独立思考,自觉抵制虚假信息和极端言论,营造文明和谐的网络环境。网民应将公共利益置于自身利益之上,自主奉行"绿色上网"策略,在道德意识和法律意识的约束下严格控制自身行为,不做侵害他人权益的事情。此外,政府还应加强培养网民的社会责任感,引导网民明确自身社会责任。

(2) 设置媒介素养教育课程。选取经济发展条件优良、媒体平台接触范围广泛的经济发达地区,尝试开设媒介素养教育课程,获得积极反馈成果后扩大实践范围，逐渐扩展到全国范围。在经济发展较为落后的地区，将学生媒介素养教育作为宣传起点，通过专家讲座、网络媒介素质教育课程等，提升学生自身素质。政府相关部门可将课程视频在网络上进行播放宣传，逐步完成媒介由专业素养教育向基础素养教育的过渡，提高网民的信息辨别能力、信息传播与评论能力以及网络信息的理性运用能力，使网民能够在自身道德素养的约束下正确理性地传播网络信息，并且提高识别网络欺诈信息和网络谣言的能力。

（3）完善网络健康发展的政策保障体系。随着我国经济结构的不断转型优化，网络新媒体行业正在不断融入我国社会经济和民生生活的各个领域，但是相关的政策制度都还需要进一步健全和完善，需要通过政府出台规章制度来进行规范，例如加强网络舆论监控和干预、制定网上新闻发言人规则等。对网络社交空间中的热点问题、非传统安全事件，要根据相应规章制度及时给予约束和规范，在网民缺乏道德意识和法律意识的情况下，积极发挥政府的监管作用，引导网民加强自身媒介素养，维护网络空间的安全与和谐。

5.6 本章小结

本章以非传统安全事件网络舆情主题－情感耦合互动演化为切入点，围绕"福建小伙见义勇为反被拘"事件，采用LDA主题模型深入挖掘网民群体主题观点，分析舆情传播过程中网民群体的内在需求，并对处于不同阶段的网民进行情感倾向性分析。本章主要得出以下结论。

一方面，网民情绪具有较强的指向性。由于信息的不对称以及媒体对相关主题的情感煽动和主观偏见，情绪的影响远远超过了客观事实对人们的影响。在线社交平台在一定程度上沦为情绪积累的沼气池。大量网民的情绪表达，具有相当强的感染力，推动着非传统安全事件网络舆情不断升温，致使某种特定的观点升级为热点。

另一方面，非传统安全事件舆情主题不一定完全符合现实情况，但可能会导致其他隐性主题的产生。新闻报道倾向于对实际情况的客观陈述，不带有情感倾向，主要包括事件的起因、经过、结果等信息，而网民关于此类事件发表的言论则倾向于质疑判决是否公平、执法是否公正等。因此，分析舆情事件与社会现实主题两者之间的相互影响，对把握舆情走向具有很大帮助。信息的发布如果在情感层面符合公众心理期待，会极大降低网民群体的情绪强度。网民群体不仅在意当前非传统安全事件的处理结果是否妥当，也更加希望未来法律法规能够更加健全。因此政府在非传统安全事件治理中也要考虑所提供的信息能否为公众接受、理解并信任。

第6章 情绪累积效应下非传统安全事件网络舆情传播模型

非传统安全事件发生后,人们往往会通过各种渠道向他人诉说自己的遭遇或者感受。这种带有情绪的舆情信息会促使用户转发并表达相似的情绪倾向,且这种情绪倾向会在网络舆情的传播中不断加强,形成情绪累积效应,进而推动网络舆情传播演化。由网民自发组成的非正式松散群体中,若某一成员的情绪感染其他成员,群体内的成员情绪将逐步呈现同质化倾向,并达成统一的社会认知、进而形成群体认同。这一过程中,群体成员多次收到负面情绪性网络舆情信息,且由于传播过程中,情绪网络舆情信息会被二次加工,网络舆情情绪强度将逐渐出现改变,进而让负面情绪在群体成员间不断震荡、多次反复和加强,形成情绪累积效应。特别是短时间内连续的刺激可能推动网络舆情传播扩散,甚至引发连锁反应,导致衍生次生舆情危机,给社会安全稳定带来威胁。因此,本章着眼于深入探索网络舆情中群体的情感状态、情绪倾向以及群体之间情绪的相互影响,研究情绪累积效应下非传统安全事件网络舆情传播问题。

6.1 问题提出

6.1.1 情绪感染机制

非传统安全事件下,人们会不自觉地模仿周边伙伴的表情,通过感受他人的情绪获得自己的情绪体验,这一过程称为情绪感染。虽然国内外学者对情绪感染的定义尚不统一,但普遍认为感染过程中存在情绪体验,即由他人所诱发,在无意识状态下使被感染者产生与感染者相似的情绪。非传统安全事件下，个体之间的交流与沟通是情绪感染发生的前提条件，研究情绪感染是了解彼此以及体会对方内心活动与感受的重要渠道。

近年来，情绪感染吸引了大量学者的关注，学者围绕非传统安全事件情绪感染机制问题提出了许多理论和科学假设。史密斯和亨利（Smith & Henry，1996）在 1996 年提出了模仿-回馈的情绪感染机制，并证明了情绪具有循环效应。在这一研究中，模仿-回馈机制包含两个过程，一个是模仿过程，另一个是回馈过程。在模仿过程中，研究者们通过实验发现，人们善于模仿周围个体的情绪表达，例如面部神态、肢体动作与语言表达等。这种模仿在非传统安全事件下随时随地都可发生，如人们呈现在脸上的每分每秒的情绪变化均能够反映他们在观察到周边其他个体情绪后发生的变化，且这种模仿与年龄无关，是一种下意识的、不自觉的行为。在回馈过程中，个体的情绪体验时刻都受到来自面部表情、声音、姿势和动作模仿所带来的反馈与刺激的影响。非传统安全事件下，情绪体验者察觉到自己的情绪反应时，可基于此推断出自身所处的情绪心理状态。

除了模仿-回馈机制之外，认知机制、社会比较机制、联想-学习机制和语言调节联想机制等也是公众情绪感染机制研究中具有广泛影响力的基础理论。认知机制指出非传统安全事件下，个体将站在他人的角度换位思考，进而和他人情绪状态逐渐趋于一致，获得和他人相似的情绪体验。社会比较机制表明，当个体无法确定即将面临何种状况或者无法根据自身过往经验以及知识储备做出判断时，往往会做出从众反应，即根据他人的情绪做出自己的情绪反应，从而降低自身所面临的风险，有效维护自己的利益。联想-学习机制是指通过刺激个体，帮助其回忆过去类似的经历，进而产生同周围人群相似的情绪状态（Hoffman，2002）。此外，非传统安全事件等某一特定环境的语言或文字描述，也能够激发观察者产生与所描述情景相似的情绪感受，这种机制称为语言调节联想机制。

6.1.2 群体情绪

情绪感染具有循环效应，个体情绪可以在感染他人的时候不断增强，当群体内成员的情绪对其他成员有所感染，成员间的情绪会出现多次的反复并不断强化，进而使群体中的成员达成同质化的情绪状态和社会认知。群体情绪具有很高的复杂性，到目前为止，学术界对其还没有一个统一定义，大多数人认为，当个体对某群体产生认同并融入其中，确认属于某一个社会群体时，往往会对影响该群体的事件做出情绪反应，这种对该群体或者社会成员所产生的情绪体验即为群体情绪。此刻，在评价与群体有关的事物时往往会带有情绪色彩，进而把情绪从个体水平扩展至群体水平。例如，人们往往会为遭遇自然灾害等非传统安全事件的同胞感到悲伤，哪怕这些非传统安全事件并没有直接影响到自己，但也会因为认同感和民族凝聚力而感同身受。由此可见，个体基于社会认同和对该群体产生的归属感，将促使该群体归属感内化为个体生活中不可或缺的一个重要组成部分，群体成员针对该群体的相关事件或评价产生情绪反应，个体基于对该群体的特定认同会产生群体成员体验到的情绪。

群体情绪理论广泛借鉴了社会认同理论、自我分类理论和情绪评价理论等经典理论，更好地解释了基于群体和群体认同感的情绪本质，与社会认同理论、自我归类理论和群际情绪理论共同组成了群体层面的情绪理论体系。当个体对一个群体的价值观或者事物评判标准产生认同时，个体便会自发地融入该群体，致使非传统安全事件发生后个体的理智与观点被弱化，个体情绪与群体情绪产生趋同（Mackie et al. , 2000）。冯等（Von et al. , 2013）认为，群体中存在着一套对非传统安全等类型事件一致的解释策略及情绪表达规范的共享文化、知识体系，使得群体成员体验到一致的情绪。斯普尔和凯利（Spoor & Kelly, 2004）研究发现非传统安全事件等情境下群体的一致性，如群体的团结协作等受群体情绪的影响，消极情绪会影响到群体内成员的合作，积极情绪应得到提倡，它通常会对群体成员起到正面鼓舞作用。殷雁君等（2015）通过建立有界信任模型，将个体观点值、情绪触发阈值作为变量来推演非传统安全事件等情境下群体情绪的发生发展，结果显示，群体中出现的观点交流对群体情绪融合起到促进作用，模型能有效表达情绪感染中无意识的感染过程。赵珍珍等（2015）从四个维度对非传统安全事件等情境下的群体情绪凝聚进行梳理归纳，并提出制约群体情绪凝聚的几大因素。此项研究结果有助于将群体情绪和个体情绪通过群体情绪凝聚进行有效的区分甄别。

6.1.3　群体情绪社会分享影响机制

非传统安全事件下网络群体情绪社会分享的影响因素众多，其中主要的三个因素包括情绪强度、道德属性和分享对象的反应。研究表明，情绪强度与情绪社会分享行为存在正相关关系，但这种线性关系以分段线性函数的形式存在。道德属性是决定情绪社会分享行为的重要影响因素，当非传统安全事件分享出去会使个体感到羞愧时，个体往往选择不分享。分享对象的反应是个体进行情绪社会分享的动力,他们期望从情绪分享对象的反应中得到支持、关心以及牵挂等,若这种需求可以预期得到满足,则倾向于分享传播。情绪社会分享的基本特征有普遍性、传播性、时间性和限制性。普遍性是指当非传统安全事件发生后,人们普遍会进行情绪社会分享,这和情绪效价无关,即无论是积极情绪还是负面情绪,绝大多数人都会进行分享。同时情绪社会分享和文化差异无关,也不受年龄和性别的影响。传播性是指情绪社会分享后往往会再次传播,这种现象称为二次情绪社会分享或情绪的再次社会分享。研究表明,二次情绪社会分享的意愿接近80%,通过不断地再次分享,非传统安全事件得到了更大范围的传播。时间性是指非传统安全事件下个体进行情绪社会分享的意愿是随时间不断降低的。限制性是指个体并不能无限制地与他人进行非传统安全事件相关情绪社会分享,当个体处于某种非正常情绪状态时,会表现出更多情绪社会分享的倾向,且此倾向随情绪强度的增大而增大。

近年来,网民群体情绪社会分享理论已经成为非传统安全事件网络舆情传播研究的焦点问题之一。伯杰和米尔克曼(2009)通过心理学的方法来理解社会分享行为,研究了非传统安全事件等情境下特定情绪对传播的影响,揭示了人们进行分享的原因以及如何设计更有效的病毒式传播活动。丁雪枫(2018)在个体有限理性情形下,对群体情绪形成原因进行分析,对群体情绪社会分享规则及其衍生的各种效应进行了归纳总结。戴杏云等(2016)通过生成社交网络情感图谱,可视化展示出群体情绪演化路径及风险评估,有效识别群体性等非传统安全事件中高影响力的个体,并对其进行追踪,进而提高了应急管理效率。石密等(2018)认为非传统安全事件等情境下公众的情绪社会分享并不能直接作用于网络群体行为意向,而是通过情绪体验的无意识感染路径与信息感知的有意识社会比较路径来影响网络群体行为意向的表达。

6.1.4 情感倾向性

传统的情感倾向性研究多针对单用户的文本信息进行挖掘,以量化潜在的情感倾向。然而,这种研究方法无法精准刻画非传统安全事件下网络舆情情感倾向的演变路径,因此许多学者基于时空维度结合多学科理论,对非传统安全事件网络舆情的阶段性情感变化进行了各种方式的模拟、预测及仿真。如有学者引入模糊聚类理论,建立微博源数据库,利用中国知网基本情感词集的词相似度计算方法对微博情感词赋予权重,进而建立微博情感词典,然后运用情感价值计算方法算出微博信息的情感价值,并选取不同时间段的用户情感值作为原始数据矩阵，同时生成用户动态聚类图，最后依据 F 统计量检验方法计算出最佳分类，依据分类结果更加直观地预测用户的情感变化，描绘情感趋势图（Li et al.，2016）。还有学者运用分层机器学习的情绪分析系统提取推特（Twitter）中公众关于 HPV 疫苗的舆论话题，在未标注的 tweets 语料库上进行人工标注，评价系统的性能，并对该语料库进行时间序列分析，跟踪机器推理情绪的变化趋势及其与一周中不同时间的关联，分析一周不同天数中的情绪趋势（Du et al.，2017）。刘国巍等（2015）基于搜索引擎关注度数据的连续和聚类特性，运用最优分割理论等构建非传统安全事件网络舆情演化模型，选取"上海 12.31 踩踏事件"案例进行实证研究，揭示非传统安全事件网络舆情演化的时空分异规律。

6.2 情绪累积效应下非传统安全事件网络舆情传播过程分析

6.2.1 群体情绪的特点

自媒体时代，群体情绪和网络舆情并不是独立存在的，而是相互作用的。每一次网络舆情的传播都会助推情绪的积累，而情绪表达将进一步推动非传统安全事件的发展，网民群体情绪累积过程呈现以下性质和特点。

（1）非自知性。自媒体时代，非传统安全事件发生后，网民群体大多凭借自己的感觉随心所欲发布信息，且大多带有很强的主观性和情绪性。尤其当网络舆情中含有负面信息时，网民情绪往往迅速被调动起来。在群体情绪感染的氛围下，网民个体特性被削弱，对非传统安全事件的事态认知能力下降，甚至失去自我判断能力，情绪和行为均因情绪感染被引导至某一论调，进而形成非传统安全事件下群体共同的特质。

（2）接受迅速性。由于负面情绪极具感染力，非传统安全事件网络舆情信息及其中暗含的情绪将产生极强的刺激作用，促使其他网民迅速接受，在经过情绪累积后，迅速爆发并感染其他人。在非传统安全事件网络舆情传播过程中，通过暗示而迅速传播的情绪性网络舆情会削弱网民的怀疑程度，使得理性网民的观点由迟疑不定逐渐变为接受。

（3）爆发性。非传统安全事件网络舆情传播过程中，负面情绪往往在网民群体内形成循环感染,通过反复震荡累积情绪,当情绪累积到一定强度时,一个非常小的刺激就会引爆群体情绪,成为社会不安定因素。同时,非传统安全事件下,当网民表达个人看法时,负面情绪的表达更容易被网民接受并传播,这也使得负面情绪在网络舆情传播中更具有爆发性。

(4) 调节性。通常而言,网民具有自我调节情绪的能力。也就是说,网民在自我情绪管理过程中,通过某些方法,会使自身的生理活动、情绪体验、情绪刺激行为得到抑制、削弱或者维持、增强的变化。非传统安全事件发生后,考虑到情绪感染的特点,未带有情绪的网民很容易在非自知状态下被情绪化的网络舆情传播者感染为有情绪的人,但这部分人并不会将情绪传递出去,只是不断接受群体内的情绪,进行情绪累积。

6.2.2 情绪累积效应下网络舆情传播过程

在自媒体平台中,非传统安全事件网络舆情传播过程中,网民群体情绪和行为通常会经过以下四个阶段。

(1) 人群集聚。在非传统安全事件发生之后,网民自发组成非正式的松散群体,彼此之间存在结构性传导关系,且每个网民对于非传统安全事件通常有着自己的认知与评价。在非传统安全事件平息之后,松散群体将自动解散。

(2) 认知评价。个体对同一非传统安全事件有着自己的认知与评价,相同的认知评价可以形成群体认同感,使个体更好地融入群体当中,接受网络舆情相关情绪刺激做出反应。这种反应不是经过深思熟虑的,而是冲动的、非理性的。此外,在认知评价过程中,网民极易受到意见领袖的鼓动和暗示,从而与群体中其他成员保持认知一致,推动群体形成同质化的情绪状态。网民群体一致的认知评价为网络舆情情绪感染打下了基础。

(3) 情绪感染。群体情绪作用下,网民很容易迷失自我、丧失自己的判断能力。经过群体内的持续循环震荡,群体成员情绪得到累积强化,加之一些心理暗示的影响,人们在传播非传统安全事件网络舆情时的情绪朝着特定方向发展。这种传播的过程是迅速的、非自知的、潜移默化的、不可控的,最终结果是形成情绪趋同。

(4) 行为效仿。非传统安全事件下群体情绪会对个体行为产生极大的影响,若不及时控制引导,某一论调的情绪将极有可能诱发网民更深层次的行为,将网络舆情中的某一情绪转变为行动倾向,甚至可能会产生偏激行为,对社会安全及网络安全产生负面作用。

6.3 情绪累积效应下非传统安全事件网络舆情传播建模

6.3.1 单一情绪累积效应下网络舆情传播模型

非传统安全事件下,若网民在网络舆情传播过程中仅呈现出一种情绪,则称由此产生的累积效应为单一情绪累积效应。根据以上分析,单一情绪累积效应下,网民状态可以分为四种。

(1) 情绪易感者 I。情绪易感者是指在非传统安全事件发生后暂未收到网络舆情的网民群体,他们本身不带有情绪,但其情绪极易受到他人影响,在接收到非传统安全事件网络舆情信息时,会以一定的概率转化为情绪传播者或者情绪感染者。

(2) 情绪感染者 E。情绪感染者是指非传统安全事件发生后已经收到网络舆情,且情绪受到感染,但并未继续感染给其他人的网民群体。在这一过程中,随着对该群体的认识加深,群体内成员会产生情绪反应并不断累积,致使情绪强度逐渐提高。

(3) 情绪传播者 S。情绪传播者是指非传统安全事件发生后已经接收网络舆情且被其他网民情绪所感染,并主动传播给其他网民的网民群体。

(4) 情绪免疫者 R。情绪免疫者是指非传统安全事件发生后没有接收到外界网络舆情信息、不受相应情绪的影响,且对舆情信息及情绪不进行传播的网民群体。

单一情绪累积效应下,非传统安全事件网络群体集聚舆情传播规则如下:受相邻节点情绪影响,情绪易感者 I 以概率 λ_1 转变成情绪感染者 E;感染后,情绪感染者 E 进入具有相同或类似情绪的群体之中,出于群体认同感和群体情绪感染,群体内部个体极易产生相似情绪,并以 λ_2 的概率将该情绪分享出去,成为情绪传播者 S。考虑到情绪感染者 E 的自我调节能力,令情绪调节后仍然将群体情绪传播出去转变为情绪传播者 S 的概率为 λ_3。情绪感染者 E 还会受到政府等良好的情绪引导,而以概率 λ_4 转变为情绪免疫者 R。此外,随时间流逝情绪传播者 S 在未经引导情形下自身情绪也会逐渐平复不再传播情绪,并以概率 λ_5 转变为情绪免疫者 R。单一情绪累积效应下,网民情绪状态转移过程如图 6-1 所示。

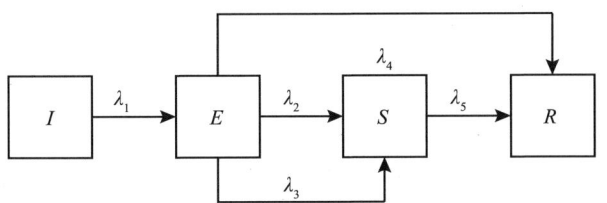

图 6-1 IESR 群体情绪状态转移示意

用 $I(t)$、$S(t)$、$E(t)$ 和 $R(t)$ 分别表示在 t 时刻情绪易感者 I、情绪感染者 E、情绪传播者 S 和情绪免疫者 R 在总体人群中所占的比例。根据上述单一情绪累积效应下的舆情传播规则，建立网络群体集聚舆情传播 IESR 模型：

$$I(t) + E(t) + S(t) + R(t) = 1 \qquad (6-1)$$

$$\frac{dI(t)}{dt} = -\lambda_1 \langle k \rangle S(t) I(t) \qquad (6-2)$$

$$\frac{dE(t)}{dt} = \lambda_1 \langle k \rangle S(t) I(t) - \lambda_2 E(t) - \lambda_3 E(t) - \lambda_4 E(t) \qquad (6-3)$$

$$\frac{dS(t)}{dt} = \lambda_2 E(t) + \lambda_3 E(t) - \lambda_5 S(t) \qquad (6-4)$$

$$\frac{dR(t)}{dt} = \lambda_4 E(t) + \lambda_5 S(t) \qquad (6-5)$$

式中 $\langle k \rangle$ 代表网络平均度，$\lambda_2 + \lambda_3 + \lambda_4 = 1$。假设在初始时刻，网络中只有一个情绪传播者，其余的网民个体都为情绪易感者，即初始时刻情绪感染者和情绪免疫者均为 0。因此单一情绪累积效应下，非传统安全事件情绪感染的初始状态可以表示为：

$$I(0) = \frac{N-1}{N} \approx 1, \ S(0) = \frac{1}{N} \approx 0, \ E(0) = R(0) = 0 \qquad (6-6)$$

将式（6-5）与式（6-2）相除可得：

$$\frac{dR(t)}{dI(t)} = \frac{\lambda_4 E(t) + \lambda_5 S(t)}{-\lambda_1 \langle k \rangle S(t) I(t)} \qquad (6-7)$$

当达到稳定状态时，式（6-2）至式（6-5）右端均为 0，此时求解式（6-7）得：

$$R = 1 - e^{-\frac{\lambda_1 \langle k \rangle - \lambda_1 \lambda_4 \langle k \rangle}{\lambda_5} R} \qquad (6-8)$$

当 $R = 0$ 时，方程（6-8）恒成立，此时没有非传统安全事件网络舆情传播，不存在情绪感染。为了得到非零解，需满足：

$$\frac{d}{dR_\infty}(1 - e^{-\frac{\lambda_1\langle k\rangle - \lambda_1\lambda_4\langle k\rangle}{\lambda_5}R})\big|_{R_\infty = 0} > 1 \qquad (6-9)$$

这个条件等价于 $\lambda_1 > \lambda_c$，即非传统安全事件网络舆情传播过程中有单一情绪感染发生，其中 $\lambda_c = \frac{\lambda_5}{\langle k\rangle - \lambda_4\langle k\rangle}$ 为非传统安全事件网络舆情情绪感染阈值。

6.3.2 正负情绪累积效应下网络舆情传播模型

非传统安全事件下，随着事态的发展网络舆情传播过程中极易涌现出正负两种情绪，并行产生累积效应。为此，根据非传统安全事件网络舆情传播过程中网民所处的情绪状态，将网民群体分为五类，包括情绪易感者 I、情绪感染者 E、正面情绪传播者 Sp、负面情绪传播者 Sn 和情绪免疫者 R。正面情绪传播者 Sp 是指，受相邻节点情绪感染后，主动在各社交网络平台散布非传统安全事件积极、理性信息的网民群体。负面情绪传播者 Sn 是指受相邻节点情绪感染后，在社交网络平台散布虚假、欺诈、恐怖、色情、谩骂等负面情绪倾向信息的网民群体。非传统安全事件下，持正面情绪的意见领袖、广大网民和政府部门对持负面情绪的网民具有引导作用。情绪易感者 I、情绪感染者 E 与情绪免疫者 R 含义同前。

定义正负情绪累积效应下，非传统安全事件网络舆情传播模型规则如下（见图 6-2）：情绪易感者 I 受到相邻节点情绪影响变为正面情绪传播者 Sp 的概率为 λ_1；情绪易感者 I 受到相邻节点情绪影响变为负面情绪传播者 Sn 的概率为 λ_2；情绪易感者 I 转变为情绪感染者 E 的概率为 ε。情绪感染者 E 受到他人情绪性网络舆情影响，感受到相同情绪体验从而转变为正面情绪传播者 Sp 的概率为 α_1；情绪感染者 E 受到情绪感染从而转变为负面情绪传播者 Sn 的概率为 α_2；情绪感染者 E 转变为情绪免疫者 R 的概率为 γ。正面情绪传播者 Sp 由于时间流逝或对非传统安全事件失去兴趣从而转变为情绪免疫者 R 的概率为 β_1；负面情绪传播者 Sn 由于时间流逝或对非传统安全事件失去兴趣从而转变为情绪免疫者 R 的概率为 β_2。正面情绪传播者 Sp 转变为负面情绪传播者 Sn 的概率为 μ_1，负面情绪传播者 Sn 转变为正面情绪传播者 Sp 的概率为 μ_2。由于在非传统安全事件发生后，网民群体无法及时全面地了解实际情况，情绪容易受到相邻网络节点以及群体情绪的影响。此外，意见领袖和政府的情绪引导的公信力也对纾解网民负面情绪起着至关重要的作用，故 μ_2 由整体情绪氛围和正面情绪公信力组成。

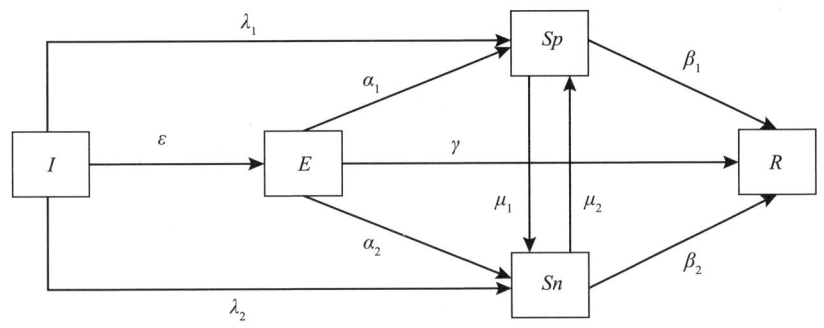

图 6-2 网民情绪状态转移示意

参考有关情绪传播的研究（Lux，1995），假设如下：

$$\mu_2 = \frac{e^{c^{-1}z} - e^{-c^{-1}}}{e^{c^{-1}} - e^{-c^{-1}}}, \quad 0 < c \leq 1, \quad -1 \leq z \leq 1 \tag{6-10}$$

式（6-10）中，c 是正面情绪公信力，z 是网络整体情绪氛围。当整体情绪氛围呈消极状态，z 取负值，当整体情绪氛围呈积极状态，z 取正值。政府和意见领袖对负面情绪传播者 Sn 的干预程度体现在正面情绪公信力的大小上。

在非传统安全事件爆发的最初阶段，由于真相信息的缺乏，人们很难回归理性，极易参与到网络舆情信息与情绪的传播与扩散当中。因此，在网络舆情传播初期，大多数网民个体处于情绪累积状态和传播扩散状态，发生情绪免疫的概率很小。随着时间的推移，网络上愈演愈烈的舆情传播及情绪感染逐渐引起政府等官方部门的注意。政府调查明晰事件真相后开始采取相应的措施，发布事件真相，降低了网民对相关网络舆情传播扩散的兴致和参与度，由此网络舆情传播者停止自身情绪传播的行为概率变大。但在舆情传播网络中，对于非传统安全事件网络舆情可能存在的一部分极端传播者，无论政府及正面情绪传播者进行怎样的情绪引导，他们依然罔顾事实、坚持散播消极性极端言论，以至于情绪免疫率始终无法达到1。

因此，随时间变化情绪免疫率的趋势可描述为：初始阶段，情绪免疫率最低；随后逐渐增加至饱和（≤1），而逻辑斯蒂函数（the logistic function）恰好适用于上述变化趋势。该函数最初用于研究人口增长，随后，在生态增长、动植物的增殖过程以及研究新技术的扩散和耐用消费品的销售等领域逐渐应用。国内学者陈皋、邱小燕、吴广潮等多用其表示情绪、谣言免疫概率。为此，将情绪免疫概率 $\gamma(t)$ 用如下函数（Qiu et al.，2016）表示：

$$\gamma(t) = \frac{w}{1 + e^{(p-vt)}}, \quad 0 < w \leq 1, \quad p > 0, \quad v > 0 \tag{6-11}$$

式（6-11）中，w 表示群体中非极端负面情绪传播者比重，故可用 $(1-w)$ 描述群体中极端负面情绪传播者所占的比重，极端负面情绪传播者无法被引导，仅能通过时间流逝自动转化为情绪免疫者，v 为增长因子，p 为初始时的免疫因子，p 越大则 $\gamma(t)$ 越小。当 $p=0$，$v=0$ 时，$\gamma(t)=w/2$，即情绪免疫率为常数。

情绪传播过程相对不稳定，变动情况较为复杂，情绪传播者在其中最具代表性。因此，此处只考虑在正、负情绪传播者之间的相互感染。根据上述不同情绪状态节点下的网民分类以及正负情绪累积效应下非传统安全事件 IESpSnR 网络舆情传播模型规则的描述，构建非传统安全事件正负情绪累积效应下 IESpSnR 网络舆情传播模型。

$$\frac{dI(t)}{dt} = -\lambda_1 I(t) Sp(t) - \lambda_2 I(t) Sn(t) - \varepsilon I(t)(Sp(t) + Sn(t)) \quad (6-12)$$

$$\frac{dE(t)}{dt} = \varepsilon I(t)(Sp(t) + Sn(t)) - (\alpha_1 + \alpha_2 + \gamma) E(t) \quad (6-13)$$

$$\frac{dSp(t)}{dt} = \lambda_1 I(t) Sp(t) + \alpha_1 E(t) + \mu_2 Sn(t) - (\mu_1 + \beta_1) Sp(t) \quad (6-14)$$

$$\frac{dSn(t)}{dt} = \lambda_2 I(t) Sn(t) + \alpha_2 E(t) + \mu_1 Sp(t) - (\mu_2 + \beta_2) Sn(t) \quad (6-15)$$

$$\frac{dR(t)}{dt} = \gamma E(t) + \beta_1 Sp(t) + \beta_2 Sn(t) \quad (6-16)$$

用 $I(t)$、$E(t)$、$Sp(t)$、$Sn(t)$、$R(t)$ 分别表示 t 时刻情绪易感者 I、情绪感染者 E、正面情绪传播者 Sp、负面情绪传播者 Sn 和情绪免疫者 R 所占总体人群的比例，即 $I(t) + E(t) + Sp(t) + Sn(t) + R(t) = 1$。

6.4 数值模拟分析

6.4.1 单一情绪累积效应下网络舆情传播分析

1. 网络舆情传播过程各节点状态分析

假设每个网民都是网络中的一个节点，网络中共有 $N=1000$ 个网民。初始状态下，仅有一位情绪传播者，其他网民都是情绪易感者，即 $I(t)=0.999$，$E(t)=R(t)=0$，$S(t)=0.001$。随着智能终端设备的爆发式增长和互联网的大范围普及，在自媒体时代，一旦发生非传统安全事件，网民群体必然在短时间内知晓。因此,将 λ_1 设定为 0.7,将初始时的 λ_2 设定为 0.2,λ_3 设定为 0.15,λ_4 设定为 0.08,λ_5 设定为 0.1。最后,利用 Matlab2014b 软件验证模型的有效性,对建立的负面情绪累积效应下非传统安全事件网络群体集聚舆情传播的 IESR 模型进行数值仿真,通过调节不同参数研究各因素对单一情绪累积效应下网络舆情传播过程的作用。

由图 6-3 可以看出,随着时间推移,非传统安全事件网络舆情中情绪易感染者比例单调递减,递减速度先快后慢,最终缓慢趋近 0。情绪感染者和情绪传播者密度则是先单调递增,达到峰值后再单调递减,且减速逐渐减慢,最终也趋于 0。而情绪免疫者比例则呈单调递增趋势,递增的速度先快后慢,最终缓慢趋近 1。发生上述变化规律是因为在非传统安全事件发生初期,一旦自媒体平台出现情绪传播者,相关舆论情绪便会迅速在自媒体平台扩散开来,情绪易感者会以一定概率变为情绪感染者,总体数量迅速减少,而情绪感染者的数量将极速攀升。如果网民情绪弥散于整个网络群体,群体情绪强度不断提高,部分情绪感染者将会以一定概率直接变为情绪传播者,或经过情绪自我调节后仍以一定概率变为情绪传播者,其余情绪感染者在接受政府舆情引导后情绪逐渐消散而变为情绪免疫者。随着时间推移,情绪传播者会全部变为情绪免疫者,最后,网络中将只有情绪免疫者存在。

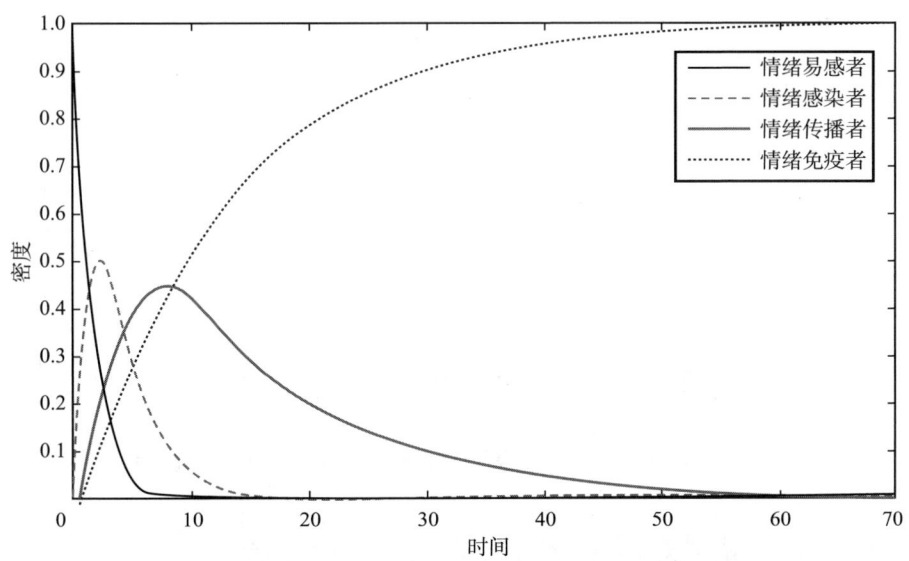

图 6-3　IESR 单一情绪累积效应下网络舆情传播过程节点密度变化

2. 情绪分享概率 λ_2 对网络舆情传播过程情绪感染的影响分析

当其他参数不变，参数 λ_2 分别取值为 0.2、0.4、0.6 和 0.8 时，非传统安全事件情绪传播者密度变化曲线如图 6-4 所示。λ_2 的值越大，密度曲线上升速率越快，峰值越高。事实上，无论群体情绪强度如何，都存在网民从情绪感染者变为情绪传播者的现象，随着群体情绪强度增加，情绪传播行为也会更多。此外，观察图 6-4 曲线斜率可知，群体情绪强度越大，情绪感染者变为情绪传播者的速率越快。这与自媒体时代非传统安全事件网络舆情传播情绪感染的实际情况相符。在网民群体中，虽然在非传统安事件网络舆情传播初期群体内情绪强度较低，但是，总会存在某些个体的情绪强度高于群体的情绪强度，进而率先由情绪感染者变为情绪传播者，受群体内情绪感染的影响，群体情绪强度持续提升，情绪传播者数量明显变大。此外，在许多情况下，网民群体情绪暂时处于静默状态，若再次看到与非传统安全事件相关的网络信息或者发生类似的非传统安全事件时，群体情绪强度会迅速提升，长期静默的情绪将会瞬间爆发，随之引发情绪传播行为。

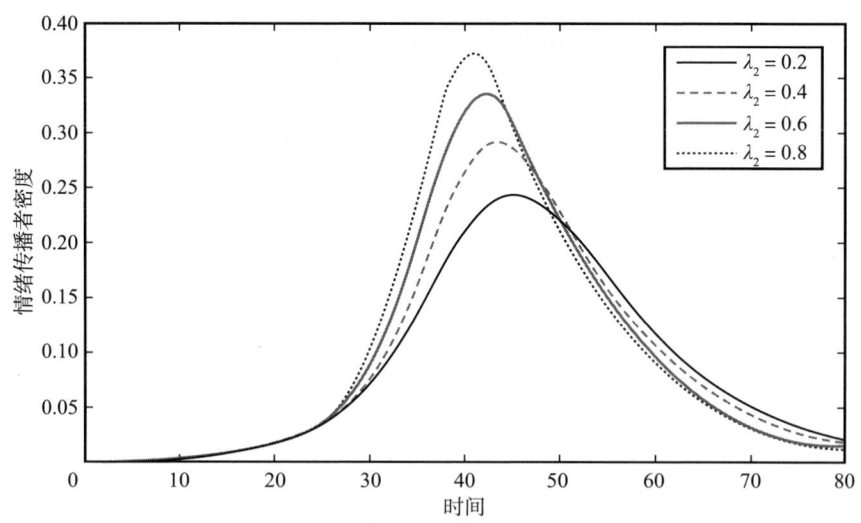

图 6-4　不同 λ_2 值对非传统安全事件网络舆情传播情绪感染的影响

3. 政府舆情引导率 λ_4 对情绪感染的影响分析

当其他参数不变，参数 λ_4 分别取值 0.08、0.24、0.4 以及 0.56 时，情绪传播者和情绪免疫者密度变化曲线如图 6-5 所示。λ_4 的值越大，情绪传播者密度曲线斜率越大，峰值越高，上升速率越快，传播时间越短，达到稳定状态的时间越早。同时，情绪免疫者的密度上升显著，说明 λ_4 对非传统安全事件网络舆情传播情绪感染具有显著影响。

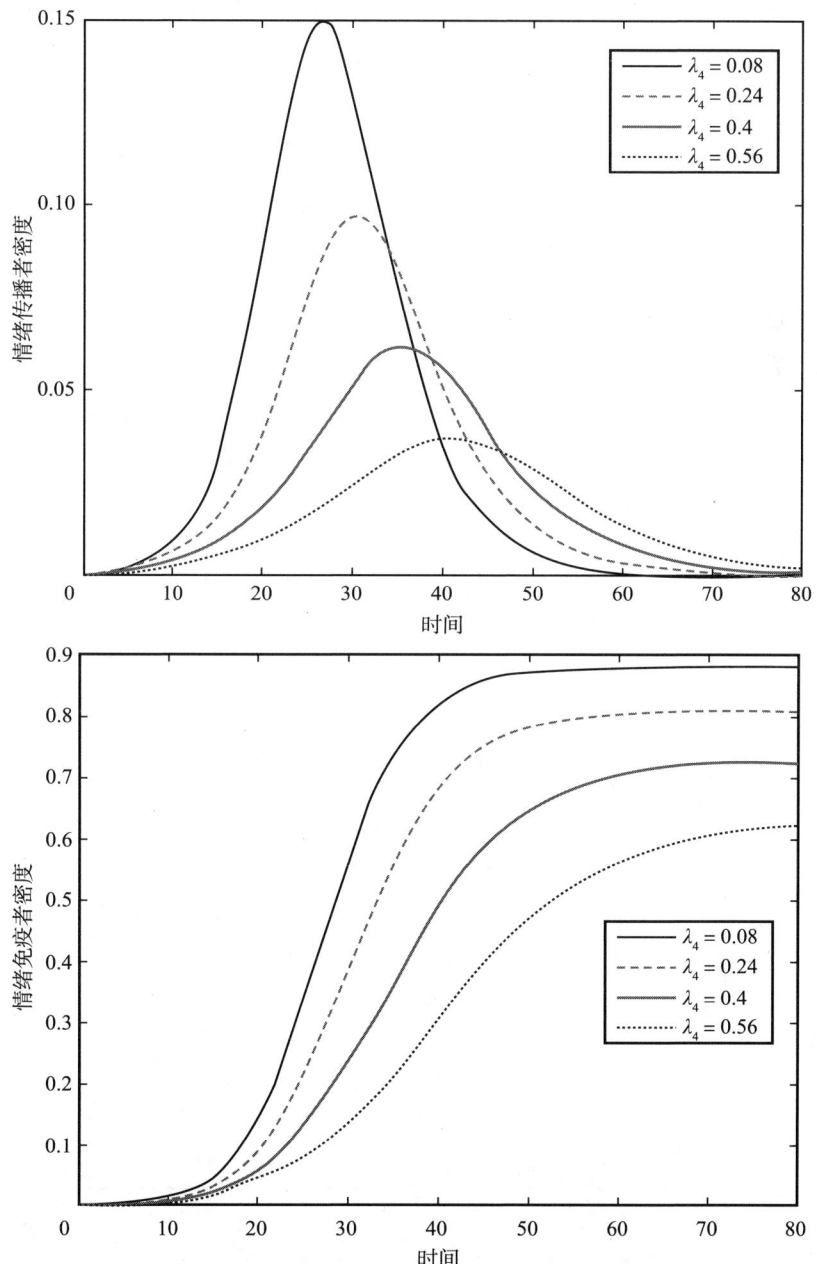

图 6-5 不同 λ_4 值对非传统安全事件网络舆情传播情绪感染的影响

非传统安全事件背后隐藏的社会情绪大多由利益纷争所致,在网络舆情情绪感染的初始时期,政府往往不能及时有效地应对网络舆情的发生,发布权威信息相对滞后,因此,此时情绪传播者占比较高。但是,随着政府开始着手引导网民情绪,公众逐渐开始辩证看待非传统安全事件中的网络舆情信息,了解非传统安全事件的背后真相,网民群体中情绪传播者密度明显下降,最终从情绪传播者转化成情绪免疫者。同时,观察图6-5可以发现,情绪传播的峰值向后延迟,这说明政府对情绪的引导和控制起到了积极作用。

4. 情绪自我调节概率 λ_3 对情绪感染的影响分析

当其他参数不变,参数 λ_3 分别取值 0.15、0.3、0.45 以及 0.6 时,非传统安全事件情绪传播者和情绪免疫者密度变化曲线如图 6-6 所示。λ_3 的值越大,情绪传播者密度曲线上升速率越快,峰值越高,传播时间越短,达到稳定状态的时间越早。当 λ_3 的值从 0.15 提升至 0.6 时,情绪免疫者密度仅上升了5%,可见,非传统安全事件下虽然网民群体的情绪自我调节能力对情绪感染者变为情绪传播者起到了一定抑制作用,但是效果有限。在群体心理中,个人才智与个性将被减弱,异质性会被同质性兼并,因此,在群体情绪氛围中,群体智力总是不如个体智力,对非传统安全事件的事态认知能力不足,人云亦云

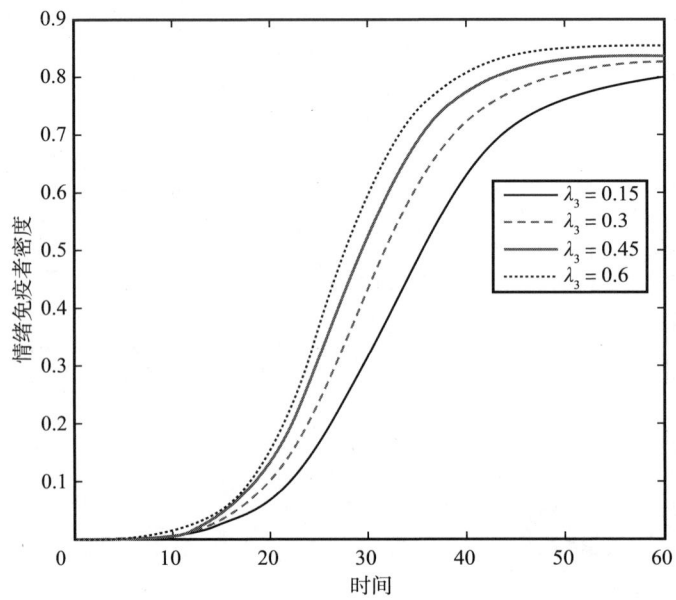

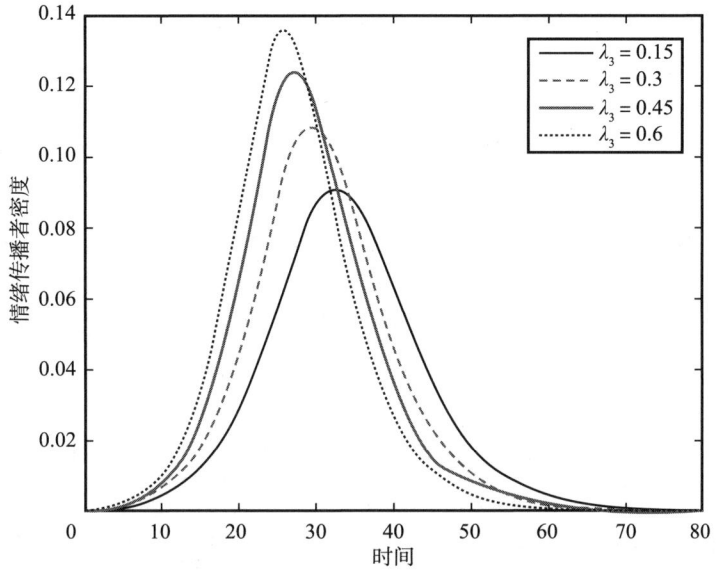

图6-6 不同 λ_3 值对非传统安全事件网络舆情传播情绪感染的影响

的现象时有发生。此外,不同个体虽然智力水平不同,但在情感上的共通特征构成了群体属性。一般而言,在群体情绪中,群体心理处于无意识状态,网民个体的特性都被削弱,他们的情绪和行为都会因情绪感染而被引导到同一个方向,从而形成群体共同特质。基于此,网民自身虽有情绪自我调节能力,但在非传统安全事件亢奋激昂的群体情绪气氛中,情绪自我调节能力较为有限,对情绪感染没有显著调节作用。

6.4.2 正负情绪累积效应下网络舆情传播分析

1. 网络舆情传播各节点状态演化过程分析

假设每个网民都是网络中的一个节点,网络中共有 $N=1000$ 个网民。由于非传统安全事件发生初期,网络舆情负面情绪传播者人数较多,所以假设初始状态下,网络中正面情绪传播者和负面情绪传播者的人数分别为1人和9人,其他网民都是情绪易感者,即 $I(t)=0.99$,$E(t)=R(t)=0$,$Sp(t)=0.001$,$Sn(t)=0.009$。设置模型参数:$\lambda_1=0.1$,$\lambda_2=0.2$,$\alpha_1=0.25$,$\alpha_2=0.45$,$\mu_1=0.05$,$\mu_2=0.13$,$\beta_1=0.06$,$\beta_2=0.04$,$\varepsilon=0.7$,$\gamma=0.2$。为验证模型有效性,利用 MATLAB2014b 对正负情绪累积效应下网络舆情传播

IESpSnR 模型进行数值仿真,通过对不同参数进行调节研究各因素对情绪感染的影响趋势。

如图 6-7 所示,随着时间的变化,情绪易感者密度曲线单调递减趋近至 0。正面情绪传播者、负面情绪传播者和情绪感染者密度曲线先单调递增至峰值,而后再单调递减趋近至 0,且递减的速度逐渐减慢。在前期,负面情绪传播者密度始终大于正面情绪传播者密度,随后逐渐出现正面情绪传播者反超的现象。而情绪免疫者的比例随时间变化单调递增趋近于 1,且递增的速度先快后慢。这是因为网络空间中出现情绪传播者后,情绪迅速蔓延扩散,情绪易感者数量迅速减少,并以一定的概率变为情绪感染者和正、负面情绪传播者,情绪感染者和正、负面情绪传播者的数量陡增;但是,在事件发生初期,由于网民并不了解事实真相,此时负面情绪传播者占据上风,比正面情绪传播者人数更多;一段时间后,情绪弥漫整个网络,各种观点漫天而来,正、负面情绪传播者开始相互渗透、转化,随着非传统安全事件事态发展,其数量也此消彼长。此外,在网络平台上,意见领袖和政府具有较高的公信力,能够遏制非传统安全事件的网络舆情负面情绪继续恶化,并引导其向积极态势演化,进而净化网络空间。因此,负面情绪传播者在持正面情绪的意见领袖、广大网民和政府等的积极引导下,将渐趋理性,演变为正面情绪传播者,这也解释了为什么在负面情绪传播者密度到达峰值后,正面情绪传播者密度逐渐超过负面情绪传播者密度。最终,正、负面情绪传播者在失去传播兴趣后,情绪将逐渐消散,以一定概率变为情绪免疫者。这时,网络中只存在情绪免疫者。

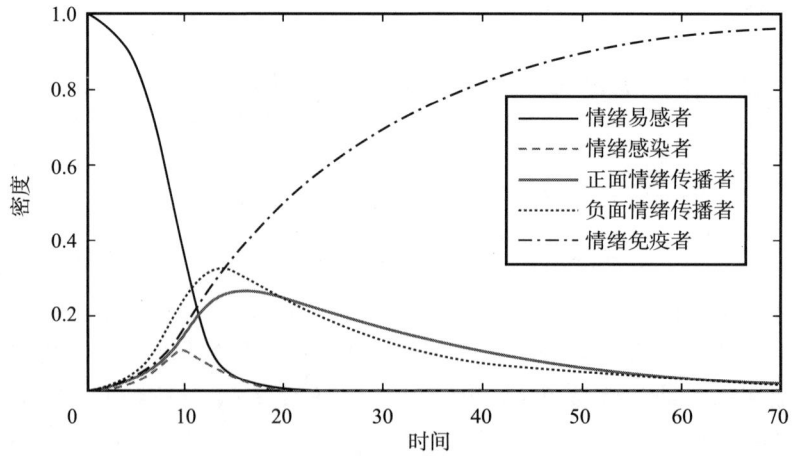

图 6-7　正负情绪累积效应下非传统安全事件网络舆情 IESpSnR 传播过程

2. 情绪传播者初始比例对情绪演变的影响

考虑初始节点的变化对情绪演化趋势的影响。首先设置模型参数：$\lambda_1 = 0.1$，$\lambda_2 = 0.2$，$\alpha_1 = 0.25$，$\alpha_2 = 0.45$，$\mu_1 = 0.05$，$\mu_2 = 0.13$，$\beta_1 = 0.06$，$\beta_2 = 0.04$，$\varepsilon = 0.7$，$\gamma = 0.2$。图 6-8（a）中令 $I(t) = 0.998$，$Sp(t) = 0.001$，$Sn(t) = 0.001$，图 6-8（b）中 $I(t) = 0.99$，$Sp(t) = 0.001$，$Sn(t) = 0.009$。与图 6-8（a）相比，图 6-8（b）中情绪易感者密度提前趋近于 0，情绪感染者、正面情绪传播者和负面情绪传播者的峰值及增长速度没有明显变化，但是出现峰值的时间大幅提前，情绪传播者的长尾较之缩短。由此可见，增加初始传播者的比例会加速引爆非传统安全事件网络舆情，使网络舆情提前出现大爆发，整个非传统安全事件网络舆情波及范围不会出现太大变化，网络舆情传播持续时间会略微缩短。究其原因，在非传统安全事件刚发生时，只有事件当事人以及周围亲历者是初始传播者，传播者越多，达到峰值的时间就越短，便会加速非传统安全事件网络舆情的爆发。因此，在非传统安全事件中，若政府部门和意见领袖等能在网络舆情的萌芽期便进行有效干预，控制初始时的情绪传播者比例，将对群体情绪感染的控制具有重要作用。

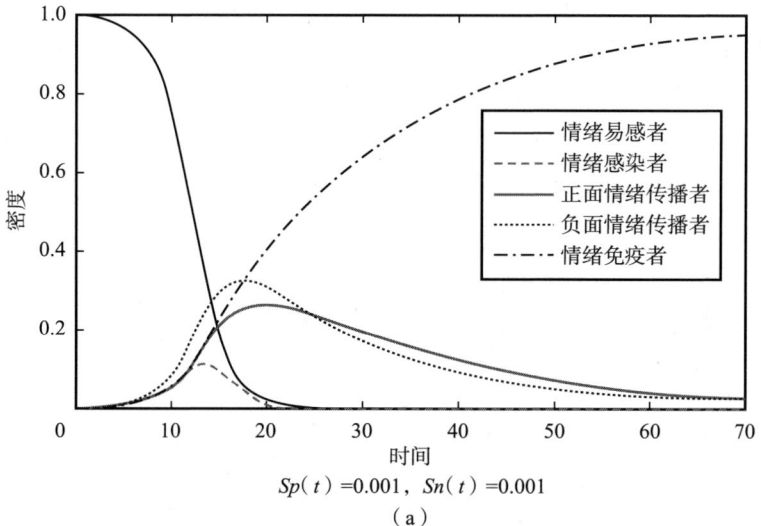

$Sp(t) = 0.001$，$Sn(t) = 0.001$
（a）

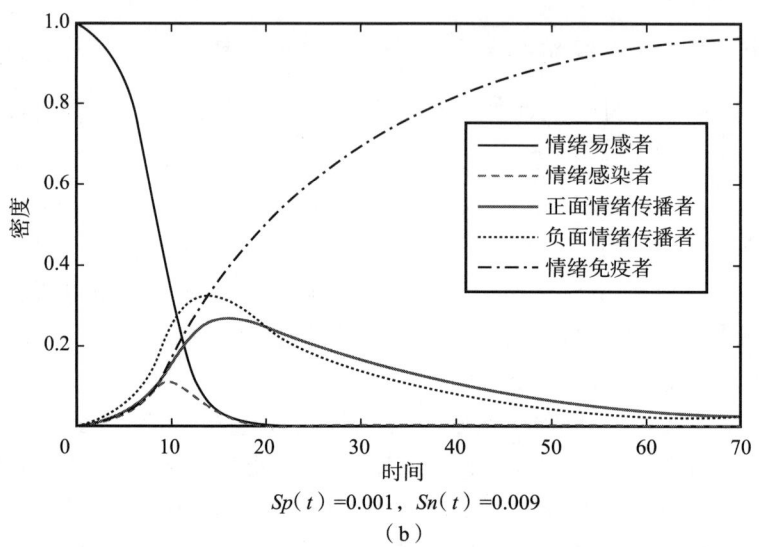

$Sp(t)=0.001$,$Sn(t)=0.009$

(b)

图 6-8 情绪传播者初始比例对情绪演变的影响分析

3. 整体情绪氛围对情绪演变的扰动影响

当 $0 < z \leq 1$ 时,非传统安全事件网络空间整体情绪氛围呈现积极状态。这一阶段,网络整体情绪氛围积极,网络中积极情绪的网民较多,负面情绪传播者逐渐转变为正面情绪传播者,此时 $\mu_1 < \mu_2$。当 $-1 \leq z < 0$ 时,这一阶段,网络中消极情绪的网民较多,正面情绪传播者逐渐转变为负面情绪传播者,此时,$\mu_1 > \mu_2$。当 $z = 0$ 时,这一时刻网络中积极情绪和消极情绪的人数持平。通过对比图 6-9(a) 和图 6-9(b) 可知,当正面情绪公信力相同时,正面情绪传播者在整体呈现积极情绪氛围中的比例显著多于消极状态。

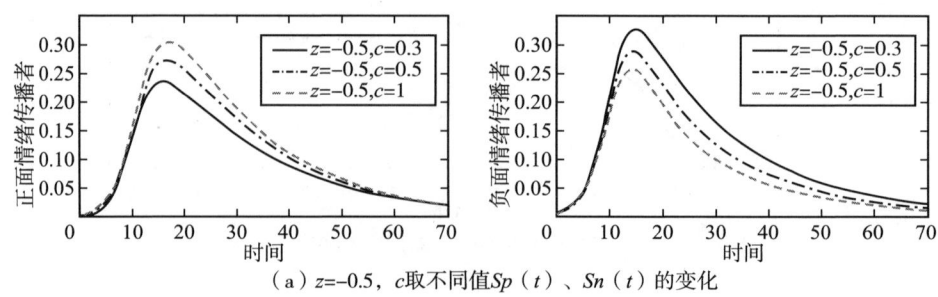

(a) $z=-0.5$,c 取不同值 $Sp(t)$、$Sn(t)$ 的变化

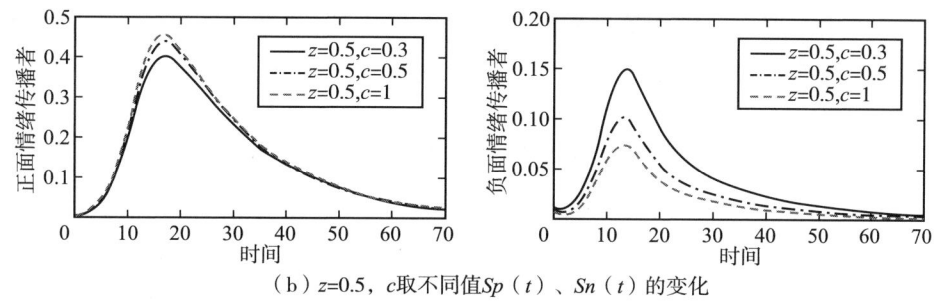

(b) $z=0.5$,c 取不同值 $Sp(t)$、$Sn(t)$ 的变化

图 6-9 整体情绪氛围对情绪演变的影响分析

如图 6-9 (a) 所示，当 z 取值 -0.5 时，整体网络气氛呈现消极状态，此时，许多原来持正面情绪的网民群体迫于舆论压力不敢坚定立场或者盲目从众，由正面情绪传播者的身份转为负面情绪传播者，这时若政府和意见领袖及时有力地引导干预非传统安全事件网络舆情，就会有效遏制这种情况，即正面情绪公信力 c 越大，正面情绪传播者转为负面情绪传播者的比例越小。如图 6-9 (b) 所示，当 z 取值 0.5 时，整体网络气氛呈现积极状态，此时，许多负面情绪传播者转变为正面情绪传播者，这时若政府和意见领袖强有力地引导干预非传统安全事件网络舆情，负面情绪传播者会加速转变为正面情绪传播者，即正面情绪公信力 c 越大，政府和意见领袖对负面情绪传播者的引导率越大，即对负面情绪传播者的干预越大，负面情绪传播者转为正面情绪传播者的人数越多。

4. 极端负面情绪传播者的比重 $1-w$ 对情绪感染的扰动影响

由图 6-10 可知，当极端负面情绪传播者比例 $1-w$ 为 0.75 时，情绪免疫概率 $\gamma(t)$ 随着时间演化逐渐上升，最后稳定在 0.25。随着极端负面情绪传播者比例 $1-w$ 的减少，情绪免疫概率 $\gamma(t)$ 逐渐变大最后稳定在某一个值，即情绪免疫概率 $\gamma(t)$ 随着 $1-w$ 的减少而增大，极端负面情绪传播者的数量越少，对降低非传统安全事件的影响力越有利。同理，情绪感染的最终规模 R 随极端情绪传播者比重 $1-w$ 的减少而减小。

5. 情绪免疫因子 p 对情绪感染的扰动影响

在非传统安全事件网络舆情传播中，起始阶段免疫因子 p 在情绪感染的最初阶段决定着情绪免疫的强度，即阻碍情绪传播能力的大小。观察图 6-11 可以看出，初始免疫因子 p 值较小的变动所造成的情绪免疫率 $\gamma(t)$ 较大的变动会显著改变最终的情绪传播规模。当情绪免疫因子 p 以较小速度增长,其变化会引起情绪免疫率函数 $\gamma(t)$ 较大的变动,但是,当情绪免疫率以较大速度增长时,情绪免疫率函数 $\gamma(t)$ 对其变化则不显著。当初始免疫因子 p 较小的时候,其增长会使最终谣言规模 R 显著增加,但当 p 较大时,R 的增长微乎其微。

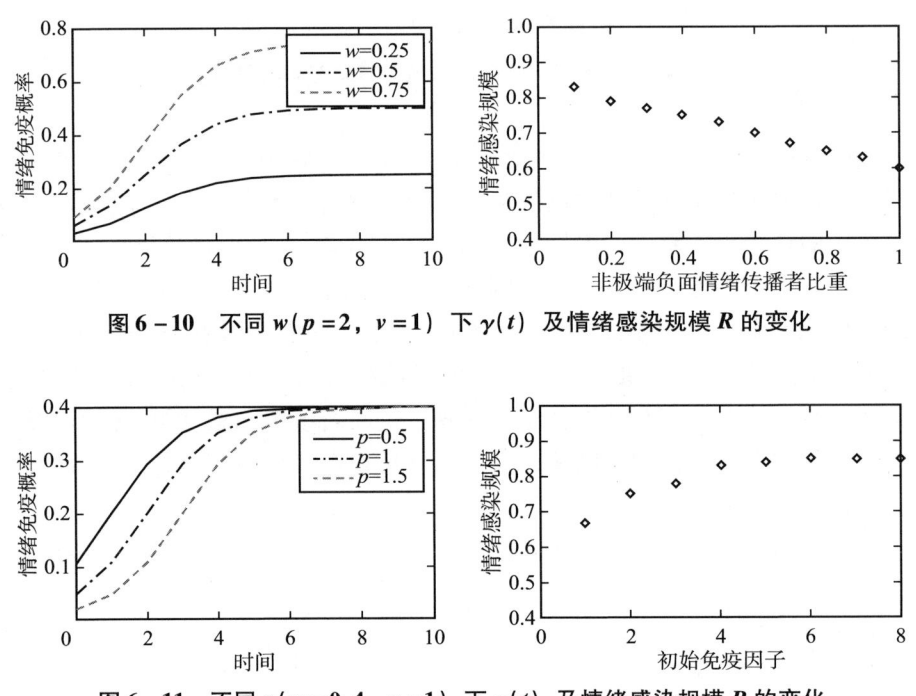

图 6-10 不同 $w(p=2,v=1)$ 下 $\gamma(t)$ 及情绪感染规模 R 的变化

图 6-11 不同 $p(w=0.4,v=1)$ 下 $\gamma(t)$ 及情绪感染规模 R 的变化

6. 增长因子 v 对情绪感染的扰动影响

若对情绪传播进行干预控制,v 也会产生一定影响,且干预越强 v 越大。分析图 6-12 可以看出,若免疫率的增长因子 v 值较小,其变化会使情绪免疫函数的变动较大;若免疫率的增长因子 v 值较大,情绪免疫函数对其变化并不敏感。随着免疫率的增长因子 v 值增大,情绪感染的最终规模 R 会逐渐减小;当增长因子 v 取值超过 4,情绪感染的最终规模 R 基本没有变动。

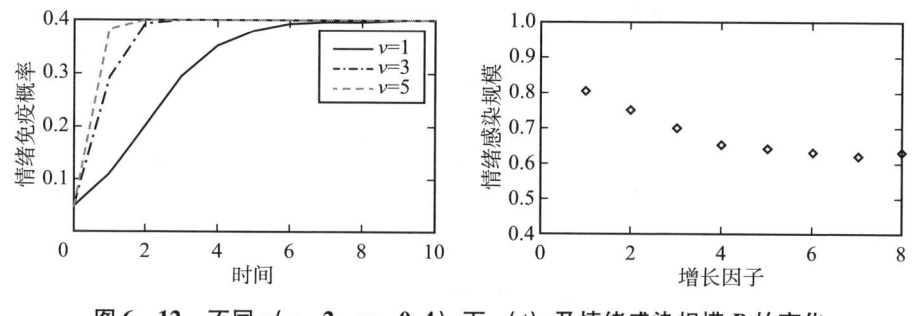

图 6-12　不同 $v(p=2, w=0.4)$ 下 $\gamma(t)$ 及情绪感染规模 R 的变化

6.5 "福建小伙见义勇为反被拘"事件案例分析

6.5.1 数据获取

本章仍以第 5 章中"福建小伙见义勇为反被拘"为例,对情绪累积效应下非传统安全事件网络舆情传播模型进行分析验证。运用网络爬虫软件——八爪鱼,在微博网页上搜集以"福建小伙见义勇为反被拘"为关键词的相关数据,其中包括文字内容、发布时间、发布者、发布来源、转发次数、评论与点赞数等信息,最终共得到 1811 条微博数据,截取的发布时间为 2019 年 2 月 17 日至 2019 年 2 月 28 日。

6.5.2 数据预处理

虽然八爪鱼采集器在爬取数据的过程中对网页数据一定程度上进行了结构化存储,但由于八爪鱼采集器从网上获取的数据格式不规范,并且有些用户发布微博时随意性较强,致使采集到的许多信息与非传统安全事件本身并无关联,因此用 R 语言对数据做进一步处理。首先清除原始数据集中的无关、重复数据和平滑噪声数据,然后以研究主题为依据,筛选掉与挖掘主题无关的数据,处理缺失值、异常值并进行去停用词、分词等操作。其中停用词表在哈工大停用词表基础上结合本事件编制而成,分词采用 R 语言中文分词包"jiebaR"实现。通过数据预处理将得到的有效文本数据作为后续研究中的待分析语料库,共计 1535 条。

6.5.3 网络舆情情绪感染过程的仿真分析

首先，使用 ROST CM6 对预处理完的博文内容进行语义分析，对"福建小伙见义勇为反被拘"这起非传统安全事件中的行动者互动关系矩阵进行可视化展现。通过提取高频词，得到高频词表，再通过过滤词表，处理掉无意义或不相关的词，得到过滤后的有效词表。然后提取行特征，生成行特征表。启动 NetDraw 构建语义网络，得到"福建小伙见义勇为反被拘"语义网络图，从整体上把握该非传统安全事件舆情传播网络中行动者的特征、位置及角色，同时发现多个节点之间的联系，在该非传统安全事件传播中起到的重要作用。

其次，利用 ROST CM6 对博文内容进行情感倾向性分析，将该非传统安全事件的相关博文分为正向博文（情感值大于0）和负向博文（情感值小于0），得到下列各时间段正、负情绪分布表。如表6-1所示，"福建小伙见义勇为反被拘"这起非传统安全事件中，正向博文占比从开始时的32.4%升到事件结束时的78.65%，负向博文占比由开始时的67.6%降到事件结束时的21.35%。从表中数据可以看出，非传统安全事件前期网络舆情传播以负面情绪为主，随着事件发展，正面情绪趋势增强，出现正负情绪交叉现象，事件末期正面情绪成为传播情感倾向。事件发展中期警方发布案情通报，正面情绪传播者开始对负面情绪传播者进行积极引导，自此积极情绪占比直线上升，实现了由负面情绪向正面情绪的转换。

表6-1　　　　　　　　不同时间段正负情绪分布表

时间	消极情绪占比（%）	积极情绪占比（%）	主题内容
2019年2月17日	67.6	32.4	赵某将自身遭遇发到微博引发广泛关注
2019年2月18日至2019年2月20日	69.54	30.46	当事人李某接受采访；警方及检方接受采访
2019年2月21日至2019年2月26日	41.4	58.6	警方发布案情通报；企业家孙先生向赵某捐10万元
2019年2月27日至2019年2月28日	43.3	56.7	对见义勇为、弘扬社会正气的广泛讨论

最后，本书根据"福建小伙见义勇为反被拘"非传统安全事件数据得出：

$\lambda_1 = 0.1$,$\lambda_2 = 0.2$,$\alpha_1 = 0.25$,$\alpha_2 = 0.45$,$\mu_1 = 0.05$,$\beta_1 = 0.06$,$\beta_2 = 0.04$,$\varepsilon = 0.7$,$\gamma(t) = \dfrac{w}{(1+\mathrm{e}^{(p-vt)})}$,$1-w = 0.19$,$p = 4$,$v = 0.3$,$\mu_2 = \dfrac{\mathrm{e}^{c^{-1}z} - \mathrm{e}^{-c^{-1}}}{\mathrm{e}^{c^{-1}} - \mathrm{e}^{-c^{-1}}}$,$z(0) = -0.4$,$c = 0.6$,演化仿真结果如图 6-13 所示。

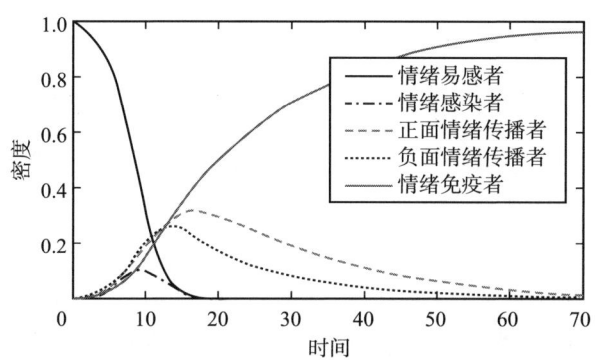

图 6-13 "福建小伙见义勇为反被拘"事件情绪演变仿真

图 6-14 展现了"福建小伙见义勇为反被拘"的事件中,随时间变化,正、负情绪传播者数量的演化趋势。观察可知,在该起非传统安全事件网络舆情传播的前期阶段,负面情绪占据上风,然而随着事态发展,正面情绪逐步加强,正负情绪开始呈交叉状态;在事件的中期阶段,当警方发布案情通报,正面情绪传播者开始对负面情绪传播者进行积极引导,自此积极情绪占比直线上升,实现了由负面情绪向正面情绪的转换;在事件的后期阶段,正面情绪逐步占据上风,人数超过负面传播者。

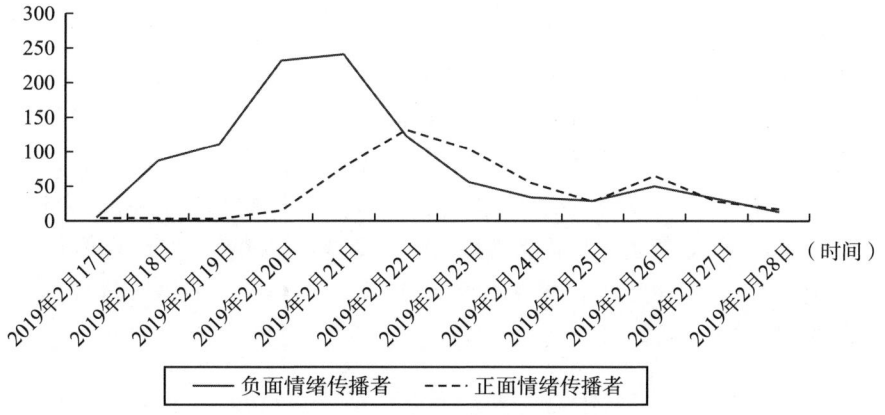

图 6-14 微博平台情绪传播者数量演化趋势

6.5.4 案例启示

通过分析"福建小伙见义勇为反被拘"这起非传统安全事件的实际数据得出三点启示。

(1) 在初始时期,消极氛围导致该非传统安全事件中负面情绪传播者占据主导地位。赵某见义勇为后却被公安机关拘留了 14 天,而且检察机关进一步对其提起诉讼,一系列的惩罚措施引起了网民对赵某的同情以及对赵某做好事反而遭到拘留的不满和愤慨,各种消极负面的网络舆情信息甚嚣尘上,使得初始时期网络空间的整体情绪氛围呈现消极状态。事件初期负面情绪传播者占据主导地位。

(2) 在事件中期,当地警方通过提升政府公信力引领网民群体情绪由负面向正面动态转换。在 2019 年 2 月 19 日记者采访时,当地警方对赵某见义勇为拘留 14 天的回应含糊其词,迟迟没有发布案情细节通报,网上部分民众对警方的处理极为不满。21 日凌晨,当地警方发布案情通报,将赵某的行为认定为见义勇为,广大群众的情绪得到纾解,如图 6 - 14 所示,负面情绪传播者的数量迅速减少,转换为正面情绪传播者,广大网民对政府给予认可。

(3) 情绪传播的最终规模 R 与极端负面情绪传播者比重 $1-w$ 呈正相关,R 会随着 $1-w$ 的减少而减小。本书利用武汉大学沈阳老师开发的 ROST CM6 软件对收集到的 2 月 17 日到 2 月 28 日内关于该事件的微博数据进行情感倾向性分析,将相关内容博文发布者分为正面情绪传播者(情感值处于 0 至 40 之间)和负面情绪传播者(情感值处于 -20 至 0 之间,其中极端负面情绪传播者情感值为 -40 至 -20),从而得到图 6 - 15 所示的情绪极性统计图。从图中数据可以看出,极端负面情绪传播者占有 19% 的比重。这部分网民多有着较为激进的思想,习惯并擅长发表具有煽动性的言论且难以接受他人劝导,当大部分负面情绪传播者受到积极引导不再传播负面情绪时,非传统安全事件下存在的极端负面情绪传播者会造成情绪免疫概率的较大波动,从而影响非传统安全事件的网络舆情传播范围。这进一步解释了"福建小伙见义勇为反被拘"事件持续时间较长,影响范围较广的原因。

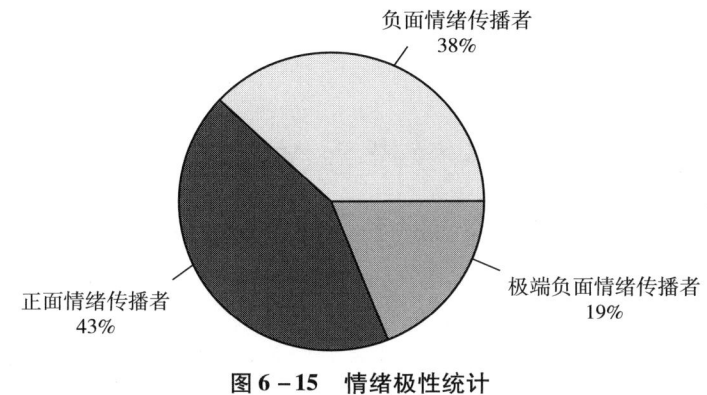

图 6-15 情绪极性统计

6.6 本章小结

本章引入正面情绪引导机制，构建网民群体情绪传播的微分方程模型，探究非传统安全事件中网民正、负情绪动态演化过程规律，得出三条重要结论。第一，负面情绪传播者初始比重增大会加速非传统安全事件的爆发。可以从控制负面情绪传播者的初始比重入手，疏导非传统安全事件中网民群体情绪。因此，政府相关部门应加大对非传统安全事件当事人和周围目睹者等初始情绪传播人群信息传播的监控力度，从舆情传播源头防控，有效降低负面情绪传播者比例。第二，非传统安全事件中网络整体情绪氛围积极程度、正面情绪公信力与正面情绪传播者数量正向相关，与负面情绪传播者数量负向相关。政府部门保持较高公信力以及网络整体情绪氛围呈积极态势，对净化负面情绪具有显著作用。因此，相关部门应在非传统安全事件情绪传播初期及时将信息公开，提升政府公信力并对非传统安全事件网络舆情进行积极引导，有效地将非传统安全威胁扼杀在摇篮之中。第三，降低极端情绪传播者比重、提升免疫者增长速度和初始免疫率，是降低非传统安全事件影响力的有效途径。这对警惕极端情绪传播者，提高非传统安全事件中网民群体的免疫率，以及抑制负面情绪传播具有重要作用。因此，可以通过普法教育如开设法律讲堂、拍摄法律宣传片等形式提高网民的初始免疫率。同时，对于发表煽动性言论破坏社会稳定和谐的极端情绪传播者，要诉诸法律武器给予强力震慑。

第7章 基于合作竞争机制的非传统安全事件多舆情传播模型

非传统安全事件发生后,公众受事件刺激影响在网络空间展开激烈讨论,形成对非传统安全事件的认知、态度、情感和行为倾向等多个维度的网络舆情信息集合。这些海量网络舆情信息不仅快速传播,而且在传播过程中交互影响,使得非传统安全事件下网络舆情传播演化过程显得异常复杂。由此,本章基于合作竞争复合机制探索非传统安全事件多舆情传播问题。通过借鉴种群动力学思想,引入临界速度,构建非传统安全事件网络舆情多信息传播 Lotka - Volterra 合作竞争模型,进而求解系统平衡点,分析非传统安全事件多舆情共存传播全局稳定性,最终依据新浪微博数据分析临界速度和制约系数对非传统安全事件网络舆情传播的重要作用,揭示非传统安全事件网络舆情多信息合作竞争传播规律。

7.1 问题提出

在线社交网络信息发布共享简易便捷的特点使其成为非传统安全事件网络舆情传播扩散的主要渠道。目前已有众多学者围绕在线社交网络信息传播过程展开深入研究,并取得了一定成果。然而,以往研究大多仅关注单一网络舆情信息传播过程,而忽视了非传统安全事件下网络舆情多信息传播的复杂机制。近年来,一些学者围绕非传统安全事件网络舆情多信息传播机制展开讨论。例如,一些学者从演化博弈、网络结构和文本内容等角度出发,通过实证分析证明了多信息之间的相互作用(Weng et al., 2012; Myers & Leckovec, 2012; Su et al., 2016; Zhang et al., 2019)。另外,还有学者开展了基于节点不同接受概率的多舆情传播(Trpevski et al., 2010),不同观点意见竞争传播(Wang et al., 2012)等方面的研究。但这些研究大多只关注非传统安全事件网络舆情传播过程中多信息之间的相互竞争机制，假设多舆情竞争会在某种程度上缩小信息扩散范围。事实上，非传统安全事件发生时，不同网络舆情信息在传播过程中也存在合作关系，如提高相互之间的采纳概率等，从而使非传统安全事件网络舆情扩散范围更广。

本章围绕非传统安全事件网络舆情多信息传播竞争与合作并存问题展开研究，以揭示不同信息间交互作用机制。考虑到传染病动力学模型难以刻画非传统安全事件网络舆情多信息传播的内在交互作用过程，本书借鉴种群动力学理论研究多信息传播中不同种群间的合作与竞争内在机制，构建动力学模型并进行稳定性分析，进而结合新浪微博数据仿真揭示非传统安全事件网络舆情多信息合作竞争传播规律。

7.2 种群动力学模型

种群动力学主要研究生物群落与环境之间的相互作用关系，常用模型有两种：Kolmogorov 模型与 Lotka – Volterra 模型，其中 Lotka – Volterra 模型在 Kolmogorov 模型基础上整合而来，更加明了、易于理解，为本章提供了重要理论参考。本章基于种群动力学理论方法，对网络空间舆情生态系统中种群之间以及种群与环境之间内在交互作用关系进行量化表示，进而揭示非传统安全事件网络舆情多信息传播内在机制。

7.2.1 Kolmogorov 模型

假设生态系统中有种群 1 与种群 2，两个种群均匀分布，分别用 $x(t)$ 和 $y(t)$ 表示二者在 t 时刻的密度。在单种群密度增长模型中，种群 1 和种群 2 的增长密度分别服从 $\frac{1}{x}\frac{dx}{dt}=F_1(x)$ 与 $\frac{1}{y}\frac{dy}{dt}=F_2(y)$，等式右边的数值仅和 t 时刻本种群的密度相关，代表着两个种群相对变化率。然而，众所周知，生态系统总体的容量不是无限的，种群 1 和种群 2 会相互作用，使得增长函数 $F_1(x)$ 与 x 和 y 均相关，因而种群 1 的增长变化函数可以表示为 $F_1(x, y)$。同理，种群 2 的增长变化函数可用 $F_2(x, y)$ 表示。具体如式（7 – 1）所示（王顺庆等，2004）。

$$\begin{cases} \dfrac{\mathrm{d}x}{\mathrm{d}t} = xF_1(x, y) \\ \dfrac{\mathrm{d}y}{\mathrm{d}t} = yF_2(x, y) \end{cases} \quad (7-1)$$

7.2.2 Lotka – Volterra 模型

假设在 t 时刻，种群 1 的总量是 $N_1(t)$，种群 2 的总量是 $N_2(t)$。由于资源有限，生态系统中种群数量越多，则每个种群能获取的资源越少。假设种群 1 的增长率是 r_1，种群 2 的增长率是 r_2，考虑环境容量以及种群规模限制等因素，种群 1 和种群 2 的最大数量分别为 K_1、K_2。初始时刻，种群 1、种群 2 分别以 r_1、r_2 速度增长，但随着两个种群数量的增加，二者增长速度逐渐降低。以种群 1 为例，如果种群 2 的个体在发展过程中消耗资源是种群 1 个体的 a_1 倍，则种群 1 的增长率为 $r_1\left(1 - \dfrac{N_1 + a_1 N_2}{K_1}\right)N_1$。同样地，如果种群 1 个体在增长过程中所消耗资源是种群 2 个体的 a_2 倍，则种群 2 的增长率为 $r_2\left(1 - \dfrac{N_2 + a_2 N_1}{K_2}\right)N_2$。因此，两种群的竞争过程可以表示为：

$$\begin{cases} \dfrac{\mathrm{d}N_1}{\mathrm{d}t} = r_1\left(1 - \dfrac{N_1 + a_1 N_2}{K_1}\right)N_1 \\ \dfrac{\mathrm{d}N_2}{\mathrm{d}t} = r_2\left(1 - \dfrac{N_2 + a_2 N_1}{K_2}\right)N_2 \end{cases} \quad (7-2)$$

令 $b_{11} = \dfrac{r_1}{K_1}$，$b_{12} = \dfrac{r_1 a_1}{K_1}$，$b_{21} = \dfrac{r_2 a_2}{K_2}$，$b_{22} = \dfrac{r_2}{K_2}$，式（7-2）可变为：

$$\begin{cases} \dfrac{\mathrm{d}N_1}{\mathrm{d}t} = N_1(r_1 - b_{11}N_1 - b_{12}N_2) \\ \dfrac{\mathrm{d}N_2}{\mathrm{d}t} = N_2(r_2 - b_{21}N_1 - b_{22}N_2) \end{cases} \quad (7-3)$$

Lotka – Volterra 模型可以写为如式（7-4）的统一模式（陆征一和王稳地，2008）：

$$\begin{cases} \dfrac{\mathrm{d}x}{\mathrm{d}t} = x(r_1 - b_{11}x - b_{12}y) \\ \dfrac{\mathrm{d}y}{\mathrm{d}t} = y(r_2 - b_{21}x - b_{22}y) \end{cases} \quad (7-4)$$

生态系统中，种群 1 和种群 2 存在竞争关系、共生关系以及捕食与被捕食关系，可以用参数符号在 Lotka – Volterra 模型中表示（黄永年，1999）。如式（7-4），当 $b_{12}>0$、$b_{21}<0$ 时，种群 2 的密度逐渐增大，种群 1 密度变化率逐渐减小，即种群 1 受到种群 2 的制约。随着种群 1 密度的逐渐增大，种群 2 密度变化率不断增加，此时，种群 1 为被捕食者，种群 2 为捕食者。同样，当 $b_{12}<0$ 且 $b_{21}<0$ 时，二者表现为共生关系，而当 $b_{12}>0$ 且 $b_{21}>0$ 时，二者表现为竞争关系。

7.3　基于传播速度的非传统安全事件网络舆情传播建模

7.3.1　网络舆情传播系统描述

非传统安全事件下，在线社交网络用户发布、评论、转发等行为对网络舆情传播扩散具有重要推动作用。例如，在微博平台上，用户发布的非传统安全事件网络舆情信息会被自动推送给该用户的粉丝，若网络舆情信息内容及关联主题具有较强吸引力，粉丝还会主动转发该微博，使网络舆情以一定加速度在社交平台上传播扩散。本章将促使传播用户持续增多的内在因素称作增长因子。同时由于网络舆情具有时效性，用户也会以一定概率停止对非传统安全事件网络舆情的传播，本章将其定义为衰减因子。与传统种群动力学不同，本章不以群体数量为变量，而是选用速度变量刻画舆情传播过程，这是因为：

第一，速度充分反映了非传统安全事件网络舆情传播过程的时序特征。在传统 Lotka – Volterra 模型中，N 表示某一特定时点某种群的数量。然而在非传统安全事件网络舆情传播过程中，某一时刻网络舆情转发量 N 是累积值，不能直接体现对应时刻网络舆情的转发量。为更直观地说明这一问题，这里以"昆明火车站暴力袭击"非传统安全事件为例，运用 PKUVIS 微博可视分析工具抓取新浪微博平台上关于该事件的数据信息，并对大 V 用户"flyer_linda"发布的微博信息进行分析。新浪微博中非传统安全事件网络舆情传播数量表示某一时段内的舆情转发数量，因而需要计算前后两个时刻 N 的差值，即 $\dfrac{N_i - N_{i-1}}{t_i - t_{i-1}} \Rightarrow \dfrac{\Delta N}{\Delta t} = v$。如图 7-1 所示，16:00 时已有 5000 人转发了该网络信息，到 18:00 时，人数已增长至 6000，但这并不意味着在 18:00 时的转发人数为

6000，应该对相应时间间隔的网络舆情信息转发数量进行统计。

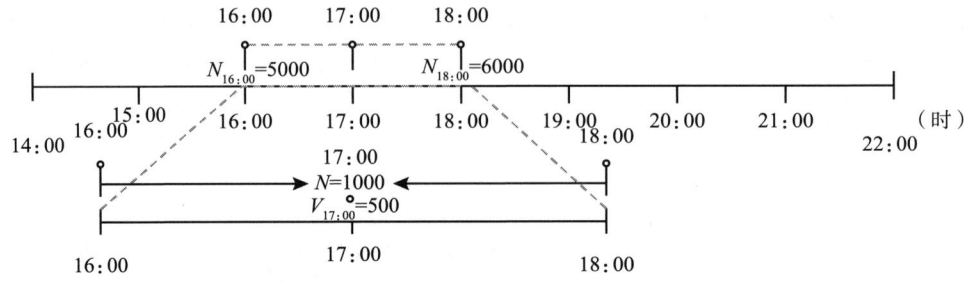

图 7-1 微博转发数量统计示意

第二，速度有利于更好地展现出非传统安全事件网络舆情传播的动态演化过程。在线社交网络舆情时效性较强，且每条网络舆情信息的传播均会经历缓慢产生、瞬间爆发以及逐渐消退的时间跨度，这就是非传统安全事件网络舆情信息传播的"生命周期"。传播速度的变化趋势可以较好地反映出非传统安全事件网络舆情传播生命周期中的动态演化过程。如图 7-2（a）所示，速度曲线 v 全面刻画了该非传统安全事件网络舆情的"生命周期"。初始阶段网络舆情信息缓慢扩散，14：00 时左右以 700 条/分钟的速度大规模快速传播，其后传播速度放缓，15：00 时左右的传播速度小于 100 条/分钟，19：00 时后传播逐渐消散。图 7-2（b）为网络舆情传播数量 N 变化曲线，数量 N 是不断增加的累积值，难以直观体现上述非传统安全事件网络舆情信息传播扩散全过程。

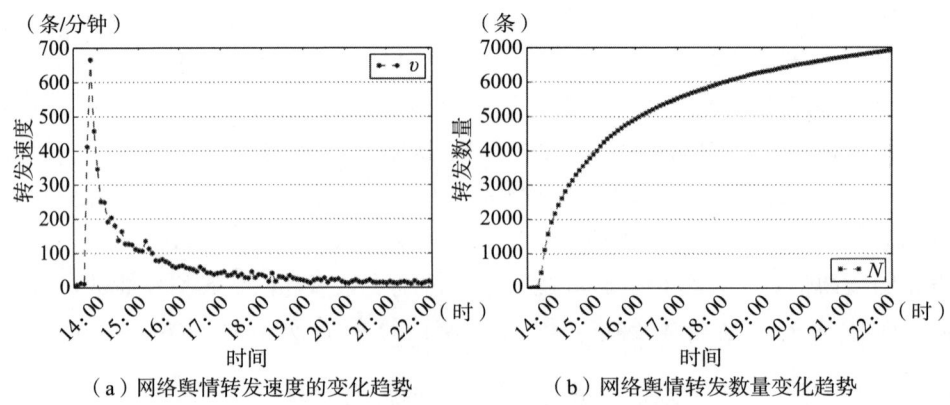

（a）网络舆情转发速度的变化趋势　　　（b）网络舆情转发数量变化趋势

图 7-2 微博网络舆情信息传播趋势

7.3.2 非传统安全事件网络舆情传播速度建模

由图 7-2 可知，非传统安全事件下网络舆情信息传播增长率是速度 $v(t)$ 的函数 $f(v)$，且存在最大值 V，故令

$$f(v) = \delta \cdot \left(1 - \frac{v(t)}{V}\right) \qquad (7-5)$$

式（7-5）中，常数 δ 是响应系数，用于表示增长因子 $\mu(t)$ 对非传统安全事件网络舆情信息传播速度 $v(t)$ 的影响程度。由此可构建如下增长因子对传播速度影响作用的微分方程模型：

$$\frac{\mathrm{d}v(t)}{\mathrm{d}t} = \delta \cdot \left(1 - \frac{v(t)}{V}\right)\mu(t) - \lambda v(t) \qquad (7-6)$$

式（7-6）中，$v(t) = \frac{\mathrm{d}N(t)}{\mathrm{d}t}$，$N(t)$ 表示截止到 t 时刻在线社交网络中非传统安全事件网络舆情浏览量与评论量的总和，传播速度 $v(t)$ 表示从 $(t-1)$ 时刻到 t 时刻期间非传统安全事件网络舆情转发数的变化量。

为更好地理解模型特性，分以下几种情况进行详细分析，进而有效阐述非传统安全事件网络舆情传播速度随时间的变化情况。

（1）当 $\mu(t) = 0$ 或 $V = 0$ 时，即非传统安全事件网络舆情传播增长因子为零或传播速度最大时，由式（7-6）可得：

$$\frac{\mathrm{d}v(t)}{\mathrm{d}t} = -\lambda v(t) \qquad (7-7)$$

由式（7-7）可知，$v(t)$ 单调递减，表示当非传统安全事件网络舆情的增长因子为零或传播速度达到最大值时，非传统安全事件网络舆情传播速度随着时间推移不断减小。

（2）当 $\mu(t) \neq 0$ 时，非传统安全事件网络舆情传播增长因子不为零，引入变量 α 和 β，令

$$\alpha = \frac{\delta \cdot \mu(t)}{V} + \lambda \qquad (7-8)$$

$$\beta = \delta \cdot \mu(t) \qquad (7-9)$$

由式（7-6）可得：

$$\frac{\mathrm{d}v(t)}{\mathrm{d}t} = \beta - \alpha v(t) \qquad (7-10)$$

令 $v(0) = v_0$，则有：

$$v(t) = \frac{\beta}{\alpha}(1 - e^{-\alpha t}) + v_0 e^{-\alpha t} \qquad (7-11)$$

式（7-11）即为增长因子不为零时，非传统安全事件网络舆情传播速度 $v(t)$ 的函数。

（3）当 $\frac{dv(t)}{dt} = 0$ 时，非传统安全事件网络舆情传播速度保持不变，此时由式（7-6）可得：

$$\delta \cdot \left(1 - \frac{v(t)}{V}\right) \cdot \mu(t) - \lambda v(t) = 0 \qquad (7-12)$$

由此可得增长因子表达式：

$$\mu(t) = \frac{\lambda v(t)}{\delta\left(1 - \frac{v(t)}{V}\right)} \qquad (7-13)$$

7.3.3 非传统安全事件网络舆情传播速度拟合

抓取新浪微博数据对非传统安全事件网络舆情增长因子进行检验。根据式（7-6）可将增长因子写为：

$$\mu(t) = \frac{\frac{dv(t)}{dt} + \lambda v(t)}{\delta\left(1 - \frac{v(t)}{V}\right)} \qquad (7-14)$$

在式（7-14）中代入 $v(t)$ 具体数值可得增长因子 $\mu(t)$。图 7-3 表示 $\lambda = 0.9$，$\delta = 0.9$，$V = 600$ 时，增长因子及其高斯拟合曲线。其中，"+"表示非传统安全事件网络舆情增长因子的变化过程。从图 7-3 不难发现，增长因子 $\mu(t)$ 并非单调函数。

为进一步分析增长因子 $\mu(t)$ 的变化规律，引入高斯函数，通过综合考虑高斯函数几何意义与前面分析的增长因子 $\mu(t)$ 分布情况，将增长因子写为 $\mu(t) = a_i e^{-\left(\frac{t-b_i}{c_i}\right)^2}$。其中，参数 a_i 表示 $\mu(t)$ 的峰值；参数 b_i 表示产生 $\mu(t)$ 峰值的时刻；参数 c_i 表示增长因子波动幅度，c_i 越小，变化曲线越陡峭、波动越大，反之则越平稳、波动幅度越小。

高斯拟合结果如表 7-1 所示，这一结果能够较好说明非传统安全事件网络舆情传播速度峰值、出现时间以及变化趋势。为进一步检验高斯函数的拟合效果，本章通过拟合优度（R-square）、拟合均方根误差（RMSE）两个指标进行详细说明，其中，拟合优度（R-square）的值越趋近于1，拟合均方根误差

(RMSE) 的值越小,拟合越好。如表 7-2 所示,该条非传统安全事件网络舆情的高斯拟合效果较好。

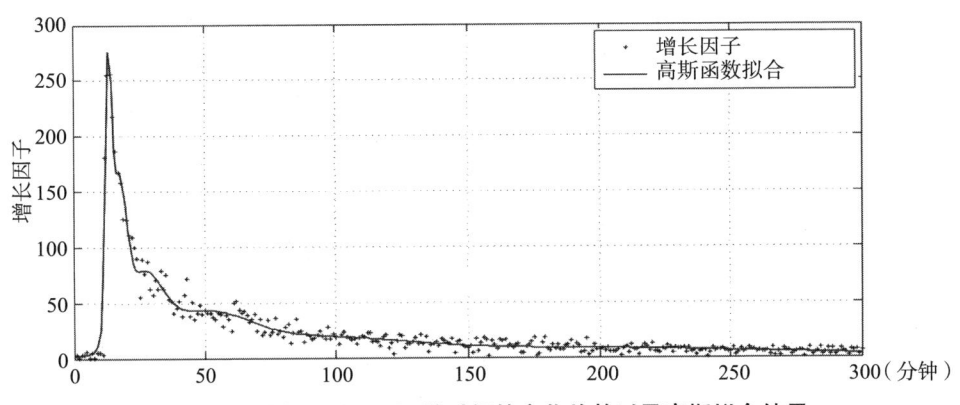

图 7-3 增长因子 $\mu(t)$ 随时间的变化趋势以及高斯拟合结果

表 7-1　　　　　　　　参数的高斯拟合结果

参数 a_i	数值	参数 b_i	数值	参数 c_i	数值
a_1	200.60	b_1	13.36	c_1	1.72
a_2	130.40	b_2	16.99	c_2	4.03
a_3	59.86	b_3	26.31	c_3	10.06
a_4	34.17	b_4	48.60	c_4	24.43
a_5	14.32	b_5	90.61	c_5	47.41
a_6	8.57	b_6	186.00	c_6	117.20

表 7-2　　　　　　　　高斯拟合效果

拟合优度(R-square)	拟合均方根误差(RMSE)
0.964	6.8

7.4　基于种群动力学的网络舆情多信息传播建模

7.4.1　非传统安全事件网络舆情多信息传播的合作竞争机制

非传统安全事件下不同网络舆情信息之间相互作用共同扩散,使得网络舆情传播过程显得格外复杂。这与自然界多个种群之间的共生竞争现象具有一定相似性。当得知非传统安全事件网络舆情的用户较少,网络舆情扩散速度较慢时,不同非传统安全事件网络舆情极易共生传播,呈现出较强的合作效应。当得知非传统安全事件网络舆情的用户数量较多,信息扩散较快时,舆情之间会出现竞争关系,阻碍其他舆情信息传播。因此,根据文献(Hernandez & Barradas,2003;Wang & Wu,2011),非传统安全事件网络舆情多信息传播的合作-竞争模型可以定义为 $\frac{dv_i}{dt} = Nf_i(v_1, v_2, \cdots, v_n)$,$v_i$ 表示收到第 i 个非传统安全事件网络舆情信息的用户人数,$f_i(v_1, v_2, \cdots, v_n)$ 表示网络舆情 i 的传播用户平均增长率。$f_i(v_1, v_2, \cdots, v_n)$ 的偏微分方程可写为 $\frac{\partial f_i}{\partial v_i}(i, j=1, 2, \cdots, n)$,由此可得非传统安全事件网络舆情多信息合作-竞争机制表达式:

$$\begin{cases} \frac{\partial f_i}{\partial v_i} > 0, & 0 < v_i < b_i \\ \frac{\partial f_i}{\partial v_i} < 0, & v_i > b_i \end{cases} \quad (7-15)$$

式(7-15)中,$1 \leq i \leq n$,$b_i > 0$,$i \neq j$,$i, j = 1, 2, \cdots, n$。

当非传统安全事件网络舆情信息 i 的传播速度较低时($0 < v_i < b_i$),会对网络上其他正在传播的非传统安全事件网络舆情信息产生正向促进作用,进而呈现合作传播情形;而当非传统安全事件网络舆情信息 i 的传播速度较高时($v_i > b_i$),则会对其他非传统安全事件网络舆情信息产生负向抑制作用,进而呈现出竞争传播情形。

7.4.2 非传统安全事件网络舆情多信息传播 Lotka – Volterra 合作竞争模型

假设网络上有两类对立非传统安全事件网络舆情信息在传播,由于用户注意力有限,通常只相信其中之一。因此,不同非传统安全事件网络舆情之间会形成竞争关系。但是,如果这两类非传统安全事件网络舆情均具有较强的吸引力,则用户也极易将这两条信息同时转发给他人,此时,不同非传统安全事件网络舆情之间呈现出一种合作关系。分别用网络舆情1和网络舆情2表示两类非传统安全事件网络舆情,则二者在传播过程中的合作竞争交互作用规则如下。

(1)假设每一个网络舆情信息均有较为固定的增长率 μ_i 和衰减率 λ_i,用于表示非传统安全事件网络舆情传播的增长因子和衰减因子,且满足 $\mu_i \in [0, 1]$,$\lambda_i \in [0, 1]$。若非传统安全事件网络舆情增长因子的数值小于衰减因子的数值,则传播之初网络舆情便会逐渐消失,这与非传统安全事件网络舆情迅速大规模扩散的实际情形不符,因而有 $\mu_i > \lambda_i$。

(2) 根据生命周期理论,非传统安全事件网络舆情增长到一定程度时将会停止增长,每条网络舆情在传播过程中均会存在一个传播速度最大值 V_i。

(3) 不同非传统安全事件网络舆情在传播中彼此相互作用,既有合作效应,也有竞争效应。这里用制约系数 $\sigma_{ij}(\sigma_{ji})$ 表示网络舆情 $i(j)$ 对网络舆情 $j(i)$ 的影响程度。

根据规则(1)和规则(2),可得:

$$\begin{cases} \dfrac{dv_1(t)}{dt} = \mu_1 v_1 \left(1 - \dfrac{v_1}{V_1}\right) - \lambda_1 v_1 \\ \dfrac{dv_2(t)}{dt} = \mu_2 v_2 \left(1 - \dfrac{v_2}{V_2}\right) - \lambda_2 v_2 \end{cases} \quad (7-16)$$

根据规则(3),非传统安全事件下当两条网络舆情并行传播时,二者在相互作用下既会出现合作现象,也会出现竞争现象。这里在 Lotka – Volterra 种群动力学模型基础上,引入常数 α 和 β,分别表示两条非传统安全事件网络舆情在传播过程中的特定速度值,则有:

$$\begin{cases} \dfrac{dv_1(t)}{dt} = \mu_1 v_1 \left(1 + \sigma_{21}\dfrac{\beta}{V_2} - \dfrac{v_1}{V_1} - \sigma_{21}\dfrac{|v_2-\beta|^*}{V_2}\right) - \lambda_1 v_1 \\ \dfrac{dv_2(t)}{dt} = \mu_2 v_2 \left(1 + \sigma_{12}\dfrac{\alpha}{V_1} - \dfrac{v_2}{V_2} - \sigma_{12}\dfrac{|v_1-\alpha|^*}{V_1}\right) - \lambda_2 v_2 \end{cases} \quad (7-17)$$

简单起见,设 $a = 1 - \dfrac{\lambda_1}{\mu_1}$,$b = 1 - \dfrac{\lambda_2}{\mu_2}$,由此可得:

$$\begin{cases} \dfrac{dv_1(t)}{dt} = \mu_1 v_1 \left(a + \sigma_{21}\dfrac{\beta}{V_2} - \dfrac{v_1}{V_1} - \sigma_{21}\dfrac{|v_2-\beta|^*}{V_2}\right) \\ \dfrac{dv_2(t)}{dt} = \mu_2 v_2 \left(b + \sigma_{12}\dfrac{\alpha}{V_1} - \dfrac{v_2}{V_2} - \sigma_{12}\dfrac{|v_1-\alpha|^*}{V_1}\right) \end{cases} \quad (7-18)$$

方程组(7-18)即为非传统安全事件网络舆情多信息传播的合作竞争复合系统。对于子方程 1,当 $v_2 = 0$ 时,有 $\dfrac{dv_1}{dt} = \dfrac{\mu_1 v_1 (aV_1 - v_1)}{V_1}$,此时 aV_1 表示非传统安全事件网络舆情 1 独立传播时的扩散速度。令 $L_1(v_1, v_2) = a + \sigma_{21}\dfrac{\beta}{V_2} -$

$\frac{v_1}{V_1} - \sigma_{21}\frac{|v_2-\beta|^*}{V_2}$,定义函数 $|v_2-\beta|^*$ 表示 $|v_2-\beta|$ 在 $v_2=\beta$ 处足够小范围内光滑后的函数,以保证方程组(7-18)中各子方程连续可微。由此可得网络舆情1传播速度的等倾线 L_1:$C_1(v_1,v_2)=0$,如图7-4所示。此时,函数 $f_1(v_1,v_2)=\mu_1 v_1 C_1(v_1,v_2)$ 满足:

$$\begin{cases} \dfrac{\partial f_1}{\partial v_2} = \dfrac{\sigma_{21}}{V_2}\mu_1 v_1, \ 0 < v_2 < \beta \\ \dfrac{\partial f_1}{\partial v_2} = -\dfrac{\sigma_{21}}{V_2}\mu_1 v_1, \ v_2 > \beta \end{cases} \quad (7-19)$$

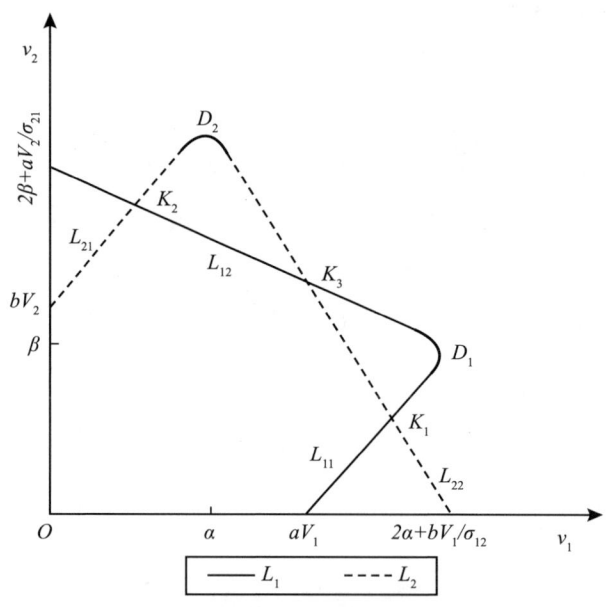

图 7-4 合作竞争复合系统的等倾线

由方程组(7-19)可知,非传统安全事件网络舆情2对网络舆情1的影响作用与其自身的传播速度息息相关。当网络舆情2传播速度较慢时,即 $v_2<\beta$ 时,将会促进网络舆情1传播,此时两条网络舆情表现出合作共生关系。相反,当网络舆情2传播速度较快时,即 $v_2>\beta$ 时,将会抑制网络舆情1传播,此时两条网络舆情表现出竞争关系。由此可见,β 是网络舆情2的临界速度,以此为界限两条网络舆情作用关系在合作与竞争之间转换。同理,α 表示网络舆情1的临界速度,以此为界限两条网络舆情作用关系同样在合作与竞争之间转换。根据上述分析可知,方程组(7-18)可以同时体现 Lotka-Volterra 合作模型和竞争模型的特点。若传播速度较小，即 $v_1 < \alpha$，$v_2 < \beta$ 时，方程组（7-18）转化为 Lotka – Volterra 合作模型：

$$\begin{cases} \dfrac{\mathrm{d}v_1(t)}{\mathrm{d}t} = \mu_1 v_1 \left(a + \sigma_{21} \dfrac{v_2}{V_2} - \dfrac{v_1}{V_1} \right) \\ \dfrac{\mathrm{d}v_2(t)}{\mathrm{d}t} = \mu_2 v_2 \left(b + \sigma_{12} \dfrac{v_1}{V_1} - \dfrac{v_2}{V_2} \right) \end{cases} \quad (7-20)$$

当传播速度较大，即 $v_1 > \alpha$，$v_2 > \beta$ 时，方程组（7-18）转变为 Lotka – Volterra 竞争模型：

$$\begin{cases} \dfrac{\mathrm{d}v_1(t)}{\mathrm{d}t} = \mu_1 v_1 \left(a + 2\sigma_{21} \dfrac{\beta}{V_2} - \dfrac{v_1}{V_1} - \sigma_{21} \dfrac{v_2}{V_2} \right) \\ \dfrac{\mathrm{d}v_2(t)}{\mathrm{d}t} = \mu_2 v_2 \left(b + 2\sigma_{12} \dfrac{\alpha}{V_1} - \dfrac{v_2}{V_2} - \sigma_{12} \dfrac{v_1}{V_1} \right) \end{cases} \quad (7-21)$$

7.5 非传统安全事件网络舆情多信息传播模型分析

7.5.1 复合系统对非传统安全事件网络舆情传播的促进作用

为了更充分地体现非传统安全事件网络舆情多信息传播过程中彼此间的复杂交互作用，本章构建了 Lotka – Volterra 合作竞争模型。不难发现，在不同模型中，当非传统安全事件网络舆情 2 的传播速度较低时，即 $v_2 < \beta$ 时，其对非传统安全事件网络舆情 1 会产生完全不同的影响。例如，在模型（7-18）中，由于 $\dfrac{\sigma_{21} v_2}{V_2} > 0$，此时非传统安全事件网络舆情 2 对网络舆情 1 传播具有正向促进作用，而在模型（7-21）中，由于 $-\dfrac{\sigma_{21} v_2}{V_2} < 0$，此时非传统安全事件网络舆情 2 对网络舆情 1 传播具有负向阻碍作用。这说明当非传统安全事件网络舆情 2 以较低速度传播扩散时，两条网络舆情可以在模型（7-18）中长时间共存。与之不同，当非传统安全事件网络舆情 2 以较高速度传播扩散时，即满足 $v_2 > \beta$ 时，在模型（7-21）中，网络舆情 2 对网络舆情 1 产生的负向阻碍作用可以表示为 $-\dfrac{\sigma_{21} v_2}{V_2}$，而在模型（7-18）中这种负向阻碍作用表示为

$-\dfrac{\sigma_{21}(v_2-\beta)}{V_2}$。由于 $-\dfrac{\sigma_{21}(v_2-\beta)}{V_2} > -\dfrac{\sigma_{21}v_2}{V_2}$，说明模型（7-18）削弱了非传统安全事件网络舆情多信息传播时彼此之间的负向阻碍作用，因而有利于多舆情在网络空间的共存传播。

7.5.2 平衡点存在性

假设曲线在顶点（0，β）和（0，α）处平滑，则 $|v_2-\beta|^*$ 和 $|v_1-\alpha|^*$ 可分别视为绝对值函数 $|v_2-\beta|$、$|v_1-\alpha|$。则式（7-18）可写为：

$$\begin{cases}\dfrac{\mathrm{d}v_1(t)}{\mathrm{d}t}=\mu_1 v_1\left(a+\sigma_{21}\dfrac{\beta}{V_2}-\dfrac{v_1}{V_1}-\sigma_{21}\dfrac{|v_2-\beta|}{V_2}\right)\\ \dfrac{\mathrm{d}v_2(t)}{\mathrm{d}t}=\mu_2 v_2\left(b+\sigma_{12}\dfrac{\alpha}{V_1}-\dfrac{v_2}{V_2}-\sigma_{12}\dfrac{|v_1-\alpha|}{V_1}\right)\end{cases} \quad (7-22)$$

非传统安全事件网络舆情多信息传播过程中，若多舆情间合作效应和竞争效应一致或相近时，令 $a=b=z$，$\sigma_{21}=\sigma_{12}=\sigma$，$V_1=V_2=V$，$\alpha=\beta=\zeta$，此时 μ_1 和 μ_2 的不同则反映了两个非传统安全事件网络舆情信息传播的增长因子的差异，则模型（7-22）可写为：

$$\begin{cases}\dfrac{\mathrm{d}v_1(t)}{\mathrm{d}t}=\mu_1 v_1\left(z+\sigma\dfrac{\zeta}{V}-\dfrac{v_1}{V}-\dfrac{\sigma\zeta}{V}\left|\dfrac{v_2}{\zeta}-1\right|\right)\\ \dfrac{\mathrm{d}v_2(t)}{\mathrm{d}t}=\mu_2 v_2\left(z+\sigma\dfrac{\zeta}{V}-\dfrac{v_2}{V}-\dfrac{\sigma\zeta}{V}\left|\dfrac{v_1}{\zeta}-1\right|\right)\end{cases} \quad (7-23)$$

令 $x_1=\dfrac{v_1}{\zeta}$，$x_2=\dfrac{v_2}{\zeta}$，可得：

$$\begin{cases}\dfrac{\mathrm{d}x_1}{\mathrm{d}t}=\mu_1 v_1\left(z+\sigma\dfrac{\zeta}{V}-\dfrac{\zeta x_1}{V}-\dfrac{\sigma\zeta}{V}|x_2-1|\right)\\ \dfrac{\mathrm{d}x_2}{\mathrm{d}t}=\mu_2 v_2\left(z+\sigma\dfrac{\zeta}{V}-\dfrac{\zeta x_2}{V}-\dfrac{\sigma\zeta}{V}|x_1-1|\right)\end{cases} \quad (7-24)$$

在 $\mathrm{int}R_+^2$ 内对式（7-24）进行投影，可得 x_1 和 x_2 零增长等倾线分别为：

$$\begin{cases}x_1=-\sigma|x_2-1|+C\\ x_2=-\sigma|x_1-1|+C\end{cases} \quad (7-25)$$

式（7-25）中，$C=\dfrac{Vz}{\zeta}+\sigma$。如图 7-5 所示，两条等倾线关于 $x_1=x_2$ 对称。

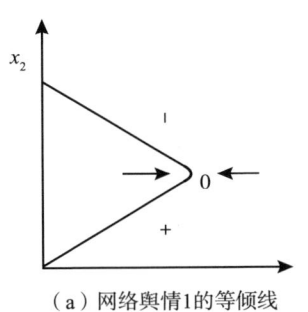 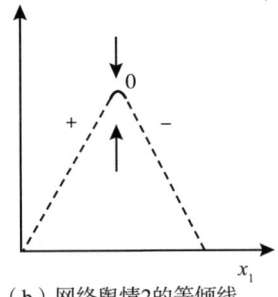

（a）网络舆情1的等倾线　　　　（b）网络舆情2的等倾线

图 7-5　网络舆情 1 和网络舆情 2 零增长等倾线

因而只需要分析：

$$\begin{cases} x_1 = x_2 \\ x_2 = -\sigma |x_1 - 1| + C \end{cases} \tag{7-26}$$

显然，在 $\text{int} R_+^2$，方程组（7-26）的解总存在，在各种情况下的解分别如下：

（1）若 $\sigma^2 \neq 0, 1$ 且 $C \neq 1$，则包含两个互异解：$\dfrac{\sigma - C}{\sigma - 1}$ 和 $\dfrac{\sigma + C}{\sigma + 1}$；

（2）若 $\sigma^2 \neq 1$ 且 $C = 1$，或 $\sigma = 0$，则有重解：$x = 1$ 或 $x = C$；

（3）若 $\sigma^2 = 1$ 且 $C \neq 1$，则方程的解为：$\dfrac{\sigma - C}{\sigma - 1}$ 或 $\dfrac{\sigma + C}{\sigma + 1}$。

由上述分析可知，在 $\text{int} R_+^2$ 中，两条非传统安全事件网络舆情信息传播速度等倾线总相交。

7.5.3　系统平衡点

分析系统平衡点稳定性，有助于深入分析非传统安全事件下不同网络舆情间交互作用机制对最终传播结果的影响。

定理　模型（7-18）在 $\text{int} R_+^2$ 中不存在闭轨线。

证明　令 $B(v_1, v_2) = \dfrac{1}{v_1 v_2}$ 为一 Dulac 函数，当 $(v_1, v_2) \in \text{int} R_+^2$ 时，有：

$$\frac{\partial (Bf_1)}{\partial v_1} + \frac{\partial (Bf_2)}{\partial v_2} = \frac{\partial}{\partial v_1} \left[\frac{\mu_1}{v_2} \left(a + \sigma_{21} \frac{\beta}{V_2} - \frac{v_1}{V_1} - \sigma_{21} \frac{|v_2 - \beta|^*}{V_2} \right) \right]$$

$$+ \frac{\partial}{\partial v_2} \left[\frac{\mu_2}{v_1} \left(b + \sigma_{12} \frac{\alpha}{V_1} - \frac{v_2}{V_2} - \sigma_{12} \frac{|v_1 - \alpha|^*}{V_1} \right) \right]$$

$$= -\frac{\mu_1}{v_2 V_1} - \frac{\mu_2}{v_1 V_2} < 0$$

由 Bendixson – Dulac 定理可知，模型（7 – 18）不存在闭轨线。

进一步研究 $v_1(t)$、$v_2(t)$ 的变化过程。令（7 – 18）方程组等于零可解得三个平衡点，即 $O_1(0, 0)$，$O_2(aV_1, 0)$ 和 $O_3(0, bV_2)$，如图 7 – 4 所示。根据系统平衡点稳定性判定条件，令

$$M = \begin{bmatrix} f_{v_1} & f_{v_2} \\ g_{v_1} & g_{v_2} \end{bmatrix} \tag{7-27}$$

则有 $p = -(f_{v_1} + g_{v_2})|_{O_i}$，$q = \det M|_{O_i}$，则 O_i 的稳定条件为：

$$\begin{cases} p > 0 \\ q > 0 \end{cases} \tag{7-28}$$

依次分析式（7 – 18）在各平衡点的雅可比矩阵。

（1）对于平衡点 $O_1(0, 0)$，通过计算可得：

$$M(O_1) = \begin{bmatrix} a\mu_1 & 0 \\ 0 & b\mu_2 \end{bmatrix},$$

$$p_1 = -(a\mu_1 + b\mu_2), \quad q_1 = ab\mu_1\mu_2$$

由于 $a = 1 - \frac{\lambda_1}{\mu_1} > 0$，$b = 1 - \frac{\lambda_2}{\mu_2} > 0$，故有 $p_1 < 0$，$q_1 > 0$，因此，平衡点 $O_1(0, 0)$ 处不符合稳定条件。

为深入研究两条非传统安全事件网络舆情信息传播过程中的竞合现象，模型（7 – 18）中考虑临界传播速度 α、β，并假设式（7 – 29）恒成立。

$$\begin{cases} b + \sigma_{12}\left(\dfrac{2\alpha}{V_1} - a\right) > 0 \\ a + \sigma_{21}\left(\dfrac{2\beta}{V_2} - b\right) > 0 \end{cases} \tag{7-29}$$

（2）对于平衡点 $O_2(aV_1, 0)$，通过计算可得：

$$M(O_2) = \begin{bmatrix} -a\mu_1 & \dfrac{aV_1\mu_1\sigma_{21}}{V_2} \\ 0 & \mu_2\left[b + \left(\dfrac{2\alpha}{V_1} - a\right)\sigma_{12}\right] \end{bmatrix} \tag{7-30}$$

$$p_2 = a\mu_1 - \mu_2\left[\sigma_{12}\left(\frac{2\alpha}{V_1} - a\right) + b\right], \quad q_2 = \frac{a\mu_1\mu_2(-2\alpha\sigma_{12} + a\sigma_{12}V_1 - bV_1)}{V_1}$$

求解得到平衡点 $O_2(aV_1, 0)$ 处的稳定条件为：$\sigma_{12} > \dfrac{bV_1}{(aV_1 - 2\alpha)}$。这表示

非传统安全事件网络舆情1比网络舆情2更有竞争力,也就是说两条非传统安全事件网络舆情信息在传播过程中,之前传播网络舆情2的用户会被网络舆情1吸引,使得非传统安全事件网络舆情2的传播人数随时间推移逐渐减少,而非传统安全事件网络舆情1的传播人数逐渐增多,最终两条非传统安全事件网络舆情传播速度曲线向 $(aV_1, 0)$ 收敛。

(3) 对于平衡点 $O_3(0, bV_2)$,通过计算可得:

$$M(O_3) = \begin{bmatrix} \mu_1\left[a + \left(\dfrac{2\beta}{V_2} - b\right)\sigma_{21}\right] & 0 \\ \dfrac{bV_2\mu_2\sigma_{12}}{V_1} & -b\mu_2 \end{bmatrix}, \quad (7-31)$$

$$p_3 = b\mu_2 - \mu_1\left[a + \sigma_{21}\left(\dfrac{2\beta}{V_2} - b\right)\right], \quad q_3 = \dfrac{b\mu_1\mu_2(b\sigma_{21}V_2 - aV_2 - 2\beta\sigma_{21})}{V_2}$$

求解得到平衡点 $O_3(0, bV_2)$ 处的稳定条件为:$\sigma_{21} > \dfrac{aV_2}{aV_2(bV_2 - 2\beta)}$。

这说明非传统安全事件网络舆情2比网络舆情1更有竞争力,也就是说两条非传统安全事件网络舆情信息在传播过程中,一些传播网络舆情1的用户会被网络舆情2的内容所吸引并传播,致使非传统安全事件网络舆情1的传播人数随时间推移逐渐减少,而非传统安全事件网络舆情2的传播人数逐渐增多,最终两条非传统安全事件网络舆情信息传播速度曲线收敛于 $(0, bV_2)$。

综上所述,系统中总会有一条非传统安全事件舆情信息会引发大量用户关注并转发,而另一条网络舆情信息的吸引力逐渐削弱并退出网络空间。点 $O_2(aV_1, 0)$ 和点 $O_3(0, bV_2)$ 即为一条非传统安全事件网络舆情信息持续传播,但另一条网络舆情信息日趋消散的平衡点。

7.5.4 稳定性分析

根据前面分析,如果各参数值满足(7-29),则模型(7-18)中两个非传统安全事件网络舆情信息能够共存。此时,非传统安全事件网络舆情1的传播速度等倾线 L_1 在尖点 $\left(aV_1 + \dfrac{\beta\sigma_{21}V_1}{V_2}, \beta\right)$ 处平滑,因而可将 L_1 分割为 L_{11} 和 L_{12} 两段。

$$L_{11}: a + \sigma_{21}\dfrac{v_2}{V_2} - \dfrac{v_1}{V_1}, \quad 0 < v_2 < \beta$$

$$L_{12}: a + 2\sigma_{21}\frac{\beta}{V_2} - \frac{v_1}{V_1} - \sigma_{21}\frac{v_2}{V_2}, \quad v_2 > \beta \tag{7-32}$$

同理，非传统安全事件网络舆情 2 的传播速度等倾线 L_2 在尖点 $\left(\alpha, bV_2 + \frac{\alpha\sigma_{12}V_2}{V_1}\right)$ 处平滑，可将 L_2 进一步分割为 L_{21} 和 L_{22} 两段。

$$L_{21}: b + \sigma_{12}\frac{v_1}{V_1} - \frac{v_2}{V_2}, \quad 0 < v_1 < \alpha$$
$$L_{22}: b + 2\sigma_{12}\frac{\alpha}{V_1} - \frac{v_2}{V_2} - \sigma_{12}\frac{v_1}{V_1}, \quad v_1 > \alpha \tag{7-33}$$

这里，L_{21} 和 L_{22} 分别落在 $\left(aV_1 + aV_1 + \frac{\beta\sigma_{21}V_1}{V_2}\right)$ 和 $(0, \alpha)$ 区间范围内。由于 $\alpha < aV_1$，因而两直线不会相交。此时如图 7-4 所示，模型（7-18）存在 3 个正平衡点。令 $K_1(k_{11}, k_{12})$ 表示 L_{11} 和 L_{22} 两条线的交点，这一交点为非传统安全事件网络舆情 1 呈现正向合作效应，而非传统安全事件网络舆情 2 呈现负向竞争效应时的系统平衡点。令 $K_2(k_{21}, k_{22})$ 表示 L_{12} 和 L_{21} 两条线的交点，这一交点为非传统安全事件网络舆情 2 呈现正向合作效应，而非传统安全事件网络舆情 1 呈现负向竞争效应时的系统平衡点。令 $K_3(k_{31}, k_{32})$ 表示 L_{21} 和 L_{22} 两条线的交点，这一交点为两条非传统安全事件网络舆情信息都呈现出负向竞争效应时的系统平衡点。

$$k_{11} = \frac{V_1(a + b\sigma_{21}) + 2\alpha\sigma_{12}\sigma_{21}}{\sigma_{12}\sigma_{21} + 1}$$
$$k_{12} = \frac{V_2[V_1(b - a\sigma_{12}) + 2\alpha\sigma_{12}]}{(\sigma_{12}\sigma_{21} + 1)V_1} \tag{7-34}$$

$$k_{21} = \frac{V_1[V_2(a - b\sigma_{21}) + 2\beta\sigma_{21}]}{(\sigma_{12}\sigma_{21} + 1)V_2}$$
$$k_{22} = \frac{V_2(a\sigma_{12} + b) + 2\beta\sigma_{12}\sigma_{21}}{\sigma_{12}\sigma_{21} + 1} \tag{7-35}$$

$$k_{31} = \frac{V_1[V_2(b\sigma_{21} - a) - 2\beta\sigma_{21}] + 2\alpha\sigma_{12}\sigma_{21}V_2}{(\sigma_{12}\sigma_{21} - 1)V_2}$$
$$k_{32} = \frac{V_1[V_2(a\sigma_{12} - b) + 2\beta\sigma_{12}\sigma_{21}] - 2\alpha\sigma_{12}V_2}{(\sigma_{12}\sigma_{21} - 1)V_1} \tag{7-36}$$

令 G_1、G_2 分别表示 L_{12}、L_{22} 的斜率，G 表示 D_1D_2 的斜率，可得：

$$G_1 = -\frac{V_2}{V_1\sigma_{21}} < 0$$

$$G_2 = -\frac{V_2\sigma_{12}}{V_1} < 0$$

$$G = \frac{V_2(bV_2V_1 + \alpha\sigma_{12}V_2 - \beta V_1)}{V_1(aV_1V_2 - \alpha V_2 + \beta\sigma_{21}V_1)} < 0 \qquad (7-37)$$

上述系统平衡点稳定性可分 5 种情境分别讨论。

(1) 情景 1，$|G_1| < |G| < |G_2|$。如图 7-6 所示，模型（7-18）存在 3 个正平衡点 K_1、K_2 和 K_3，对于平衡点 K_1，系统雅可比矩阵可表示为：

$$M(K_1) = \begin{bmatrix} -\dfrac{k_{11}\mu_1}{V_1} & \dfrac{k_{11}\mu_1\sigma_{21}}{V_2} \\ -\dfrac{k_{12}\mu_2\sigma_{12}}{V_1} & -\dfrac{k_{12}\mu_2}{V_2} \end{bmatrix} \qquad (7-38)$$

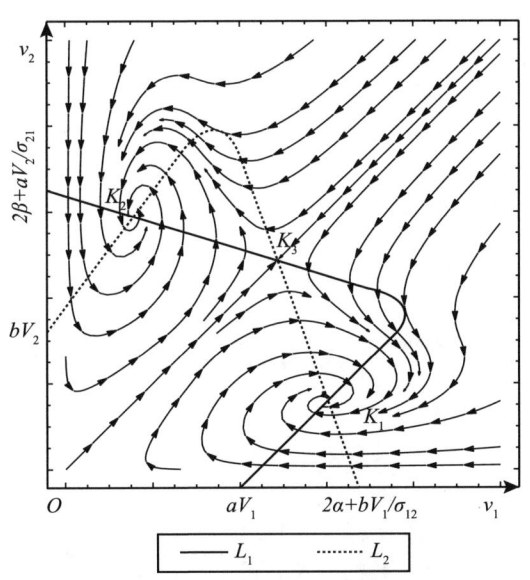

图 7-6　模型的 3 个正平衡点 K_1，K_2 和 K_3

通过计算可得：

$$p[M(K_1)] = \frac{k_{11}\mu_1}{V_1} + \frac{\mu_2 k_{12}}{V_2} > 0, \quad q[M(K_1)] = \frac{k_{11}k_{12}\mu_1\mu_2(\sigma_{12}\sigma_{21}+1)}{V_1V_2} > 0$$

因此，K_1 是系统全局渐近稳定点，其稳定性条件满足：

$$\begin{cases} 0 < \sigma_{12} < \dfrac{\mu_1 V_1(\lambda_2 - \mu_2)}{\mu_2(2\alpha\mu_1 + \lambda_1 V_1 - \mu_1 V_1)} \\ \sigma_{21} > 0 \\ V_1 > \dfrac{2\alpha\mu_1}{\mu_1 - \lambda_1} \end{cases} \qquad (7-39)$$

这里，$0 < \sigma_{12} < \dfrac{\mu_1 V_1(\lambda_2 - \mu_2)}{\mu_2(2\alpha\mu_1 + \lambda_1 V_1 - \mu_1 V_1)}$ 表示非传统安全事件网络舆情 1 竞争力相比于非传统安全事件网络舆情 2 来说较弱。因此，当式（7-39）成立时，两条非传统安全事件网络舆情可以在网络空间共存，并以非零的传播速度扩散。

同理，对于平衡点 K_2，系统雅可比矩阵可表示为：

$$M(K_2) = \begin{bmatrix} -\dfrac{k_{21}\mu_1}{V_1} & -\dfrac{k_{21}\mu_1 \sigma_{21}}{V_2} \\ \dfrac{k_{22}\mu_2 \sigma_{12}}{V_1} & -\dfrac{k_{22}\mu_2}{V_2} \end{bmatrix} \qquad (7-40)$$

通过计算可得：

$$p[M(K_2)] = \dfrac{k_{21}\mu_1}{V_1} + \dfrac{k_{22}\mu_2}{V_2} > 0, \quad q[M(K_2)] = \dfrac{k_{21}k_{22}\mu_1\mu_2(\sigma_{12}\sigma_{21}+1)}{V_1 V_2} > 0, \text{因}$$

此，K_2 是系统全局渐近稳定点，其稳定性条件满足：

$$\begin{cases} 0 < \sigma_{21} < \dfrac{\mu_2 V_2(\lambda_1 - \mu_1)}{\mu_1(2\beta\mu_2 + \lambda_2 V_2 - \mu_2 V_2)} \\ \sigma_{12} > 0 \\ V_2 > \dfrac{2\beta\mu_2}{\mu_2 - \lambda_2} \end{cases} \qquad (7-41)$$

这里，$0 < \sigma_{21} < \dfrac{\mu_2 V_2(\lambda_1 - \mu_1)}{\mu_1(2\beta\mu_2 + \lambda_2 V_2 - \mu_2 V_2)}$ 表明，同非传统安全事件网络舆情 1 相比，非传统安全事件网络舆情 2 的竞争力略小。由此可知，当式（7-41）成立时，两条非传统安全事件网络舆情能够在网络空间共存，且传播速度随时间推移趋于稳定。

对于平衡点 K_3，系统雅可比矩阵可表示为：

$$M(K_3) = \begin{bmatrix} -\dfrac{k_{31}\mu_1}{V_1} & -\dfrac{k_{31}\mu_1 \sigma_{21}}{V_2} \\ -\dfrac{k_{32}\mu_2 \sigma_{12}}{V_1} & -\dfrac{k_{32}\mu_2}{V_2} \end{bmatrix} \qquad (7-42)$$

通过计算可得，$p[M(K_3)] = \dfrac{k_{31}\mu_1}{V_1} + \dfrac{k_{32}\mu_2}{V_2} > 0$，$q[M(K_3)] = \dfrac{k_{31}k_{32}\mu_1\mu_2(1-\sigma_{12}\sigma_{21})}{V_1 V_2}$。

因为$|G_1| < |G_2|$，所以$\sigma_{12}\sigma_{21} > 1$，$q[M(K_3)] < 0$，则$K_3$是一个鞍点，也就是说实数域$R_+^2$内，除了$K_3$及其轨线中的点，系统其他点均会收敛到平衡点$K_1$和$K_2$，见图7-6。

（2）情景2，$|G_1| < |G| = |G_2|$。如图7-7所示，此时模型中将存在K_1、K_2两个正平衡点，且K_2为全局渐近稳定点，稳定性应满足式（7-41）。但由于$p[M(K_1)] = \dfrac{k_{11}\mu_1}{V_1} + \dfrac{\mu_2 k_{12}}{V_2} > 0$，$q[M(K_1)] = 0$，因而根据鞍点准则，$K_1$为一个鞍点。

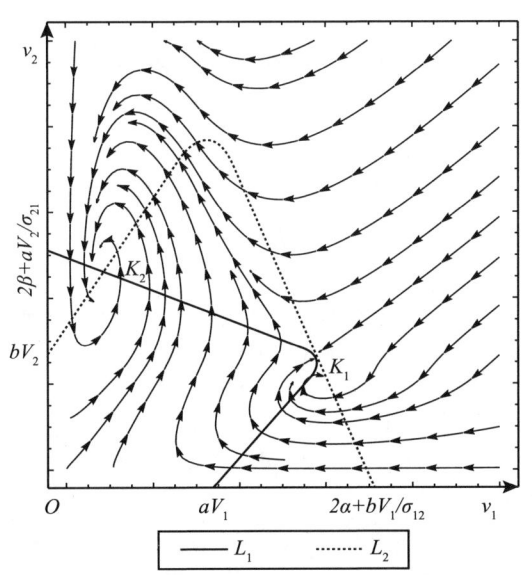

图7-7　系统中平衡点K_1和K_2

同理，当$|G_1| = |G| < |G_2|$时，K_1为一个全局渐近稳定点，而K_2为一个鞍点。在这种情形下，在$\text{int}R_+^2$中，除了K_2及其轨线上的点之外，其他点将向稳定点K_1收敛。

（3）情景3，$|G_1| \leqslant |G_2| < |G|$。如图7-8所示，在这种情形下，系统中将仅有一个平衡点K_2。根据定理1可知，K_2是一个全局稳定点，且满足条件式（7-29）。同理，当$|G_1| < |G_2| \leqslant |G|$时，$K_1$是一个全局稳定点。

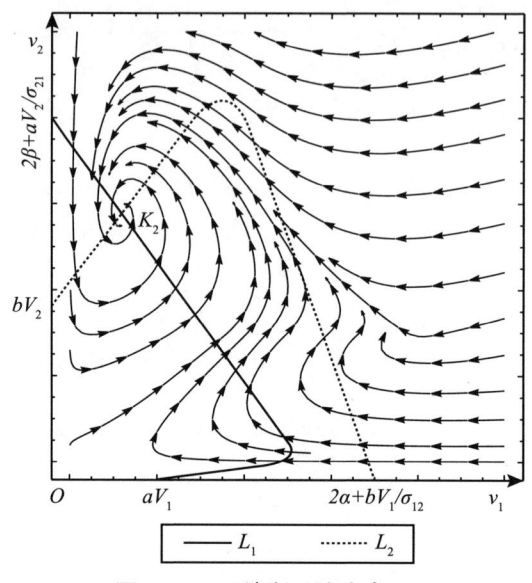

图 7-8　系统渐近稳定点 K_2

（4）情景 4，$|G_1|=|G_2|=|G|$。在这种情形下，等倾线 L_{12} 和 L_{22} 将会合并，此时所有正的平衡点均落在线段 D_1D_2 上，系统中所有的点均将向该线段收敛（如图 7-9 所示）。

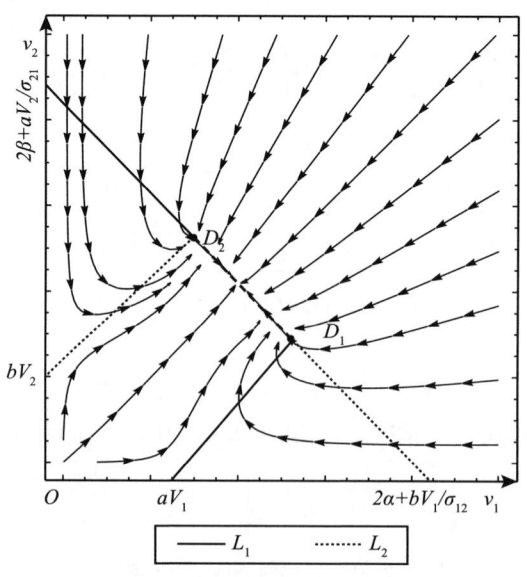

图 7-9　系统稳定点分布于线段 D_1D_2

(5) 情景 5，$|G_2|<|G_1|$。如图 7-8，此情形与情形 3 类似，此时系统中只存在一个全局稳定点 K_2。同时，当 $|G|<|G_2|<|G_1|$ 时，K_1 是全局稳定点。当 $|G_2| \leqslant |G|<|G_1|$ 或 $|G_2|<|G| \leqslant |G_1|$ 时，系统中的全局稳定点是 K_3（见图 7-10）。

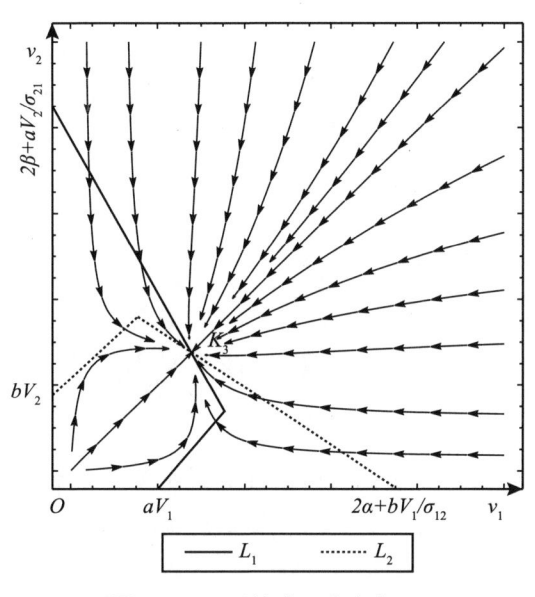

图 7-10　系统唯一稳定点 K_3

综上所述，在网络空间中，非传统安全事件网络舆情多种信息能够并存，且存在一个稳定值，这些信息的传播速度将收敛于此。

7.6　新浪微博数据抓取及统计

本节通过抓取在线社交网络舆情真实数据验证模型有效性并进行仿真。运用 PKUVIS 微博可视分析工具，对 2014 年 3 月 31 日到 2014 年 4 月 30 日期间马伊琍、文章两人新浪微博转发数据进行抓取。抓取到的数据显示，马伊琍拥有超过 3400 万粉丝，而文章则拥有超过 5400 万的粉丝，粉丝数量的差异影响了其微博信息的传播速度。

据统计，新浪微博用户主要在当天 14：00 时之前对信息进行了大规模转发，因而重点对 11：00 时至 14：00 时之间的转发数据进行统计分析。如

表7-3所示。将抓取到的这些数据作为基础，对模型参数进行设置，分别假定两条舆情信息的最大传播速度为 $V_1 = 3000$，$V_2 = 1800$，低临界速度分别为 $\alpha = 80$，$\beta = 20$，高临界速度分别为 $\alpha = 2000$，$\beta = 1800$，严格遵循模型中关于网络舆情增长因子大于衰减因子的假设，假定 $\mu_1 = 0.7$，$\lambda = 0.2$，$\mu_2 = 0.5$，$\lambda = 0.15$，同时令 $v_1(0) = 2$，$v_2(0) = 1$。

表7-3　　　　　　　　　　　两条消息的统计描述

序号	用户	平均值	标准差	最小值	下四分位数	中位数	上四分位数	最大值
1	文章	1374	1050	82	110	1545	2172	2953
2	马伊琍	702	567	22	158	807	1042	1750

7.7　模型仿真分析

为了更好地理解模型，通过数值仿真分析非传统安全事件网络舆情多信息传播随参数变化的演化过程，着重研究在临界传播速度处，制约系数 σ_{12} 和 σ_{21} 对网络舆情传播的作用。

7.7.1　双低制约系数

如图7-11所示，此时两条非传统安全事件网络舆情信息的制约系数分别为 $\sigma_{12} = 0.6$，$\sigma_{21} = 0.8$，二者均小于1，系统处于"双低"状态。观察两条非传统安全事件网络舆情信息传播速度变化趋势，可以发现，在"双低"制约条件下，若满足 $\sigma_{12} < \dfrac{bV_1}{aV_1 - 2\alpha}$ 和 $\sigma_{21} < \dfrac{aV_2}{bV_2 - 2\beta}$ 的稳定性条件，则两条网络舆情呈现出较强的合作效应，二者能够在网络空间中共生并存。

如图7-11（a）所示，该图为低临界速度下两条非传统安全事件网络舆情信息传播变化趋势图。不难发现，v_1 和 v_2 是时间 t 的非单调函数。其中，网络舆情1的传播速度可以细分为3个阶段。在初期，网络舆情1刚刚出现，逐渐吸引越来越多用户关注，曲线急剧上升。然而，随着网络舆情自身吸引力的减弱和网络舆情2强烈竞争，第二阶段网络舆情1的传播速度逐步减弱，最终在第三阶段传播速度向一个非零稳态值逐渐收敛。与之类似，网络舆情2的传播速度变化趋势也是先快速传播,然后增速逐渐下降,最后趋于一个稳定非零值。与图 7-11(a)相对应,图 7-11(c)显示出高临界速度下两条非传统安全事件网络舆情信息变化趋势。对比图 7-11(a)与图 7-11(c),可以发现在高临界速度下,两条非传统安全事件网络舆情信息最终均收敛于较高的传播速度值。由此可知,在"双低"制约系数下,高临界速度更有利于网络空间不同非传统安全事件网络舆情的共存传播。此外,图 7-11(b)和图 7-11(d)直观显示了两条非传统安全事件网络舆情传播关系。二者在刚开始出现时传播速度均很快,但达到一定值后增速逐渐减慢且持续下降,最终收敛至非零常数。同样地,在高临界速度条件下,v_1 和 v_2 都均向较高速度水平值收敛。这一过程表明,两条非传统安全事件网络舆情都会吸引部分用户关注,进而在交互过程中实现共生并存。

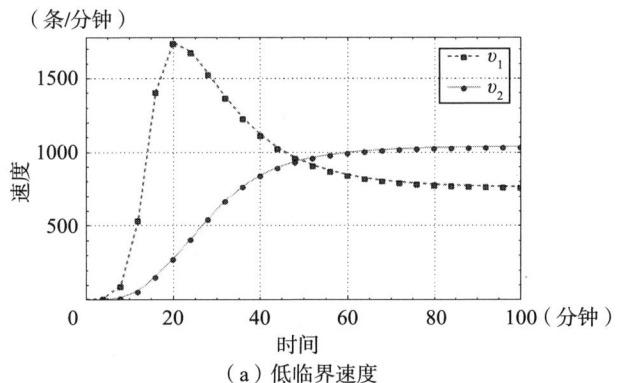

(a)低临界速度

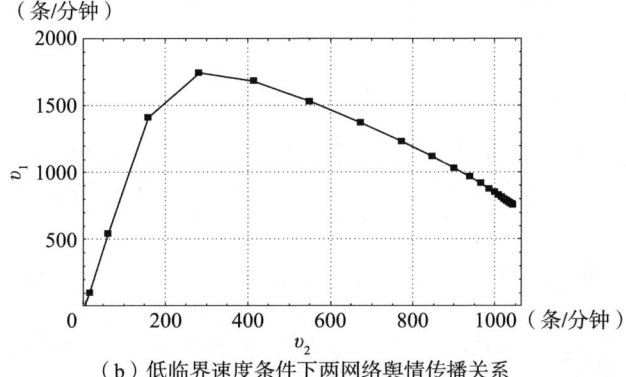

(b)低临界速度条件下两网络舆情传播关系

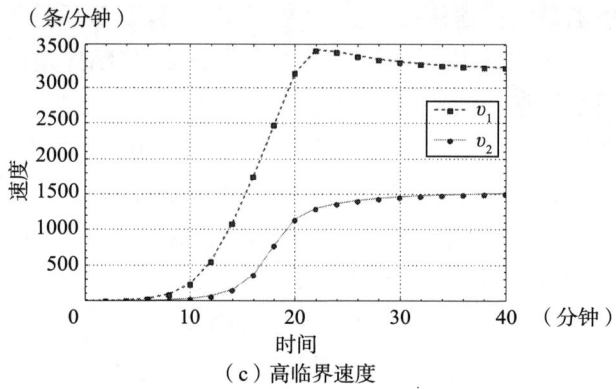

(c) 高临界速度

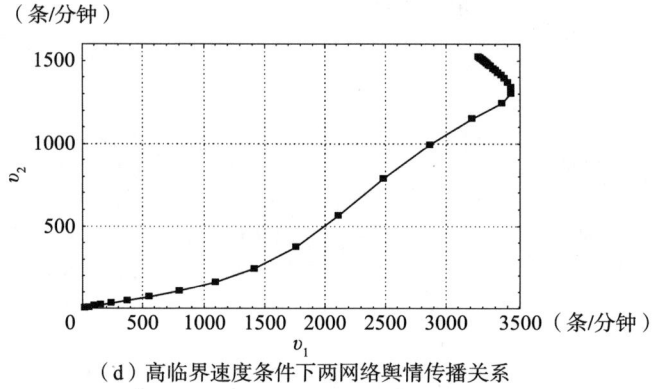

(d) 高临界速度条件下两网络舆情传播关系

图 7-11 低制约系数下网络舆情传播速度的变化

7.7.2 差异化制约系数

若两条非传统安全事件网络舆情信息制约系数存在较大差异，如 $\sigma_{12}=0.6$，$\sigma_{21}=3$，即网络舆情 1 的制约系数较小，而网络舆情 2 的制约系数较大时，如图 7-12 所示，可得两条非传统安全事件网络舆情信息速度发展变化趋势。

如图 7-12 所示，当不同非传统安全事件网络舆情信息的制约系数满足稳定性条件 $\sigma_{12}<\dfrac{bV_1}{aV_1-2\alpha}$ 和 $\sigma_{21}>\dfrac{aV_2}{bV_2-2\beta}$ 时，两条非传统安全事件网络舆情的传播速度变化曲线与"双低"制约系数条件下时具有一定相似性。二者的区别主要在于，非传统安全事件网络舆情 2 的制约系数远远大于网络舆情 1，致使网络舆情1难以吸引大量用户,因而传播一段时间后逐渐消失,最终只存在网络舆情2在系统中稳定传播扩散。同时,由图7-11(a)可知,低临界速度下,用户更倾向于信任高制约系数下的网络舆情。此外,从图7-12(c)可以看出,在高临界速度下,两条非传统安全事件网络舆情都将收敛到较高的传播速度水平。另外,从图7-12(b)和图7-12(d)中同样可以看出,高临界速度有助于非传统安全事件网络舆情多信息传播。如图7-12(b)所示,若网络舆情2传播速度提升,网络舆情1的传播速度呈现出先升后降最终趋于0的演变趋势。在图7-12(d)中,两条非传统安全事件网络舆情传播速度均持续提升,且逐渐趋于非零值,二者呈现出近似的线性关系。

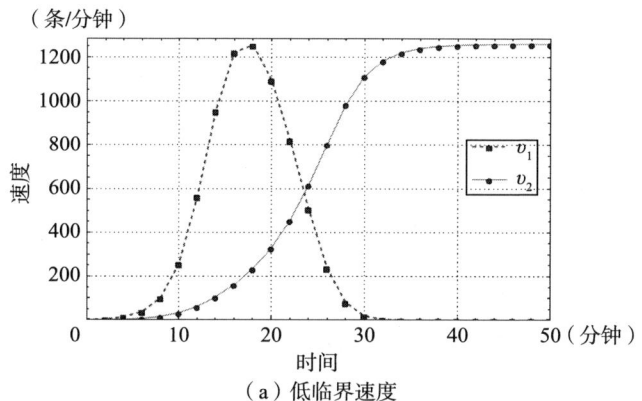

(a)低临界速度

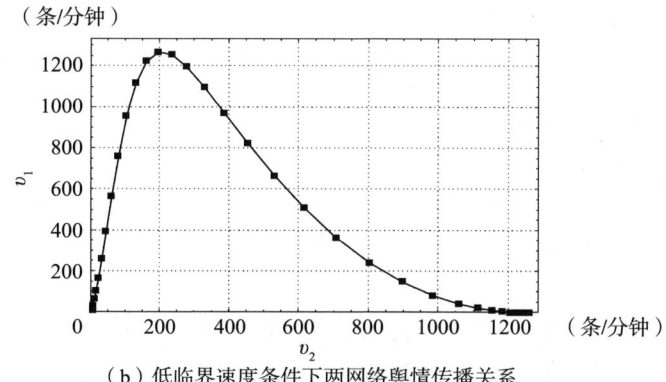

(b)低临界速度条件下两网络舆情传播关系

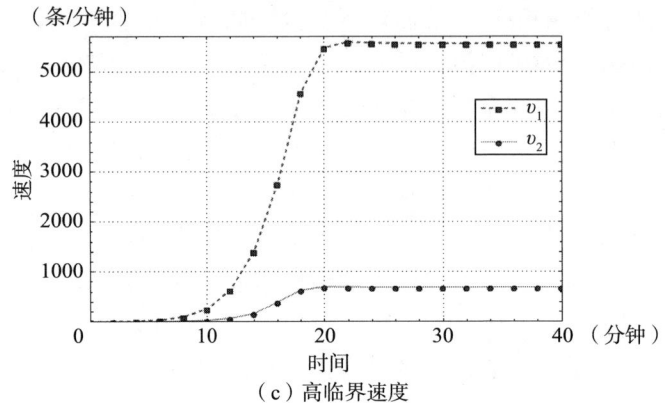

(c)高临界速度

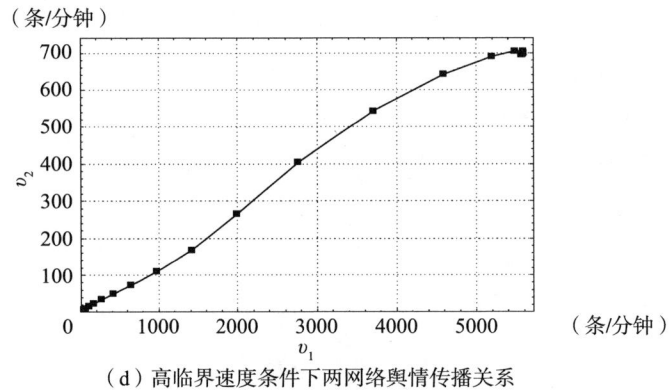

(d)高临界速度条件下两网络舆情传播关系

图 7 – 12　差异化制约系数下网络舆情传播速度的变化

7.7.3　双高制约系数

如图 7 – 13，该图反映了两条非传统安全事件网络舆情信息的制约系数都大于 1（$\sigma_{12}=2$，$\sigma_{21}=3$），即处于"双高"状态时，二者的传播速度变化趋势。

当系统处于"双高"制约条件时，如图 7 – 13（a）与图 7 – 13（b）所示，满足 $\sigma_{12}>\dfrac{bV_1}{aV_1-2\alpha}$，$\sigma_{21}>\dfrac{aV_2}{bV_2-2\beta}$，此时非传统安全事件网络舆情 1 的最高传播速度 V 值较大，能够在网络空间稳定传播，而非传统安全事件网络舆情 2 的最高传播速度 V 值较小，很难大规模扩散，因而逐渐消失。这一结果与前面系统稳定性的理论分析结果相一致，说明若制约系数较小，低临界速度将

抑制 V 值较大的网络舆情传播，此时，具有较大制约系数的网络舆情能够在网络空间大规模传播扩散。同时，对比图 7-12（a）和图 7-13（a）可知，非传统安全事件网络舆情多信息传播中具有"后发优势"。当两条非传统安全事件网络舆情制约能力的差距缩小时，起初制约能力较强的网络舆情传播周期会迅速缩短，而制约能力较弱的网络舆情随着制约系数逐渐增大，并向稳定传播状态转移。这一结论启示有关部门，非传统安全事件下应对谣言等负面网络舆情，应采取有针对性的举措实现"后来居上"，及时公布实时信息，抑制负面网络舆情的扩散蔓延。

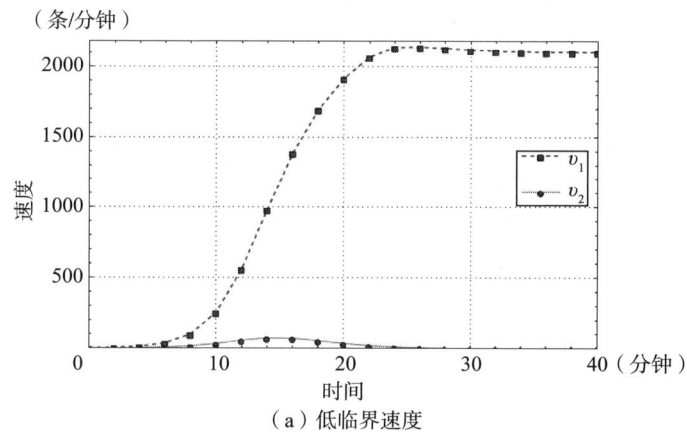

（a）低临界速度

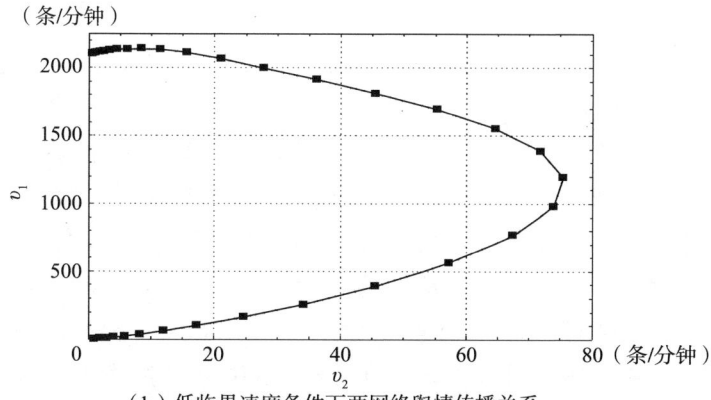

（b）低临界速度条件下两网络舆情传播关系

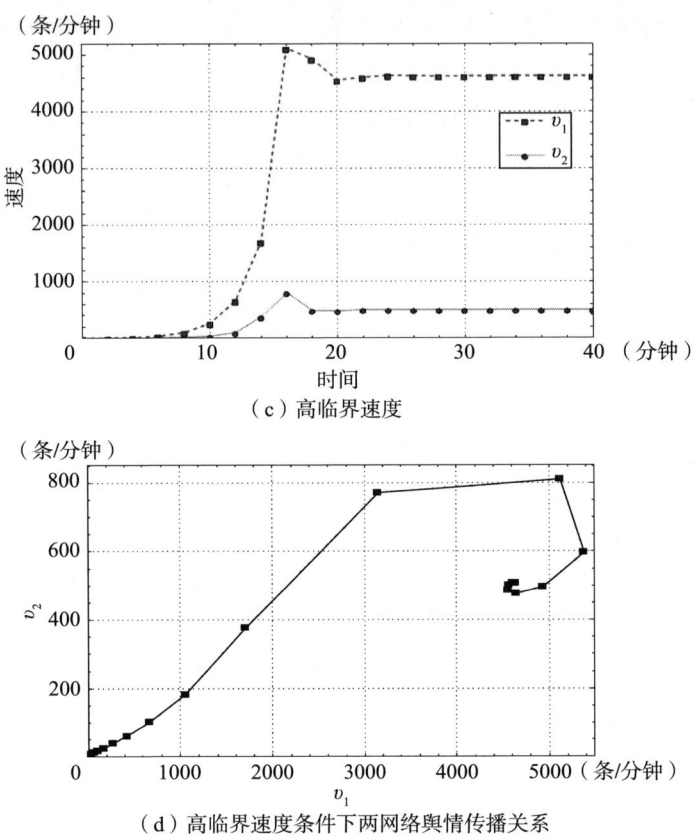

（c）高临界速度

（d）高临界速度条件下两网络舆情传播关系

图 7-13　高制约系数条件下网络舆情传播速度的影响

当临界速度较高时，多条非传统安全事件网络舆情信息合作共生并行传播，制约系数只对稳定时网络舆情的最大传播速度产生影响。分析图 7-11（c）、图 7-12（c）、图 7-13（c）可知，若两条非传统安全事件网络舆情信息的临界速度均比较高时（$\alpha=2000$，$\beta=1200$），制约系数依据"双低-差异化-双高"路径转化时，稳定状态下网络舆情的传播速度发生了变化，而多条非传统安全事件网络舆情共存传播的整体趋势（$v_1 > v_2$）并未受到影响。特别地，从图 7-13（a）和图 7-13（c）可以看出，在双高制约条件下，不管临界传播速度为多少，网络舆情具有较大 V 值（$V_1 = 3000$）的传播速度更快。

当临界速度较低时，不同非传统安全事件网络舆情信息间制约系数依然依据"双低-差异化-双高"的路径变化。分析图 7-11（b）、图 7-12（b）、图 7-13（b）可知，非传统安全事件网络舆情信息在传播初始阶段表现为较高的合作效应，可在较短时间内达到最大传播速度，然而，用户注意力资源较为稀缺，二者竞争的负效应将日趋明显，进一步产生一条非传统安全事件网络舆情信息的传播速度持续增长，另一条非传统安全事件网络舆情信息的传播速度先增长后减小的情况。此外，当临界速度较高时，分析图 7-11（d）、图 7-12（d）和图 7-13（d）不难发现，制约系数只对稳定状态下网络舆情的传播速度产生影响，不同的网络舆情总能以各自速度共存传播。

7.8 本章小结

本章以非传统安全事件网络舆情为研究对象，借鉴种群动力学建模思想，将非传统安全事件网络舆情多信息间相互促进或抑制作用及其产生的正面或负面效应抽象为合作竞争复合机制。通过构建非传统安全事件网络舆情多信息传播 Lotka-Volterra 合作竞争模型，探索了非传统安全事件网络舆情多信息之间的竞争和合作机制对信息传播的作用。通过系统稳定性分析可知，Lotka-Volterra 模型没有闭轨线，系统受临界速度影响具有多个全局稳定点。进一步地，通过仿真分析新浪微博数据发现，当临界速度较低时，在初始传播阶段不同网络舆情之间出现合作效应，且随时间推移竞争效应逐渐凸显并致使低制约系数的网络舆情逐渐消失。网络舆情多信息传播过程中呈现一方传播速度提升，另一方先升后降最终趋于 0 的演变趋势，且低临界速度将抑制 V 值较大的网络舆情传播。当临界速度较高时，不同网络舆情之间具有显著的合作效应，非传统安全事件网络舆情多信息能够共存传播，且 V 值较大的网络舆情传播速度更快，在网络空间更具传播优势。

第8章 非传统安全事件网络舆情传播多主体干预模型

非传统安全事件网络舆情传播不仅是经济社会健康发展和有序运行的较大阻力,而且是影响国家安全的重大问题。政府及网络媒体应勇于承担责任,及时把握好网上舆论引导的时、度、效,使网络空间清朗起来。一方面,党和政府要增强对非传统安全事件网络舆情的引导,加强应急管理,深入探究非传统安全事件网络舆情的引导和管理规律,把控网络群体集聚舆情传播的主动权。另一方面,网络媒体也应充分发挥正确客观的导向作用来提高其对非传统安全事件网络舆情的引导、管理水平。可见,建立政府与网络媒体良性互动的合作关系,实现多主体协同干预已经成为非传统安全事件网络舆情治理必不可少的重要手段。为此,本章基于前面几章关于非传统安全事件网络舆情传播机制的分析,在仅考虑媒体干预或政府干预的模型基础上,提出一种新型的非传统安全事件网络舆情多主体干预模型。考虑受到政府和网络媒体干预而持质疑态度的网民以及面对网络舆情的辟谣者人群,引入演化博弈思想建立模型,探究多主体博弈对非传统安全事件网络舆情传播的影响,以期为非传统安全事件网络舆情治理提供理论指导,为降低非传统安全事件网络舆情传播概率,净化网络环境提出政策建议。

8.1 问题提出

近年来,非传统安全事件屡见不鲜,相关网络舆情信息带来的影响不容忽视。例如2015年的"哈尔滨仓库大火"事件、"深圳娃娃鱼"事件、2017年的"江歌刘鑫"事件、2018年的"重庆万州公交车坠江"事件、"长生生物疫苗造假"事件、2019年的"利奇马台风"自然灾害事件、"无锡高架桥坍塌"事件、2020年的"新冠肺炎疫情"事件等网络舆情均有传播迅速、信息多元、影响广泛等特点，且移动性与膨胀性并存（胡婷婷，2018）。多主体干预在网络舆情传播中起着关键作用，其中最为重要的两个主体角色即为网络媒体和政府。特别是在自媒体时代下，二者的主动干预使网络舆情与传统信息传播过程相差甚远（王润珏，2019）。

从媒体干预角度来看，很多学者在非传统事件网络舆情传播模型中加入了媒体节点进行研究（Zhou et al.，2007；Han et al.，2014）。朱恒民等（2013）在 BA 无标度网络和疾病传播 SEIR 模型的基础上，考虑非传统安全事件等情境下网络舆情话题传播的媒体数量、报道力度和可信度等影响，提出了媒体干预下的舆情传播模型，发现媒体干预会加快非传统安全事件网络舆情传播速度、拓宽传播范围、减少传播弛豫时间。为弥补现有关于媒体干预下舆情话题讨论机制研究不足的问题，张立凡和赵凯（2015）在 SIR 模型基础上引入"强化度""分歧度"两个媒体维度，构建了包含讨论机制的 SIaIbR 传播模型。

从政府干预角度来看，学者围绕政府监管、政府决策透明程度等因素对网络舆情扩散问题展开了研究（Wellie & Mao，2016）。种大双和孙绍荣（2018）构建了考虑政府干预的非传统安全事件 SEIRS 舆情传播控制系统，得到了一种合理运用控制因子促使舆情传播发生改变的方法。谌楠和王恒山（2012）在 BA 无标度网络中引入了社会福利博弈模型，研究了政府监管介入的时间节点对非传统安全事件网络舆情监管的影响。王治莹和李勇建（2017）对政府干预下非传统安全事件网络舆情传播规律与控制决策进行了理论探索，提出政府应选择的管控方向，并在此研究基础上构建了政府干预下的交互传播模型，对多种舆情信息交互传播的演化趋势进行了研究。崔鹏等（2018）构建非传统安全事件网络舆情发展生命周期"六阶段"模型，为政府及时有效干预非传统安全事件网络舆情传播提供了理论依据和实践指导。李燕凌和刘科呈（2019）以"红黄蓝幼儿园虐童"事件为研究对象，分析了政府不同干预情形下非传统安全事件网络舆情传播演化趋势，得出政府引导效用最佳的调控系数。

除此之外，非传统安全事件网络舆情传播过程实际上还是多方利益博弈的过程。因此，一些学者将博弈论思想引入非传统安全事件网络舆情问题研究中。如有学者们将焦点定为网民群体间的内部博弈，并从博弈主体收益及相应策略选择角度阐明了羊群效应的产生机制和发展演化规律（韩少春等，2011；刘锦德和刘咏梅，2013；宋彪等，2014）。郭东伟等（2014）引入社会威慑因素构建非传统安全事件等情境下舆情传播非理性博弈模型，分析了网民非理性程度、社会威慑力度、传播源对舆情传播的影响，并提出了相应的控制策略。

魏德志等（2018）结合博弈论对 SIRS 模型中传染体和免疫体进行演化博弈建模，得出了非传统安全事件等热点话题传播的平衡点和规律。陈福集和黄亚驹（2017）应用前景理论的心理预期衡量政府与网媒在演化博弈过程中的损益值，进而分析平衡点稳定性，推出非传统安全事件等情境下两主体积极参与网络舆情治理的约束条件并构建了合作模型。陈莫凡和黄建华（2019）在改进的传染病模型基础上融入网媒与地方政府的策略互动，建立了 SEIQR 演化博弈模型，同时运用前景理论弥补了期望效用理论在描述博弈主体损益方面的缺陷，通过仿真实验为政府防范治理舆情提供依据。此外，很多学者还将多主体作为非传统安全事件网络舆情研究对象，聚焦政府、网媒和网民三方利益博弈，通过求解演化博弈模型并进行分析，为非传统安全事件网络舆情治理提出对策建议（陈福集、黄江玲，2015；陈婷等，2017；董凌峰，2018）。也有学者从其他角度构建三方博弈模型，包括"微信用户－运营商－政府监管机构"博弈模型（魏德志等，2016）、"伪舆情制造者－网媒－政府"博弈模型（赵静娴，2016）以及"意见领袖－网民－政府"演化博弈模型（张润莲等，2016；王澎贤和陈福集，2016）等。

　　需要注意的是，大多数学者忽视了媒体与政府干预机制的协同作用，仅考虑了媒体或政府单一干预主体对非传统安全事件网络舆情传播的影响。曾庆香和强德华（2012）分析了非传统安全事件网络舆情的引导机制，提出政府与传统媒体的关系发生了从控制、管理到最终合作三个阶段的转变，发现政府与媒体协同干预会产生双赢局面。近年来，虽有学者将博弈论融入非传统安全事件网络舆情传播研究中，分析多主体的策略选择差异，但鲜有学者将演化博弈模型与传染病模型相结合深入剖析不同情景下主体的应对策略以及非传统安全事件网络舆情演化进程。因此，本章将网络舆情受众进一步分为未知者、犹豫者、支持者和反对者，构建动力学模型，通过数值仿真，提出多主体干预下的非传统安全事件网络舆情传播特点以及相关建议。进一步地，考虑质疑者和辟谣者两类人群状态以及不同时间段多主体干预策略对非传统安全事件网络舆情的区别影响，建立演化博弈模型，并引入"情景－应对"理论，探讨多主体的情景－应对策略以及博弈参数对非传统安全事件网络舆情传播特点规律的影响，进而提出对策建议。

8.2 相关传播模型评析

8.2.1 SIaIbR 模型

当非传统安全事件网络舆情爆发时,社会中往往会出现各种各样的观点。张立凡和赵凯(2015)将媒体干预下的非传统安全事件话题观点分为两类,一类是接近媒体的观点,另一类是无媒体时网民自发形成的观点,进而构建了带有讨论机制的非传统安全事件网络舆情传播模型,具体如图 8-1 所示。图中,S 表示未知状态网民;Ia 和 Ib 均表示传播状态的网民,其中,Ia 表示网民中接近媒体的观点,Ib 表示无媒体时网民自发形成的观点;R 表示处于移除状态的网民,并引入媒体干预的强化度和分歧度。SIaIbR 模型对应的动力学方程如式(8-1)所示。

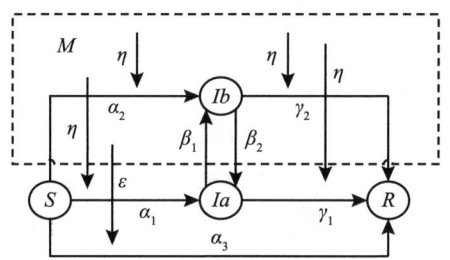

图 8-1 SIaIbR 模型

$$\begin{cases} \dfrac{dS}{dt} = A - \alpha_1 SIa - \alpha_2 SIb - \alpha_3 S \\ \dfrac{dIa}{dt} = \alpha_1 SIa + \beta_2 IaIb - \beta_1 IaIb - \gamma_1 Ia \\ \dfrac{dIb}{dt} = \alpha_2 SIb + \beta_1 IaIb - \beta_2 IaIb - \gamma_2 Ib \\ \dfrac{dR}{dt} = \alpha_3 S + \gamma_1 Ia + \gamma_2 Ib \end{cases} \quad (8-1)$$

8.2.2 政府干预模型

如图 8-2 所示,王治莹和李勇建(2017)运用多案例研究方法,基于 SEIR 模型对政府干预下非传统安全事件网络舆情传播规律与控制决策进行了理论探索,构建了政府干预下的非传统安全事件网络舆情传播控制系统,将政府干预下的网络舆情传播控制系统记为"系统(*)"。

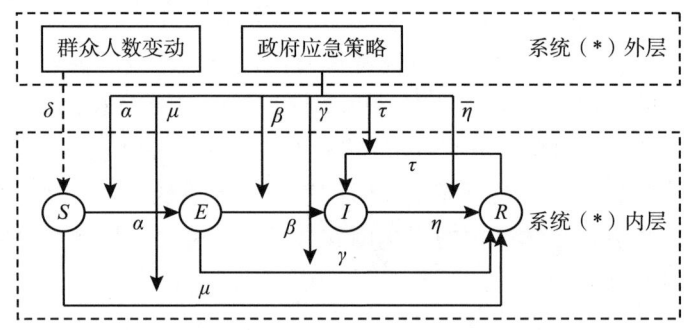

图 8-2 SEIR 模型

模型中,$\bar{\alpha}$、$\bar{\mu}$、$\bar{\beta}$、$\bar{\gamma}$、$\bar{\eta}$、$\bar{\tau}$ 反映了政府的干预作用,分别表示政府对未知者向潜伏者转化、未知者向免疫者转化、潜伏者向传播者转化、潜伏者向免疫者转化、传播者向免疫者转化及免疫者向传播者转化的干预系数。SEIR 模型对应的传播动力学方程如式(8-2)所示:

$$\begin{cases} \dfrac{dS}{dt} = \delta - (\alpha - \bar{\alpha})SI - (\mu - \bar{\mu})S \\ \dfrac{dE}{dt} = (\alpha - \bar{\alpha})SI - (\beta - \bar{\beta})E - (\gamma - \bar{\gamma})E \\ \dfrac{dI}{dt} = (\beta - \bar{\beta})E + (\tau - \bar{\tau})R - (\eta - \bar{\eta})I \\ \dfrac{dR}{dt} = (\gamma - \bar{\gamma})E + (\eta - \bar{\eta})I + (\mu - \bar{\mu})S - (\tau - \bar{\tau})R \end{cases} \quad (8-2)$$

上述主要介绍了 2 种非传统安全事件网络舆情传播模型,发现 SIaIbR 模型仅考虑了媒体因素,SEIR 模型仅考虑了政府因素。然而,随着互联网的广泛普及与高速发展,非传统安全事件网络舆情不断出现新的参与者,为了更加贴近现实传播情景,亟须考虑构建政府和网络媒体协同干预的网络舆情传播模型。

8.3 多主体干预下非传统安全事件网络舆情传播建模

研究设定政府主要指政府组织，网络媒体指商业化运营的机构媒体和自媒体，主要在微博、微信或贴吧等网络平台发布信息。非传统安全事件网络舆情发生时，政府通过发布权威信息及时澄清事实真相，对相关事件负面网络舆情进行疏导；网络媒体通过在网络平台发表正面言论引导舆情发展，从而抑制非传统安全事件负面网络舆情传播。

8.3.1 干预作用参数

政府与网络媒体干预方式及作用有着显著差异。首先，政府对非传统安全事件网络舆情干预作用相对单一，而网络媒体具备传播速度快、互动性强等特点，对非传统安全事件网络舆情的干预强度、手段方式、持续程度等均高于政府干预措施。其次，政府所发布的信息具有削弱作用，但网络媒体在抑制非传统安全事件网络舆情方面权威性不足，可能会促使之前并不关注非传统安全事件网络舆情的人群产生犹豫心理，甚至参与话题讨论，在某种程度反而强化了传播作用，与政府的削弱作用形成鲜明对比。最后，政府发布的官方信息具有权威性，对传播者的意见影响较大，传播者直接变为免疫者进而停止传播非传统安全事件网络舆情的概率很大。相较而言，受网络媒体影响的用户所持观点变化性较大，他们之间可能存在着渗透作用。

因此，本章对网络媒体与政府的干预作用进行区分，用网络媒体强化度、分歧度、渗透率三个参数表示网络媒体的干预作用，用政府干预参数表示政府的干预作用。

1. 网络媒体干预相关参数

（1）网络媒体强化度 ε：该参数表示网络媒体对非传统安全事件网络舆情传播的强化程度。非传统安全事件网络舆情发生时，网络媒体的引导可能促使之前并不关注非传统安全事件网络舆情的人群产生犹豫心理甚至参与话题讨论。这种网民的心理变化体现了网络媒体的强化度。

（2）网络媒体分歧度 η：该参数表示非传统安全事件网络舆情传播过程中

所持观点的分歧程度。与政府相比,网络媒体的导向作用并不权威。当非传统安全事件网络舆情出现时,其导向可能令民众相信,也可能不被相信。若不同人群对非传统安全事件网络舆情态度相悖,两种观点将会产生摩擦,在传播过程中极易引发激烈争论,进而影响网络舆情传播的趋势。因此,将网络媒体分歧度定义为持某一观点的人群因受到网络媒体的影响转而认同另一种观点的概率。

(3) 网络媒体渗透率 β:该参数表示人群在传播非传统安全事件网络舆情时,受网络媒体的导向作用,意见双方相互转化的程度。具体表现为持不同观点的网民在交互过程中,是否跟随网络媒体的导向转变自己的看法,转换为对方所持观点的概率。

2. 政府干预参数

政府干预作用:该参数表示政府发布权威信息后对非传统安全事件网络舆情传播的抑制作用,即对不同网民状态间转化率的影响,体现在促使转化为传播人群的概率降低,而转化为不传播人群的概率增大。

8.3.2 SHIsIoR 模型示意图

依据非传统安全事件网络舆情传播的特点,将网民划分为未知者(S)、犹豫者(H)、传播支持者(Is)、传播反对者(Io)和免疫者(R)五种状态,其在 t 时刻的人数占网民总数的比例分别表示为 $S(t)$、$H(t)$、$Is(t)$、$Io(t)$、$R(t)$,$\lambda_i (i = 1, 2, 3, 4, 5, 6, 7)$ 表示人群间的转化概率,具体参数说明见表 8-1。

表 8-1　　　　　　　　SHIsIoR 模型参数说明

参数	参数说明
A	新网民输入率
λ_1	未知者(S)变为犹豫者(H)的概率
λ_2	未知者(S)变为免疫者(R)的概率
λ_3	犹豫者(H)变为传播支持者(Is)的概率
λ_4	犹豫者(H)变为传播反对者(Io)的概率
λ_5	犹豫者(H)变为免疫者(R)的概率

续表

参数	参数说明
λ_6	传播支持者（Is）变为免疫者（R）的概率
λ_7	传播反对者（Io）变为免疫者（R）的概率
β_1	传播支持者（Is）向传播反对者（Io）转变的概率
β_2	传播反对者（Io）向传播支持者（Is）转变的概率

图 8-3 为 SHIsIoR 非传统安全事件网络舆情传播模型示意图，反映了网络媒体和政府多主体干预作用对非传统安全事件下网民状态及网络舆情传播机制的影响。

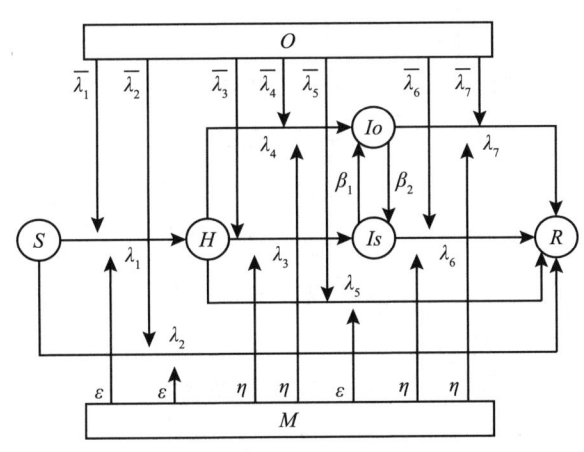

图 8-3 SHIsIoR 模型示意

SHIsIoR 模型中引入了网络媒体和政府的双重干预，其中 O 表示政府，M 表示网络媒体。该模型在现有研究基础上综合考虑网络媒体强化度、网络媒体分歧度、网络媒体渗透率以及政府干预系数等影响因素对非传统安全事件网络舆情传播的作用，对非传统安全事件网络舆情演化规律进行了更好的模拟。

8.3.3 SHIsIoR 动力学模型构建

依据非传统安全事件网络舆情的实际传播情况，将 $\lambda_i(i=1,2,3,4,5,6,7)$ 定义为融入网络媒体及政府干预之后的转化概率，$\lambda'_i(i=1,2,3,4,5,6,7)$ 定义为网络媒体与政府二者均不干预时非传统安全事件网络舆情的传播概率。$\lambda_i^* = \lambda_i' \pm \overline{\lambda}_i$ 为受政府干预的转化概率，$\overline{\lambda}_i$ 为政府干预系数。若 $i = 1, 3, 4$，政府的削弱作用表现为减缓传播概率，$\overline{\lambda}_i$ 前为负号；若 $i = 2, 5, 6, 7$，政府的削弱作用表现为加速传播概率，$\overline{\lambda}_i$ 前为正号。此外，若网络媒体进行干预，网络媒体强化度、网络媒体分歧度和网络媒体渗透率也会影响人群传播率。政府与网络媒体的参数范围为：（1）将网络媒体分歧度定义为传播支持者或传播反对者因受到网络媒体的导向作用而持另一种观点的概率，故参数 $\eta \in (0, 1)$，且 $\varepsilon \in (0, 0.5)$；（2）考虑传播概率的实际意义，$\lambda_i' \in [0, 1]$，$\overline{\lambda}_i \in [0, 1]$，$\overline{\lambda}_i \in [0, 1]$，$\lambda_i^* \in [0, 1]$（$i = 1, 2, 3, 4, 5, 6, 7$），且 $0 \leqslant \lambda_1 + \lambda_2 \leqslant 1$，$0 \leqslant \lambda_3 + \lambda_4 + \lambda_5 \leqslant 1$，$0 \leqslant \lambda_6 + \beta_1 \leqslant 1$，$0 \leqslant \lambda_7 + \beta_2 \leqslant 1$。

具体人群转移概率如式（8-3）所示：

$$\begin{cases} \lambda_1 = \lambda_1' - \overline{\lambda}_1 + 2\varepsilon \\ \lambda_2 = \lambda_2' + \overline{\lambda}_2 - 2\varepsilon \\ \lambda_3 = (\lambda_3' - \overline{\lambda}_3 + 2\varepsilon)(1 - \eta) \\ \lambda_4 = (\lambda_4' - \overline{\lambda}_4 + 2\varepsilon)\eta \\ \lambda_5 = \lambda_5' + \overline{\lambda}_5 - 2\varepsilon \\ \lambda_6 = (\lambda_6' + \overline{\lambda}_6)(1 - \eta) \\ \lambda_7 = (\lambda_7' + \overline{\lambda}_7)\eta \end{cases} \quad (8-3)$$

进而构建 SHIsIoR 模型对应的动力学方程式，如式（8-4）所示，动力学方程中 $S = S(t)$、$H = H(t)$、$Is = Is(t)$、$Io = Io(t)$、$R = R(t)$ 均为 t 的连续可微函数。

$$\begin{cases} \dfrac{dS}{dt} = A - \lambda_1 S(Is + Io) - \lambda_2 S \\ \dfrac{dH}{dt} = \lambda_1 S(Is + Io) - \lambda_3 H - \lambda_4 H - \lambda_5 H \\ \dfrac{dIs}{dt} = \lambda_3 H + (\beta_2 - \beta_1) IsIo - \lambda_6 Is \\ \dfrac{dIo}{dt} = \lambda_4 H + (\beta_1 - \beta_2) IsIo - \lambda_7 Io \\ \dfrac{dR}{dt} = \lambda_2 S + \lambda_5 H + \lambda_6 Is + \lambda_7 Io \end{cases} \quad (8-4)$$

SHIsIoR 模型相较于 8.2.1 小节中 SIaIbR 模型引入了政府干预系数，相较于 8.2.2 小节中 SEIR 模型又引入了网络媒体的影响因素，更全面地模拟了非传统安全事件网络舆情传播演化过程。

8.4 SIQR$_1$R$_2$ 演化博弈模型构建

上节所构建的 SHIsIoR 非传统安全事件网络舆情传播模型同时考虑了网络媒体和政府多主体干预作用，由于多主体收益参数的大小决定着其决策的选择，本节在 SHIsIoR 模型基础上引入质疑者和辟谣者人群，建立 SIQR$_1$R$_2$ 演化博弈模型，进一步探究不同情景下政府与网络媒体收益参数等对非传统安全事件网络舆情传播的作用机理。

8.4.1 演化博弈模型相关理论及模型假设

非传统安全事件下，演化博弈模型中的博弈主体在面对网络舆情传播不同情景时，往往会做出不同的博弈应对决策形成策略组合。"情景"一词最早出现在《2000 年》一书中，书中认为事情的未来发展及潜在结果均是多样性的，对这些潜在结果和趋向以及其发展路径的描述将构成一套情景（Kahn & Wiener，2000）。"情景－应对"模式源于二战时期美国空军的对战方案（Schwartz，1991），后被广泛应用于各类学术研究中，更在网络舆情演变规律研究中被多数学者加以运用。本章研究中的博弈主体分别为政府与网络媒体，当非传统安全事件网络舆情出现时，由于网络舆情自身特点以及政府与网络媒体干预时所产生的效益和损失差异，政府与网络媒体所做出的干预策略也有所差别。但每种网络舆情情景与应对策略均为一一对应关系，故引入"情景－应对"理论，进而在此基础上分析非传统安全事件网络舆情传播与政府和网络媒体应对策略间的相互作用关系，如图 8-4 所示（杨志和祁凯，2018）。

这里提出非传统安全事件网络舆情演化博弈模型基本假设。

（1）本章所构建的非传统安全事件网络舆情演化博弈模型仅考虑政府与网络媒体之间的博弈，不考虑其他网民、意见领袖等主体。

（2）当非传统安全事件网络舆情发生时，网络媒体具有应对策略 1 "干预"和应对策略 2 "不干预"两种策略选择，通过发表言论、澄清事实真相等对网络舆情进行干预进而抑制负面舆情传播，或任由网络舆情肆意传播而坐收渔利。

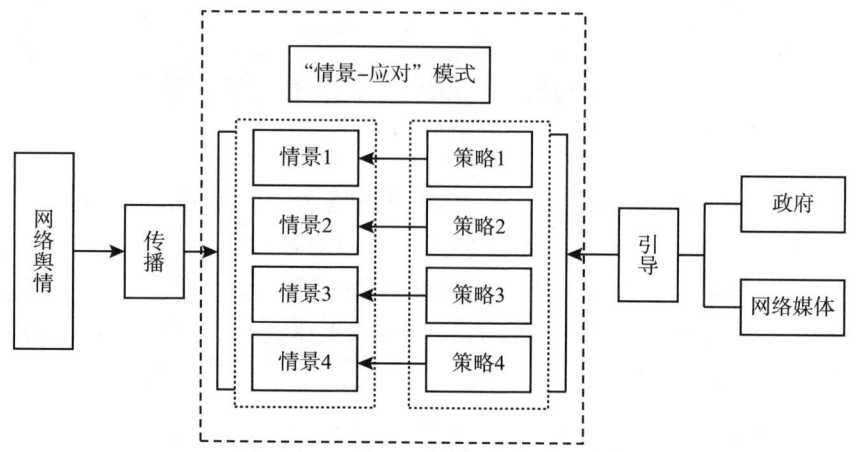

图 8-4 非传统安全事件网络舆情传播与应对方案对应关系

（3）非传统安全事件网络舆情出现时，政府同样具有应对策略 1 "干预"和应对策略 2 "不干预"两种选择。"干预"是指政府在非传统安全事件网络舆情出现时，会选择积极引导策略、发布权威信息、及时澄清事实真相等方式，引导网络舆情，而"不干预"是指因监管成本及难度的限制或是根本未察觉到非传统安全事件网络舆情而采取任由其发展的不监管策略。

8.4.2 $SIQR_1R_2$ 演化博弈模型的建立

研究认为非传统安全事件网络舆情多主体博弈分为两个阶段。第一阶段，政府与网络媒体同时选择最佳应对策略，第二阶段，网民根据自身认知对政府与网络媒体的演化博弈结果做出判断，从而转变为不同状态。两个阶段通过政府与网络媒体选择某种策略的概率与非传统安全事件网络舆情传播模型中的人群转变概率进行联系，由此构建 $SIQR_1R_2$ 演化博弈模型，并进一步分析不同情景下多主体应对策略选择及其损益参数对非传统安全事件网络舆情传播的影响。

基于非传统安全事件网络舆情传播特点，为更加贴合网络舆情传播规律引入辟谣者人群，将网民分为五种状态，即未知者（S）、传播者（I）、质疑者（Q）、免疫者（R_1）和辟谣者（R_2），五种状态的网民在 t 时刻的人数占网民总数的比例分别用 $S(t)$、$I(t)$、$Q(t)$、$R_1(t)$、$R_2(t)$ 表示。非传统安全事件网络舆情发生时，$SIQR_1R_2$ 模型中网民间不同状态转化关系如图 8-5 所示。

第 8 章 非传统安全事件网络舆情传播多主体干预模型

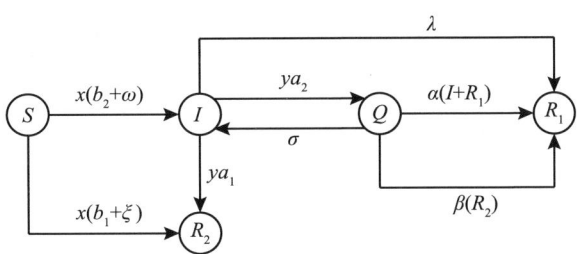

图 8-5　$SIQR_1R_2$ 模型示意

其中，$x(b_2+\omega)$ 代表在网络媒体不干预以及网民认可程度双重作用下未知者（S）转变为传播者（I）的概率，$x(b_1+\xi)$ 表示在网络媒体干预以及网民认可程度双重作用下未知者（S）转变为辟谣者（R_2）的概率，ya_2 表示政府采取不干预策略时网民由传播者（I）转化为质疑者（Q）的概率，ya_1 表示政府干预时网民由传播者（I）转化为辟谣者（R_2）的概率，其他参数说明如表 8-2 所示。

表 8-2　　　　　　　　$SIQR_1R_2$ 模型参数说明

参数	参数说明
A	新网民输入率
x	网民对网络媒体的信任程度
y	网民对政府的信任程度
a_1	政府干预非传统安全事件网络舆情的概率
a_2	政府不干预非传统安全事件网络舆情的概率
b_1	网络媒体干预非传统安全事件网络舆情的概率
b_2	网络媒体不干预非传统安全事件网络舆情的概率
ξ	网民对于网络媒体干预措施的认可程度
ω	网民对于网络媒体不干预措施的认可程度
λ	传播者（I）直接转变为免疫者（R_1）的概率
σ	质疑者（Q）转变为传播者（I）的概率
α	质疑者（Q）遇到传播者（I）或免疫者（R_1）转化为免疫者（R_1）的概率
β	质疑者（Q）遇到辟谣者（R_2）转化为免疫者（R_1）的概率

进一步地，构建第二阶段 $SIQR_1R_2$ 模型对应的动力学方程如式（8-5）

所示，动力学方程中 $S=S(t)$、$I=I(t)$、$Q=Q(t)$、$R_1=R_1(t)$、$R_2=R_2(t)$ 均为 t 的连续可微函数。

$$\begin{cases} \dfrac{dS}{dt} = A - [x(b_2+\omega)+x(b_1+\xi)]SI \\ \dfrac{dI}{dt} = x(b_2+\omega)SI - (ya_1+ya_2)I + \sigma Q - \lambda I \\ \dfrac{dQ}{dt} = ya_2 I - \alpha Q(I+R_1) - \beta QR_2 - \sigma Q \\ \dfrac{dR_1}{dt} = \alpha Q(I+R_1) + \beta QR_2 + \lambda I \\ \dfrac{dR_2}{dt} = x(b_1+\xi)SI + ya_1 I \end{cases} \quad (8-5)$$

非传统安全事件网络舆情出现时，政府、网络媒体根据网络舆情的发展、对自身利益的权衡均会出现两种选择，即干预与不干预。二者根据自身决策的不同会取得不同收益，由于收益难以用具体数值表示，因此主要参考已有权威文献以及实际情况来进行设定。当政府对非传统安全事件网络舆情进行干预时，可获得收益 Iz，该收益主要指政府的信誉值增加，公信力提高，社会稳定等方面的效益值。干预同样会付出一定成本 Cz，该成本主要指政府所付出的人力、物力、财力、时间等。与此同时网络媒体干预时，会减少政府负担，成本减少值为 ΔCz，即额外收益。当政府采取不干预策略而网络媒体干预时，政府的公信力损失为 G，网络媒体不干预给政府带来的公信力损失为 E；网络媒体采取澄清事实真相等干预措施时取得的收益为 Im，该收益主要指网络环境得以净化而获得的网民支持收益以及报道得以规范化的收益等。同样地，干预时所需要付出的成本为 Cm，主要指媒体所付出的人力、技术等管理成本。与此同时，在政府干预的情况下，网络媒体因及时干预会获得政府额外的奖励收益 ΔIm。当网络媒体任由网络舆情肆意传播时，得到的流量关注度收益为 $I'm$，信誉受损值为 H，需承担政府的罚金为 F。假设当政府不作为时不对网络媒体进行惩罚。具体的收益参数如表 8-3 所示：

表 8-3　　　　　　　　多主体博弈的参数收益表

博弈主体	参数类型	收益参数	含义
政府	成本	Cz	政府干预所付出的成本
	收益	Iz	政府信誉值提高、获得健康网络环境等收益
		ΔCz	网络媒体共同干预时政府干预成本的减少值

续表

博弈主体	参数类型	收益参数	含义
政府	损失	G	政府不干预所带来的公信力损失
		E	政府不干预加之网络媒体的肆意报道给政府造成的损失
网络媒体	成本	Cm	网络媒体干预所付出的成本
	收益	Im	网络环境得以净化的网民支持收益以及报道得以规范化收益等
		$I'm$	网络媒体进行肆意报道所获得的关注流量收益
		ΔIm	政府共同干预时获得的政府额外奖励收益
	损失	H	网络媒体不作为造成的信誉受损值
		F	需承担的政府罚金值

根据收益参数的设置,两大主体在不同策略选择下的收益各有不同,政府和网络媒体都有干预、不干预两种选择,具体收益矩阵如表 8-4 所示。

表 8-4　　　　　　　　　　多主体博弈的收益矩阵

政府	网络媒体	
	干预	不干预
干预	$Iz - Cz + \Delta Cz$, $Im - Cm + \Delta Im$	$Iz - Cz - E$, $I'm - F - H$
不干预	$-G$, $Im - Cm$	$-E$, $I'm - H$

假设政府选择干预和不干预政策的比例分别为 a 和 $1-a$,网络媒体选择干预和不干预政策的比例分别为 b 和 $1-b$,其中 $a = a_1$,$1 - a = a_2$,$b = b_1$,$1 - b = b_2$。政府选择干预、不干预以及平均的期望收益分别为 U_1、U_2 和 $\overline{Uz}$。同样地,网络媒体选择干预、不干预以及平均的期望收益分别为 U_3、U_4 和 $\overline{Um}$。由收益矩阵计算如式(8-6)和式(8-7)所示:

$$\begin{cases} U_1 = b(Iz - Cz + \Delta Cz) + (1-b)(Iz - Cz - E) \\ U_2 = b(-G) + (1-b)(-E) \\ \overline{Uz} = aU_1 + (1-a)U_2 \end{cases} \quad (8-6)$$

$$\begin{cases} U_3 = a(Im - Cm + \Delta Im) + (1-a)(Im - Cm) \\ U_4 = a(I'm - F - H) + (1-a)(I'm - H) \\ \overline{Um} = bU_3 + (1-b)U_4 \end{cases} \quad (8-7)$$

由此,第一阶段多主体干预的微分方程组为式(8-8):

$$\begin{cases} F(a) = \dfrac{\mathrm{d}a}{\mathrm{d}t} = a(U_1 - \overline{Uz}) = a(1-a)[Iz - Cz + b(\Delta Cz + G)] \\ F(b) = \dfrac{\mathrm{d}b}{\mathrm{d}t} = b(U_3 - \overline{Um}) = b(1-b)[H - Cm + Im - I'm + a(\Delta Im + F)] \end{cases}$$

(8-8)

8.5 多主体干预下的演化博弈稳定策略分析

8.5.1 多主体干预的演化博弈稳定策略

由多主体干预的微分方程组求解可知:令 $F(a) = 0$,得 $a = 0$,$a = 1$ 或 $b_0 = \dfrac{Cz - Iz}{\Delta Cz + G}$,令 $F(b) = 0$,得 $b = 0$,$b = 1$,或 $a_0 = \dfrac{Cm - H + I'm - Im}{\Delta Im + F}$。因此该模型复制动态的均衡点分别为 $(0,0)$,$(0,1)$,$(1,0)$,$(1,1)$,$\left(\dfrac{Cm - H + I'm - Im}{\Delta Im + F}, \dfrac{Cz - Iz}{\Delta Cz + G}\right)$。利用雅可比矩阵的方法判断该系统均衡点的稳定性,雅可比矩阵为式(8-9):

$$J = \begin{bmatrix} \dfrac{\partial F(a)}{\partial a} & \dfrac{\partial F(a)}{\partial b} \\ \dfrac{\partial F(b)}{\partial a} & \dfrac{\partial F(b)}{\partial b} \end{bmatrix}$$

$$= \begin{bmatrix} (1-2a)[Iz - Cz + b(\Delta Cz + G)], & a(1-a)(\Delta Cz + G) \\ b(1-b)(\Delta Im + F), & (1-2b)[H - Cm + Im - I'm + a(\Delta Im + F)] \end{bmatrix}$$

(8-9)

根据雅可比矩阵求出其行列式的值和迹分别如式(8-10)和式(8-11)所示:

$$\det = (1-2a)(1-2b)[Iz - Cz + b(\Delta Cz + G)][H - Cm + Im - I'm + a(\Delta Im + F)]$$
$$- a(1-a)b(1-b)(\Delta Cz + G)(\Delta Im + F) \quad (8-10)$$

$$tr = (1-2a)[Iz - Cz + b(\Delta Cz + G)] + (1-2b)[H - Cm + Im - I'm + a(\Delta Im + F)]$$

(8-11)

各个均衡点所对应的行列式的值和迹的值如表 8-5 所示。

表 8-5　　　　　不同均衡点对应的雅可比矩阵行列式及迹的数值

均衡点	行列式的值	迹的值
(0, 0)	$(Iz-Cz)(H-Cm+Im-I'm)$	$Iz-Cz+H-Cm+Im-I'm$
(0, 1)	$-(Iz-Cz+\Delta Cz+G)(H-Cm+Im-I'm)$	$Iz-Cz+\Delta Cz+G-H+Cm-Im+I'm$
(1, 0)	$-(Iz-Cz)(H-Cm+Im-I'm+\Delta Im+F)$	$Cz-Iz+H-Cm+Im-I'm+\Delta Im+F$
(1, 1)	$(Iz-Cz+\Delta Cz+G)(H-Cm+Im-I'm+\Delta Im+F)$	$-(Iz-Cz+\Delta Cz+G+H-Cm+Im-I'm+\Delta Im+F)$
(a_0, b_0)	$\dfrac{(Cm-H+I'm-Im)(Cz-Iz)\cdot(Cz-Iz-\Delta Cz)(Cm-H+I'm-Im-\Delta Im-F)}{(\Delta Im+F)(\Delta Cz+G)}$	0

由表 8-5 可知，根据弗里德曼判定方法，在 (a_0, b_0) 处雅可比矩阵 $tr=0$，因此该点无稳定性，认为政府干预时所获得的收益一定超出付出的成本值，所以 $Iz-Cz$ 的值恒大于 0，行列式以及迹的值只需考虑 $H-Cm+Im-I'm$ 和 $H-Cm+Im-I'm+\Delta Im+F$ 的值，分三种情况进行描述。

（1）情景一，当 $H-Cm+Im-I'm>0$ 时，均衡点的局部稳定性如表 8-6 所示：

表 8-6　　　　　　　情景一时均衡点的局部稳定性

均衡点	行列式符号	迹符号	判定结果
(0, 0)	+	+	不稳定
(0, 1)	-	不确定	不稳定
(1, 0)	-	不确定	不稳定
(1, 1)	+	-	ESS

在情景一的情况下，$H-Cm+Im-I'm>0$ 代表网络媒体不作为的信誉受损值相对于干预成本值较大或是采取干预策略较不干预策略时获得的利益更多，此时复制动态的四个均衡点中（1，1）点是稳定的，为复制动态的演化稳定策略。说明当网络媒体选择干预策略所获利益较多，不干预策略信誉受损值更为严重时，政府与网络媒体经过不断地动态演化，最终全部比例的政府均会选择干预策略，全部比例的网络媒体同样均会选择干预策略，即政府与网络媒体的最终稳定策略为（干预，干预）。

（2）情景二，当 $H-Cm+Im-I'm<0$，且 $H-Cm+Im-I'm+\Delta Im+F>0$ 时，均衡点的局部稳定性如表 8-7 所示：

表8-7　　　　　　　　　情景二时均衡点的局部稳定性

均衡点	行列式符号	迹符号	判定结果
(0, 0)	-	不确定	不稳定
(0, 1)	+	+	不稳定
(1, 0)	-	不确定	不稳定
(1, 1)	+	-	ESS

在情景二的情况下，$H - Cm + Im - I'm < 0$ 代表网络媒体不作为所获收益较大或干预成本较高，$H - Cm + Im - I'm + \Delta Im + F > 0$ 表示网络媒体选择干预策略会得到政府更多的额外奖励金额，反之，若网络媒体选择不干预策略，则需要承担数额较大的政府罚金。此时复制动态的四个均衡点中（1, 1）点是稳定的，为复制动态的演化稳定策略，即政府与网络媒体经过不断地动态演化，最终全部比例的政府均会选择干预应对策略，全部比例的网络媒体也会选择干预应对策略，政府与网络媒体的最终稳定应对策略为（干预，干预）。

（3）情景三，当 $H - Cm + Im - I'm < 0$，且 $H - Cm + Im - I'm + \Delta Im + F < 0$ 时，均衡点的局部稳定性如表8-8所示：

表8-8　　　　　　　　　情景三时均衡点的局部稳定性

均衡点	行列式符号	迹符号	判定结果
(0, 0)	-	不确定	不稳定
(0, 1)	+	+	不稳定
(1, 0)	+	-	ESS
(1, 1)	-	不确定	不稳定

在情景三的情况下，$H - Cm + Im - I'm < 0$ 代表网络媒体不作为所获收益较大或干预成本较高，$H - Cm + Im - I'm + \Delta Im + F < 0$ 表示网络媒体选择干预策略时获得的政府额外奖励金额较少，选择不干预策略时政府对其惩罚力度不足。此时复制动态的四个均衡点中（1, 0）点是稳定的，为复制动态的演化稳定策略，即政府与网络媒体经过不断地动态演化，最终全部比例的政府依然会选择干预应对策略，但全部比例的网络媒体会选择不干预应对策略，政府与网络媒体的最终稳定应对策略为（干预，不干预）。

8.5.2 多主体干预的演化博弈稳定策略仿真实验

为进一步验证多主体干预的演化稳定策略，对其进行仿真实验，模拟不同情景下的演化轨迹。a 与 b 分别代表政府与网络媒体的策略比例，t 为演化时间。a 和 b 的取值范围均为 [0，1]，时间段设为 [0，15]。3 种情景下的演化仿真结果如图 8-6 到图 8-8 所示。

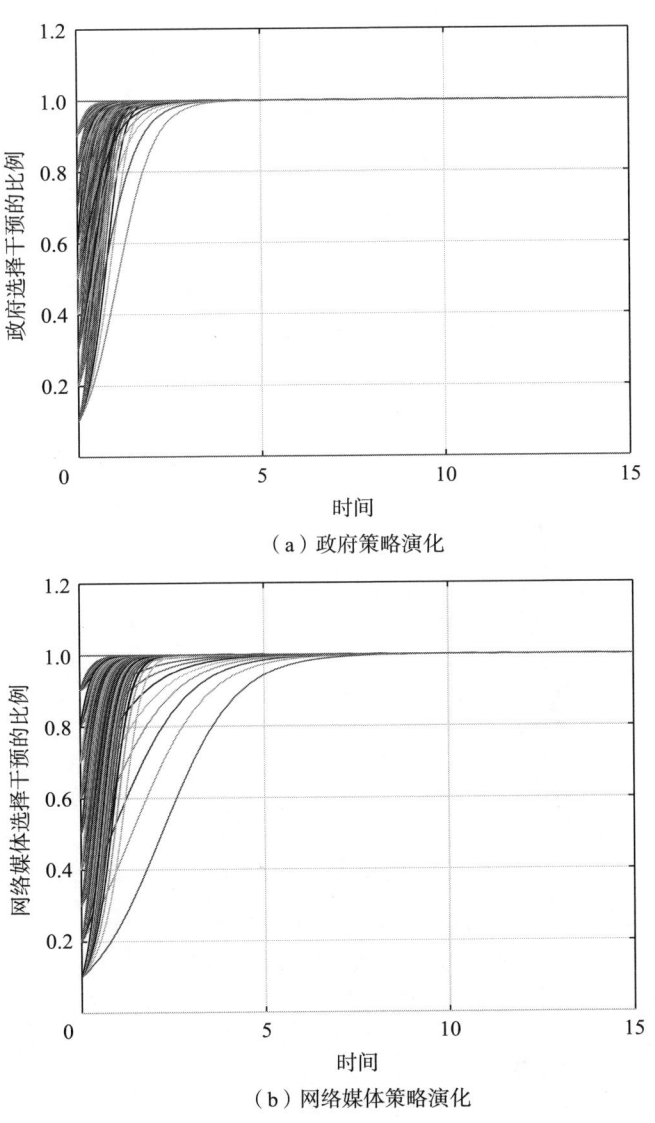

(a) 政府策略演化

(b) 网络媒体策略演化

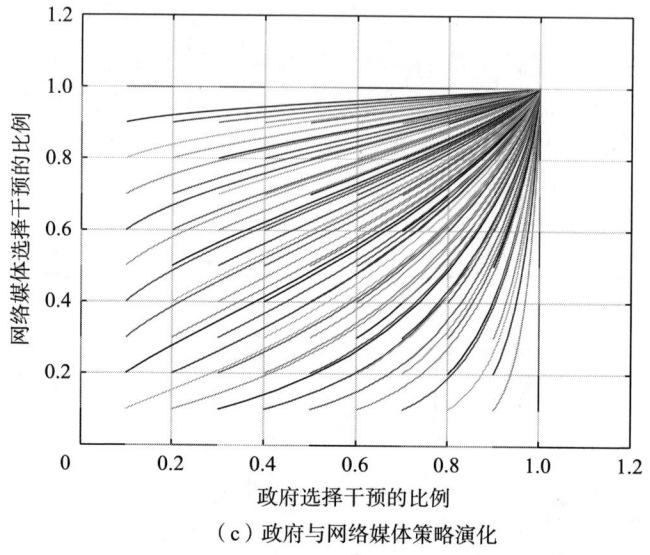

(c) 政府与网络媒体策略演化

图 8-6　情景一

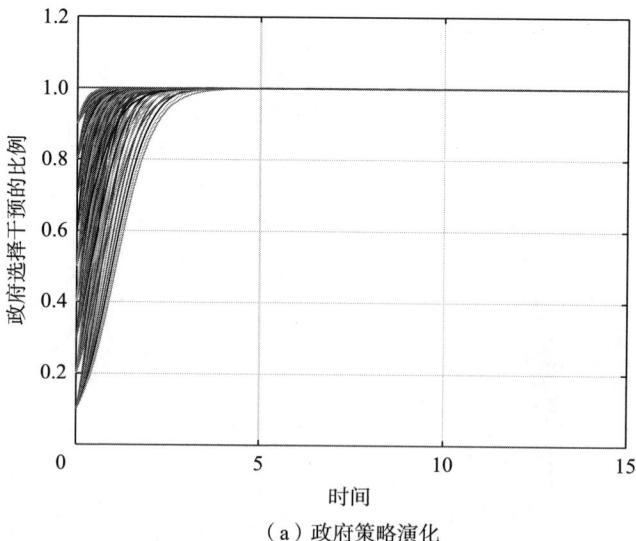

(a) 政府策略演化

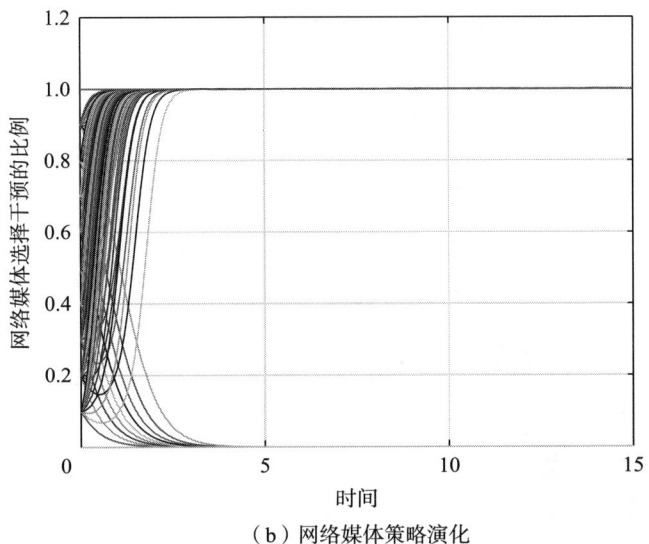

(b)网络媒体策略演化

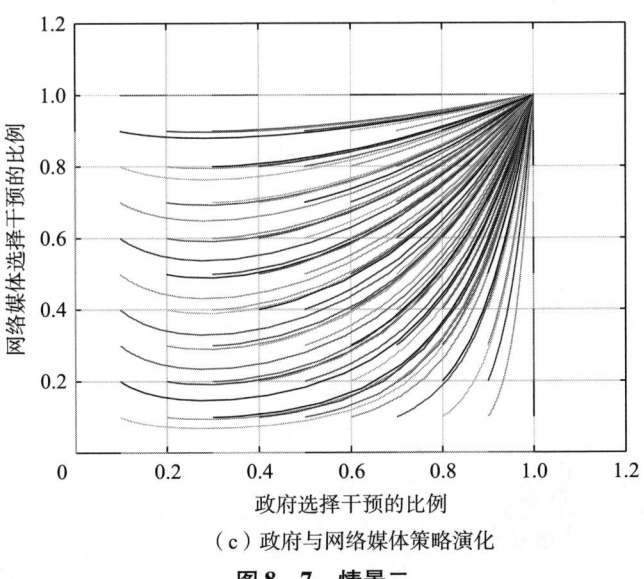

(c)政府与网络媒体策略演化

图 8-7 情景二

由政府与网络媒体多主体间演化博弈模型求解及仿真验证可知,政府与网络媒体的干预策略在参数取值不同的情况下分为三种情况。

首先,当网络媒体不作为的信誉受损值相对于干预成本值较大或干预策略较不干预策略获得的利益更多时,政府与网络媒体选择干预的比例均会趋向于1,最终选择干预策略。对比图8-6(a)与图8-6(b)可知,政府达到稳定状态的速度比网络媒体的速度更快,即当非传统安全事件网络舆情发生时,政府能够更加迅速地应对网络舆情。

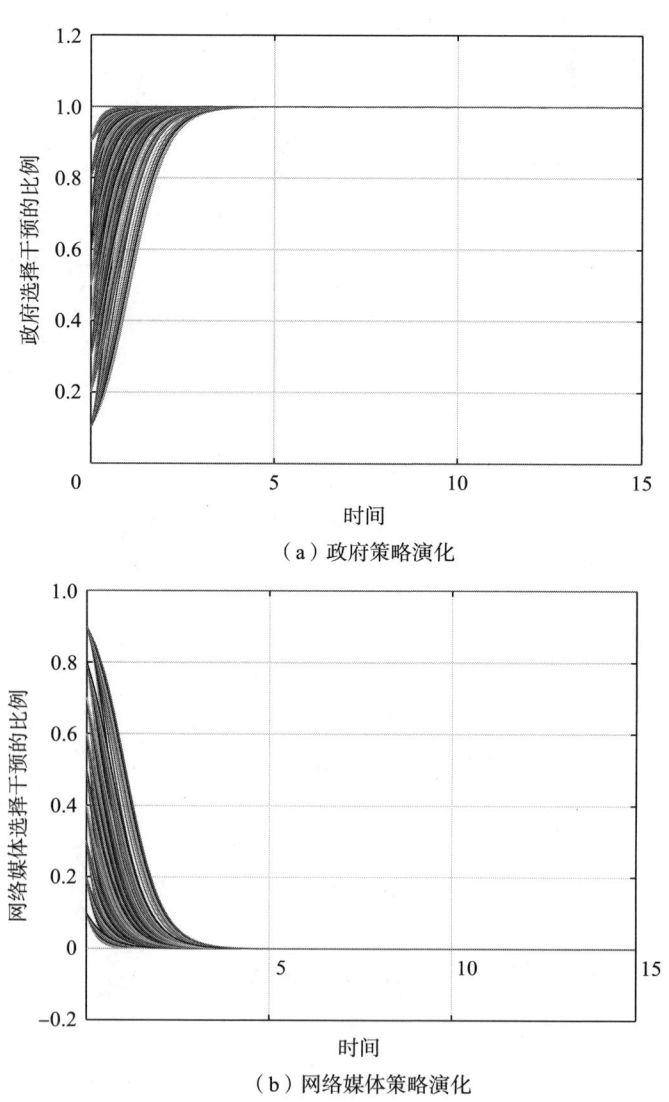

(a) 政府策略演化

(b) 网络媒体策略演化

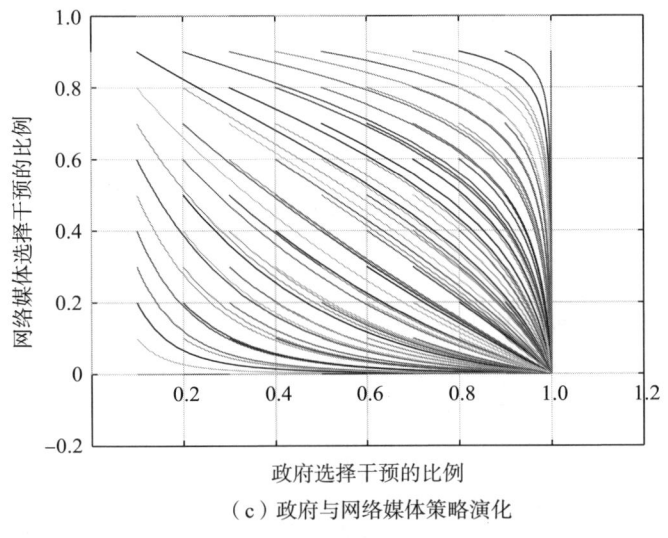

(c）政府与网络媒体策略演化

图 8-8　情景三

其次，当网络媒体不作为所获收益较大或干预成本较高时，部分媒体倾向不干预，图 8-7（b）中网络媒体有少数线条趋向于 0，但其选择不干预策略需承担较大数额的政府罚金，相反，若进行干预则会获得政府较多的额外奖励金额，因此大部分网络媒体最终会选择干预策略。由图 8-7（a）可知，此时政府选择干预策略的比例趋向于 1，最终选择干预策略，稳定均衡点为（1，1）。同样地，政府比网络媒体要更加快速地趋于稳定状态，对非传统安全事件网络舆情进行管理。

最后，当网络媒体不作为所获收益较大或干预成本较高，政府对其惩罚力度不足，且所获政府额外奖励金额较少时，由图 8-8 可知，政府的策略选择为干预，而网络媒体的策略选择为不干预。但由于政府一般具有较高的公信力及威信力，因此，在现实生活中，政府采取干预策略，网络媒体仍然不为所动的做法难以持续，此时（1，0）是一个不稳定的均衡点，即随着政府的干预，网络媒体最终也会趋于选择干预策略，系统将最终收敛至（1，1）这个稳定的均衡点，两者同时对非传统安全事件网络舆情进行治理。

综上所述，当非传统安全事件网络舆情出现时，无论政府与网络媒体进行干预的参数大小如何，两者的稳定策略均会趋向于干预舆情。进一步地，模型求解与仿真结果表明，当非传统安全事件网络舆情出现时，网络媒体采取不同策略所涉及的参数值大小对演化博弈的均衡点起着关键作用。政府面对网络媒体的不作为时，应减少其所获得的流量收入同时适当加大惩罚力度。反之，当网络媒体采取积极的引导策略，疏导非传统安全事件网络舆情时，应给予一定的额外奖励，使得两者达到共同干预网络舆情的稳定均衡策略。

8.6 多主体干预下非传统安全事件网络舆情传播仿真

在网络媒体的导向作用下，网民对非传统安全事件网络舆情的看法逐渐演变为两种不同的观点，两者之间相互影响并对传播规律产生作用。在政府干预下，政府干预系数正向或负向影响传播概率，使非传统安全事件网络舆情传播更加快速地趋于一个稳定状态。为更好地说明网络媒体与政府多主体干预下的非传统安全事件网络舆情传播规律，本节通过控制变量等方法，利用 Matlab 软件进行实验研究，进而通过数值仿真分别对多主体干预下非传统安全事件网络舆情传播过程、演化博弈过程进行相关说明。设置新网民输入率 $A = 0.000001$。

8.6.1 有无网络媒体及政府作用对传播过程的比较

在多主体干预下 SHIsIoR 非传统安全事件网络舆情传播过程分析中，设定五类人群占网民总数的比例分别为 $S(t) = 0.1$，$H(t) = 0.8$，$Is(t) = 0.05$，$Io(t) = 0.05$，$R(t) = 0$。在网络媒体与政府的影响下，网络舆情传播达到平衡状态时各类人群比例如图 8-9、图 8-10 所示。横轴表示时间，纵轴表示各类

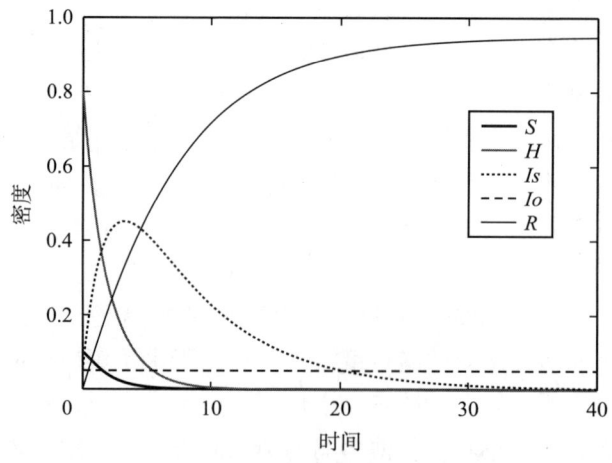

图 8-9 无网络媒体与政府作用下网络舆情传播

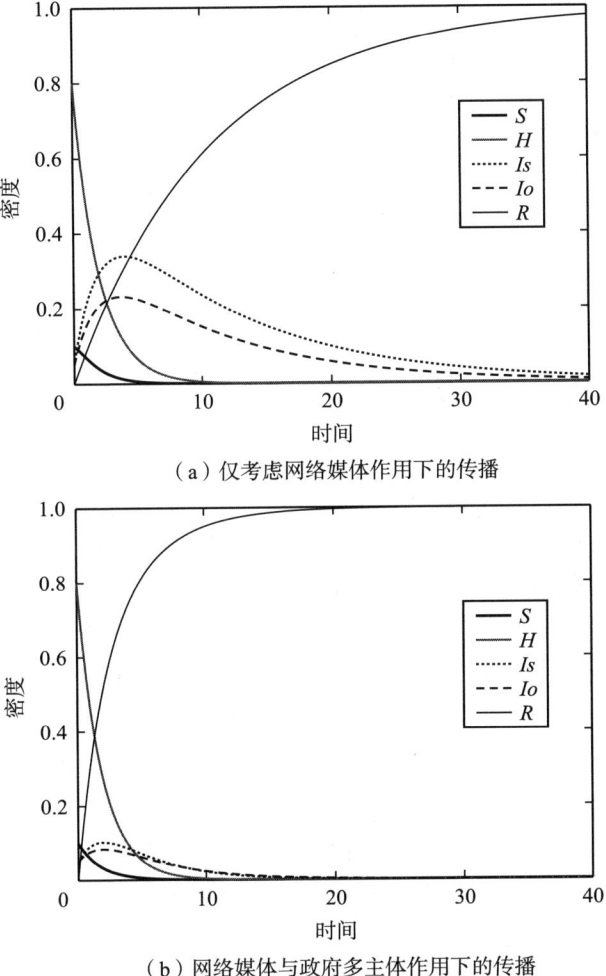

(a) 仅考虑网络媒体作用下的传播

(b) 网络媒体与政府多主体作用下的传播

图 8-10　不同主体作用下的传播

人群比例。各种情景下参数取值如表 8-9 所示，其中初始时刻 $\bar{\lambda}_i (i=1, 2, 3, 4, 5, 6, 7)$ 的值均为 0。因此为使参数表示更加简便，非传统安全事件网络舆情传播概率直接用 λ_i^* 进行表示。

表 8-9　　考虑网络媒体与政府干预的参数设置

情景	λ_1^*	λ_2^*	λ_3^*	λ_4^*	λ_5^*	λ_6^*	λ_7^*	ε	η	β_1	β_2	备注
一	0.8	0.2	0.45	0.45	0.1	0.15	0.25	0	0	0	0	初始值
二	0.8	0.2	0.45	0.45	0.1	0.15	0.25	0.01	0.4	0.15	0.15	考察网媒
三	0.5	0.5	0.15	0.15	0.4	0.45	0.55	0.01	0.4	0.15	0.15	考察政府

情景一和情景二的政府干预系数均为0,不同的是,情景二中加入了网络媒体强化度、网络媒体分歧度和网络媒体渗透率指标,进而分析网络媒体因素对非传统安全事件网络舆情传播的影响;情景三又在此基础上融入政府因素,设置政府干预系数为0.3,其中,当$i=1,3,4$时,对应传播率减弱,当$i=2,5,6,7$时,对应传播概率加强,进而考察在网络媒体与政府多主体作用下非传统安全事件网络舆情的传播规律。

由图8-9可以看出,当无网络媒体和政府影响时,非传统安全事件网络舆情传播过程不存在分歧,传播反对者人群数量不变,传播过程与传统网络舆情传播模型类似。然而,随着网络媒体的介入,非传统安全事件网络舆情话题讨论加剧,人们的观点也开始发生分歧。如图8-10(a)所示,随着时间的推移,传播支持者和传播反对者的数量都会达到一个小高潮再而趋于0。同时,对比图8-9还可发现,非传统安全事件网络舆情传播过程中一部分传播支持者转变为传播反对者,两者之间相互作用使得讨论持续进行,弛豫时间变长。此外,对比图8-10(a)与图8-10(b)可以看出,在政府干预作用下,两类传播者数量都有所减少,这降低了非传统安全事件网络舆情的话题讨论热度,与初始状态相比弛豫时间变短,网络舆情很快趋于稳定状态。

由上述三种情景对比分析可知,网络媒体单独干预时,虽然传播支持者人数有所降低,看似在某种程度上减少了传播源,但却使话题讨论时间增长,非传统安全事件网络舆情传播未能得到有效控制。加入政府干预之后,传播者数量减少,并大大缩短了弛豫时间。由此可得,网络媒体与政府多主体干预可使非传统安全事件网络舆情得到有效控制,两者共同疏导对于非传统安全事件网络舆情治理具有重要意义。

8.6.2 网络媒体作用对传播过程的影响

在非传统安全事件网络舆情传播过程中,传播者数量代表话题热度的高低,模型中传播支持者和传播反对者因参数变化而随之改变。下面首先讨论不同网络媒体强化度和网络媒体分歧度对传播者数量的影响。网络媒体强化度取值为0~0.5,网络媒体分歧度取值为0~1,其他参数设置为:$\lambda_1^* = 0.8$,$\lambda_2^* = 0.2$,$\lambda_3^* = 0.45$,$\lambda_4^* = 0.45$,$\lambda_5^* = 0.1$,$\lambda_6^* = 0.15$,$\lambda_7^* = 0.25$,$\beta_1 = 0.15$,$\beta_2 = 0.15$。

图8-11展示了网络媒体强化度和网络媒体分歧度对非传统安全事件网络舆情传播支持者和传播反对者的影响。为使图形效果更为清晰,纵轴设为媒体

强化度 ε 的 2 倍，即 2ε。由图可知，扩大相同的影响倍数，网络媒体强化度方向的颜色上移变化远弱于网络媒体分歧度。随着网络媒体强化度的增大，数量仅有小范围增幅，影响范围有限，但网络媒体分歧度的影响相对较大，颜色跨度明显，说明网络媒体分歧度会加速非传统安全事件网络舆情传播。进一步地，对于两类人群而言，对比图 8-11（a）与图 8-11（b），传播支持者受

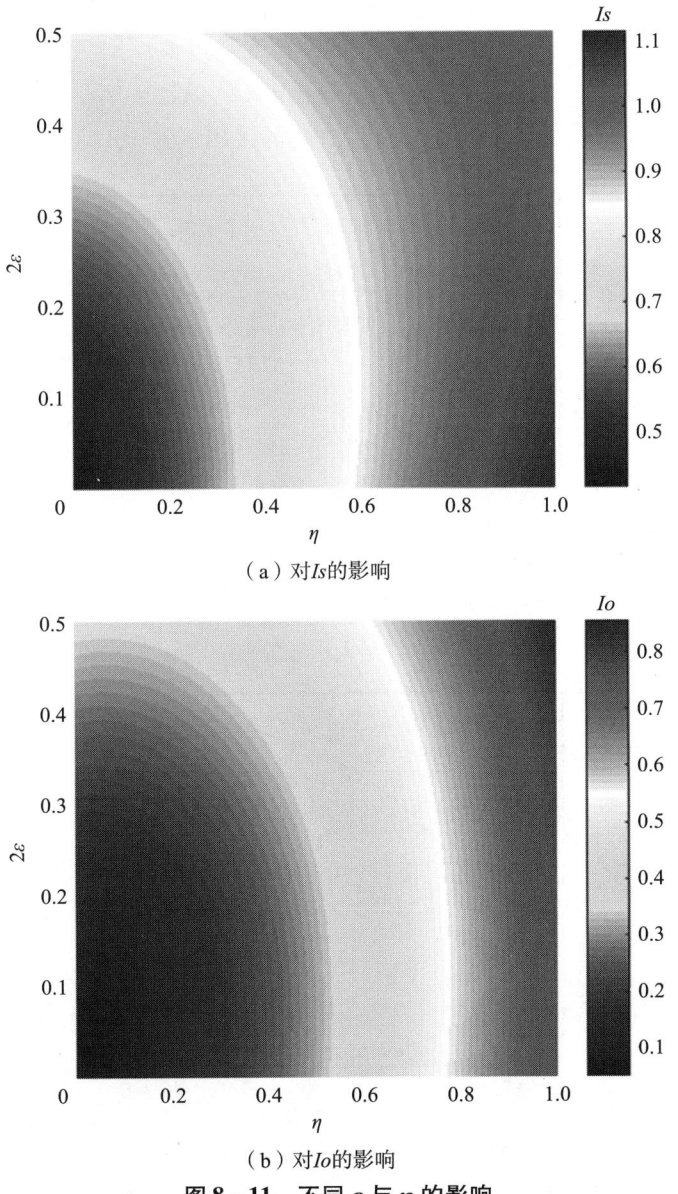

（a）对 Is 的影响

（b）对 Io 的影响

图 8-11　不同 ε 与 η 的影响

网络媒体强化度和网络媒体分歧度作用影响更为显著，主要体现在人群数量方面，占比处于优势从而加快传播，导致非传统安全事件网络舆情危机，所以管控策略要着重注意控制传播支持者数量，降低网民之间的分歧，弱化非传统安全事件相关话题讨论。

接下来讨论不同网络媒体渗透率对非传统安全事件网络舆情传播的影响。图 8-12（a）考察传播反对者渗透到传播支持者 β_2 的影响，此时 $\beta_1 = 0.15$，$\beta_2 = 0.6$，图 8-12（b）考察传播支持者渗透到传播反对者 β_1 的影响，此时 $\beta_1 = 0.6$，$\beta_2 = 0.15$。其他参数设置为：$\lambda_1^* = 0.8$，$\lambda_2^* = 0.2$，$\lambda_3^* = 0.45$，$\lambda_4^* = 0.45$，$\lambda_5^* = 0.1$，$\lambda_6^* = 0.15$，$\lambda_7^* = 0.25$，$\varepsilon = 0.01$，$\eta = 0.4$。

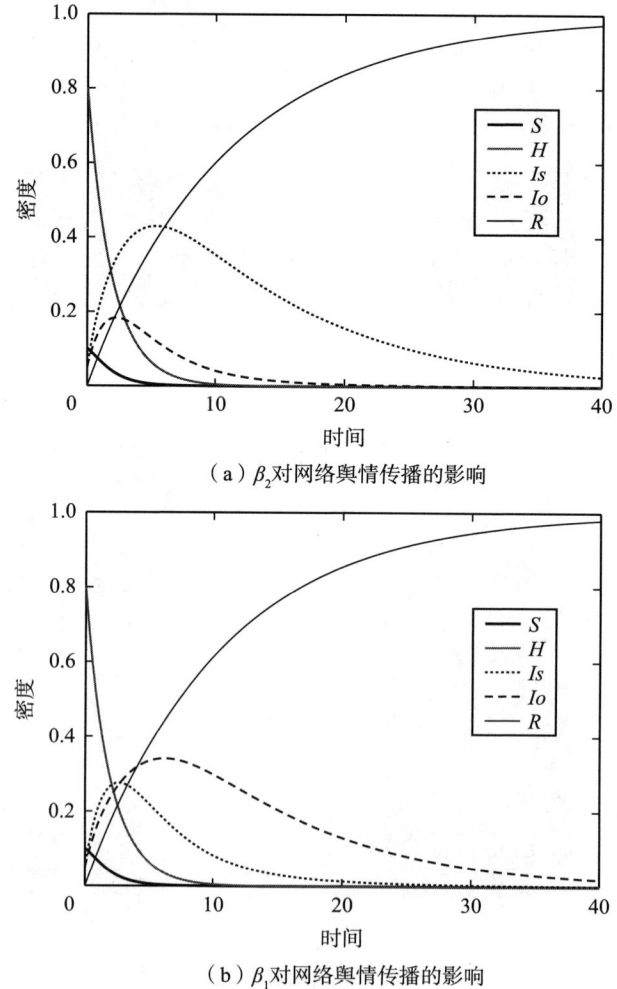

（a）β_2 对网络舆情传播的影响

（b）β_1 对网络舆情传播的影响

图 8-12　β_2 和 β_1 对网络舆情传播的影响

由图可知，网络媒体转化渗透率偏向哪一方，哪一方的传播者人数便会增多。对比图8-12（a）与图8-12（b）不难发现，当控制一方网络媒体渗透率而改变另一方时，渗透率改变同样的幅度，人群数量变化也大致相同。当$\beta_2=0.6$时，传播支持者的人数明显增加，出现一个较为显著的峰值，反对者人数减少，两类人群的占比差距显著；当$\beta_1=0.6$时，传播反对者人数明显增加，支持者人数减少，但此时两类人群占比并无较大差异，峰值差距较小。

整体来看，与图8-10（a）相比免疫者趋于平稳的时间基本一致，网络媒体渗透率主要通过影响两类传播者人群来影响非传统安全事件网络舆情传播态势。在网络媒体干预下，相对于网络媒体强化度参数，网络媒体分歧度和网络媒体渗透率对非传统安全事件网络舆情传播的影响较大，并均主要通过影响传播支持者和传播反对者两类人群的占比来达到干预效果。

8.6.3 政府干预作用对传播过程的影响

当非传统安全事件网络舆情出现时，政府的介入可以减缓网络舆情所造成的危害。SHIsIoR模型中，政府通过影响各类人群之间的转化率来对非传统安全事件网络舆情进行干预，把无政府干预情景下的转化率设为基础值，此时$\overline{\lambda}_i=0(i=1,2,3,4,5,6,7)$。设置实验组的干预系数为0.3，利用控制变量法，研究对转化率干预程度相同时各类人群的占比变化，以求得最佳的治理策略。政府干预共分为七种情景，参数设置如表8-10所示。根据表8-10数据，利用Matlab进行仿真实验，得到七种情景下未知者、犹豫者、传播支持者、传播反对者和免疫者五类人群的变化，见图8-13至图8-17。

表8-10　　　　　　　　　　政府干预下情景设置

情景	λ_1^*	λ_2^*	λ_3^*	λ_4^*	λ_5^*	λ_6^*	λ_7^*	备注
基础	0.8	0.2	0.45	0.45	0.1	0.15	0.25	基础值
一	0.5	0.2	0.45	0.45	0.1	0.15	0.25	考察$\overline{\lambda}_1$
二	0.8	0.5	0.45	0.45	0.1	0.15	0.25	考察$\overline{\lambda}_2$
三	0.8	0.2	0.15	0.45	0.1	0.15	0.25	考察$\overline{\lambda}_3$
四	0.8	0.2	0.45	0.15	0.1	0.15	0.25	考察$\overline{\lambda}_4$
五	0.8	0.2	0.45	0.45	0.4	0.15	0.25	考察$\overline{\lambda}_5$
六	0.8	0.2	0.45	0.45	0.1	0.45	0.25	考察$\overline{\lambda}_6$
七	0.8	0.2	0.45	0.45	0.1	0.15	0.55	考察$\overline{\lambda}_7$

图 8-13 展示了不同情景中未知者人群的变化趋势。与无政府干预的初始情况相比，每种情景都在不同程度上影响了未知者所占比例。其中，未知者在情景二时下降最快，最先趋于消亡趋势，而在情景一时下降最慢，甚至低于初始情况的下降速度。这一结果表明情景二（干预未知者到免疫者的转变概率）在降低未知者数量方面效果最好，情景一（干预未知者到犹豫者的转变概率）最差。

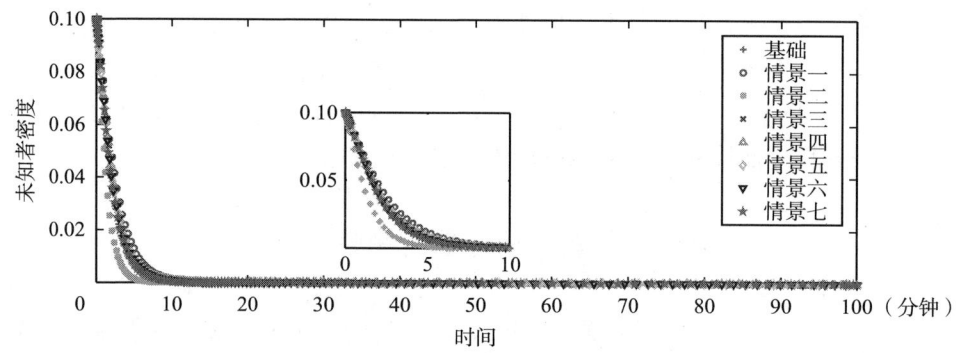

图 8-13　各种情景中未知者比例的数量变化

由图 8-14 可知，在犹豫者的影响程度方面，与无政府干预的初始情况相比，各种情景均对犹豫者的数量占比产生了影响。其中情景五使得犹豫者人群下降速度最快，情景三下降速度最慢。由此可得在降低犹豫者数量方面，情景五（干预犹豫者到免疫者的转变概率）效果最好，情景三（干预犹豫者到传播支持者的转变概率）效果最差。

由图 8-15 和图 8-16 可知，传播支持者和传播反对者占比与无政府干预的初始情况相比均发生了变化，且开始均会出现一个高峰，紧接着峰值逐渐降低趋于 0。具体来说，图 8-15 显示了传播支持者人数在情景三状态下峰值最小，情景四状态下峰值最大。这是因为情景三遏制了犹豫者向传播支持者的转化，而情景四遏制了犹豫者向传播反对者的转化，加大了向传播支持者的转化。特别地，情景六的峰值数量虽然并非最小，下降速度却最快，最先达到稳定状态，说明在降低传播支持者人数方面，情景六（干预传播支持者到免疫者的转变概率）效果最好。

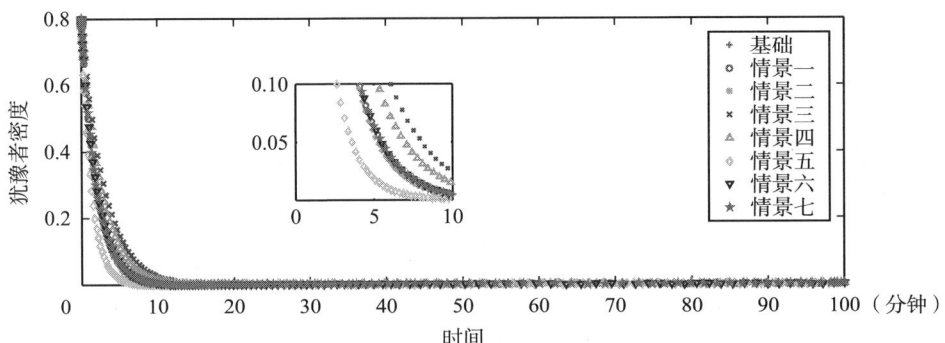

图 8-14　各种情景中犹豫者比例的数量变化

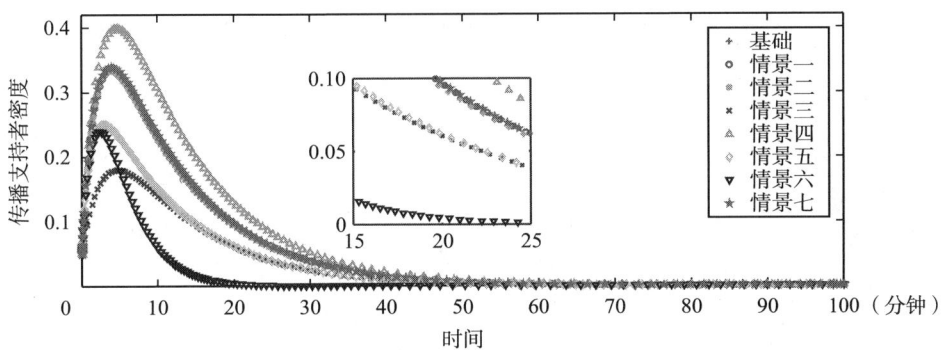

图 8-15　各种情景中传播支持者比例的数量变化

图 8-16 显示了传播反对者人数在情景四状态下峰值最小,情景三状态下峰值最大,与传播支持者情况正好相反。同样地,情景七中虽然传播反对者人数峰值并非最高但却下降最快,最先趋于稳定。可见在降低传播反对者人数方面,情景七(干预传播反对者到免疫者的转变概率)效果最好。

据图 8-17 可知,加入政府干预系数,不同情景均使免疫者的数量占比较初始情景发生改变。非传统安全事件网络舆情发生初期,情景五状态下免疫者数量增加较为显著,但随着时间推移,情景五的增幅开始下降,情景六所示图形曲线后来居上,最先使传播趋于稳定状态。所以就长远来看,情景六(干预传播支持者到免疫者的转变概率)可以更快速地增加免疫者数量,干预效果最佳。

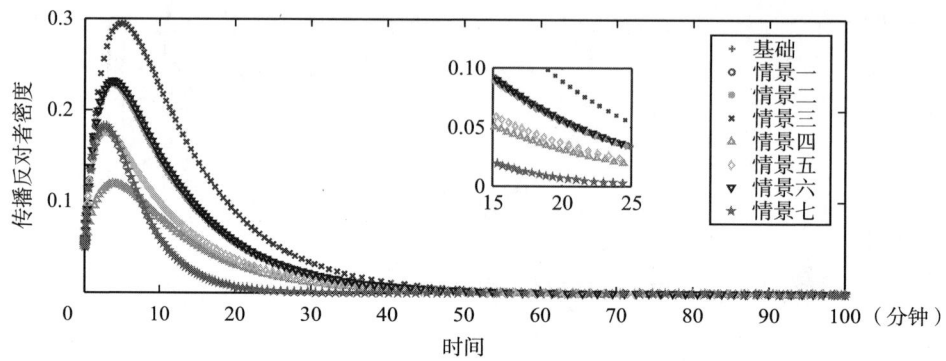

图 8–16　各种情景中传播反对者比例的数量变化

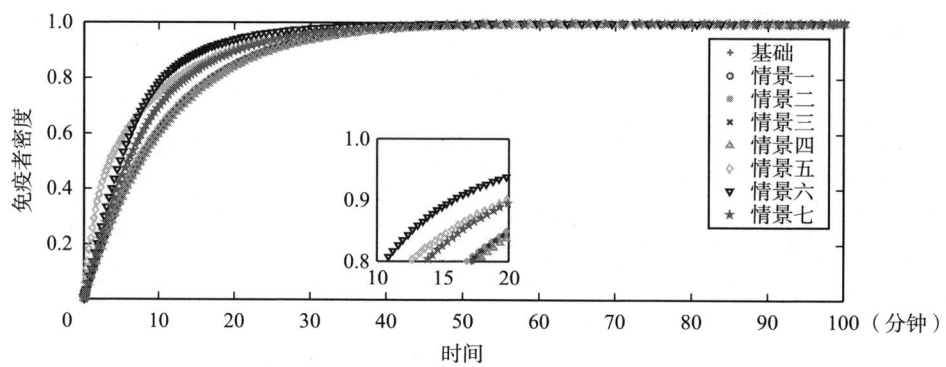

图 8–17　各种情景中免疫者比例的数量变化

众所周知，非传统安全事件网络舆情的治理主要体现为管控每类人群的数量。首先，要控制非传统安全事件网络舆情的波及范围与所影响的人群数量，即降低未知者数量。由上述分析可得，情景二中未知者下降最快，管控策略应首先考虑增大由未知者向免疫者转化的概率以达到控制知情人数的目的。其次，要极力稳定人群情绪，降低犹豫者数量。由上述分析可知，在情景五中犹豫者下降速度最快，因而得出应尽力提高犹豫者向免疫者转化的概率。再次，传播者人数代表非传统安全事件网络舆情的散布范围，控制传播者人数是非传统安全事件网络舆情管理的关键一步，增加传播支持者和传播反对者向免疫者转化的概率可以最大程度降低传播者人数，从而控制非传统安全事件网络舆情传播扩散。最后，非传统安全事件网络舆情得到有效治理的标志为所有状态的人群是否全部转化为免疫者，因而提高转向免疫者人群的概率极为紧要，例如情景六在增大免疫者人数方面效果最佳，所以应优先考虑提高传播支持者向免疫者的转化概率。

8.6.4 多主体干预演化博弈下非传统安全事件网络舆情传播分析

为对模型中各个参数如何影响非传统安全事件网络舆情的传播进行更加深入的探究，利用 Matlab 软件对其演化博弈过程进行仿真。在 $SIQR_1R_2$ 模型中，设置五类人群初始值分别为 $(S, I, Q, R_1, R_2) = (0.99, 0.01, 0, 0, 0)$，$x = 0.5$，$y = 0.5$，$b_1 = 0.1$，$b_2 = 0.9$，$a_1 = 0.2$，$a_2 = 0.8$，$\omega = 0.8$，$\xi = 0.2$，$\sigma = 0.8$，$\lambda = 0.2$，$\alpha = 0.3$，$\beta = 0.5$。

1. 政府收益与公信力受损值对网络舆情传播影响

当非传统安全事件网络舆情发生时，政府根据参数值不同选择干预或不干预两种应对策略，其收益及公信力受损值大小对非传统安全事件网络舆情传播者数量的影响如图 8-18 所示，分别代表前面情景一至情景三的三种情况。

由图可知，三种情景中，非传统安全事件网络舆情传播者的数量均随政府收益值的增大而减少，这是因为收益值越大，政府选择干预的概率就会越大，因而传播者数量减少。此外，政府公信力受损值的增大也均使得非传统安全事件网络舆情传播者的数量逐渐减少，这是因为当政府选择不干预应对策略时所承担损失的增多会促使其选择干预策略，对非传统安全事件网络舆情进行治理，从而减少传播者数量。进一步地，由三种情景下图形的颜色变化可知，对

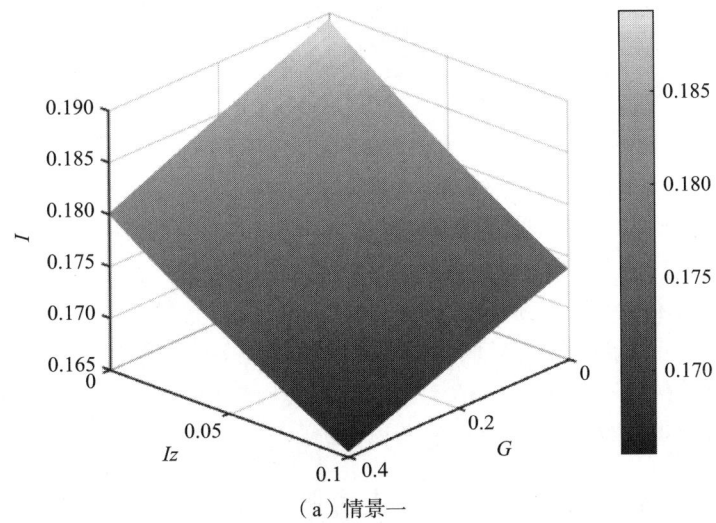

(a) 情景一

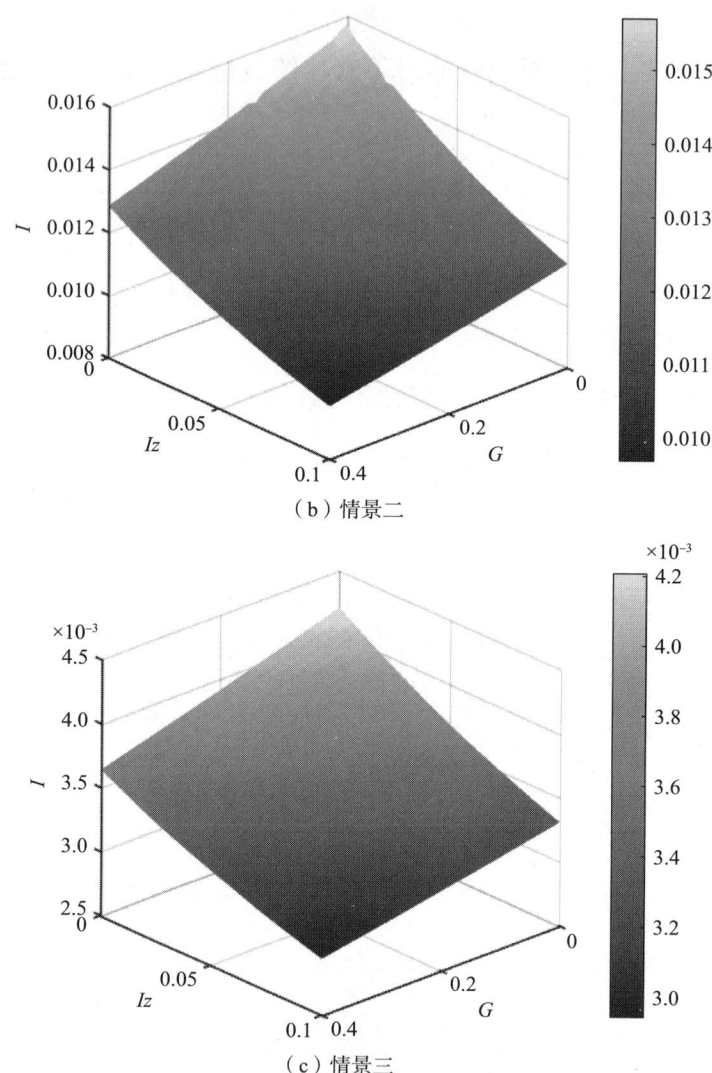

(b) 情景二

(c) 情景三

图 8-18 三种情景下政府收益与公信力损失对网络舆情传播的影响

政府收益值 Iz 和公信力受损值 G 改变相同的数值，传播者 I 的数量随 Iz 的变化幅度均远大于 G 的变化幅度，即传播者数量对 Iz 值更为敏感，非传统安全事件网络舆情传播受政府收益值大小的作用较大。由此，在政府管控措施上相较于损失值，更应注重干预收益值的提高。

2. 政府公信力受损值对网络舆情辟谣者的影响

当非传统安全事件网络舆情出现时，辟谣者对其进行辨别，发出声音揭露非传统安全事件事实真相,使网民不再传播成为免疫者。因此,辟谣者人群占比是衡量非传统安全事件网络舆情传播态势的一项重要指标。图 8-19 显示了不同情景中政府公信力受损值对非传统安全事件网络舆情传播辟谣者的影响。

图 8-19(a)展示了情景一时政府公信力受损值对辟谣者数量的影响,由图可知,政府公信力受损值增加到一定数值后,辟谣者数量不再增加,反而下降,说明政府公信力受损值应设定一个合理的增加范围以达到治理非传统安全事件网络舆情的效果。图 8-19(b)展示了情景二时政府公信力受损值对

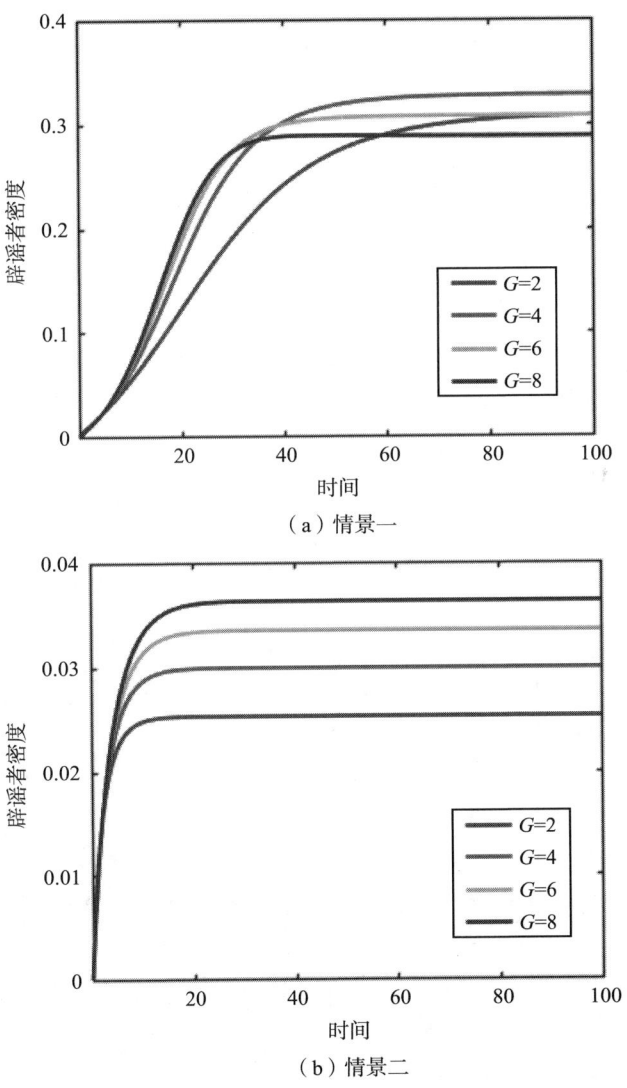

(a)情景一

(b)情景二

图 8-19 公信力损失对辟谣者的影响

辟谣者数量的影响，辟谣者随着受损值的增大而增多。而情景三时则相反，辟谣者并没有因受损值的增大呈递增趋势反而有所减少（图中未展示），这是由于情景三中，网络媒体选择不干预策略且此时其流量收益较大，仅靠增大政府公信力受损值难以改变网络媒体的选择，非传统安全事件网络舆情治理效果不佳。由此进一步得出，政府公信力受损值并非越大越有利于非传统安全事件网络舆情的消退，适当规定受损值大小对网络环境净化更为重要。

3. 网络媒体所受罚金值对网络舆情传播的影响

图 8-20（a）展示了情景一网络媒体所受罚金值对非传统安全事件网络舆情传播的影响。由图可知，随着罚金值的增加，非传统安全事件网络舆情传播者的数量逐渐减少，峰值降低。情景二和情景三中，非传统安全事件网络舆情传播者数量受罚金值的影响趋势相同，如图 8-20（b）所示，与情景一相反，罚金值的增加并未使网络舆情传播的峰值降低，这是由于情景二和情景三中，网络媒体不干预所获流量收益较大或选择干预时要付出的成本较高，此时一味加大罚金值并不能使传播者数量降低，甚至适得其反。因此，在适当提高网络媒体罚金值的同时，也应注意降低其不干预时的流量收益值，从而迫使网络媒体正向干预舆情，达到最佳的治理效果。

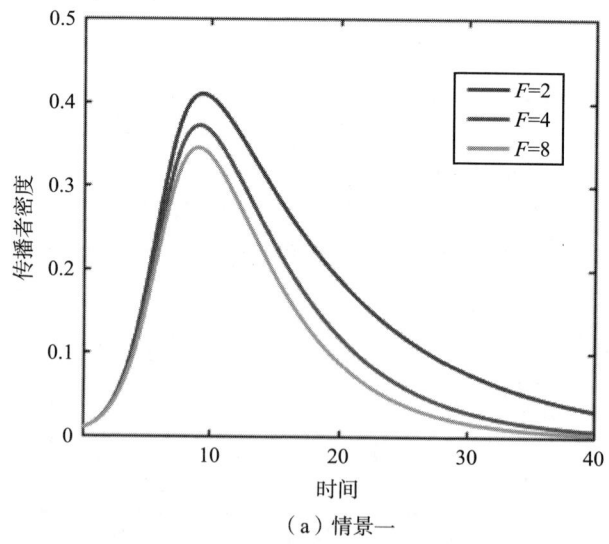

（a）情景一

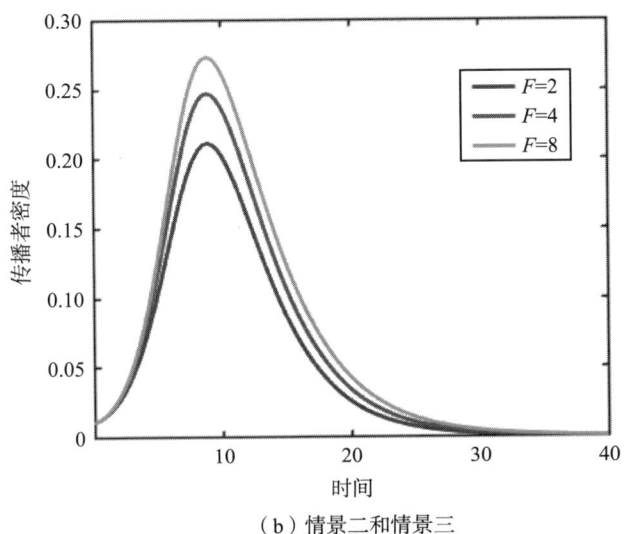

(b)情景二和情景三

图 8-20　罚金对网络舆情传播的影响

4. 网民认可程度对网络舆情传播的影响

网民认可度是指网民对于主流意见的认同程度。图 8-21 展示了网民认可度对非传统安全事件网络舆情传播的影响。如图 8-21（a）所示，网民对网络媒体不干预措施的认可程度升高，将致使非传统安全事件网络舆情传播者的数量也不断增加。如图 8-21（b）所示，若网民对网络媒

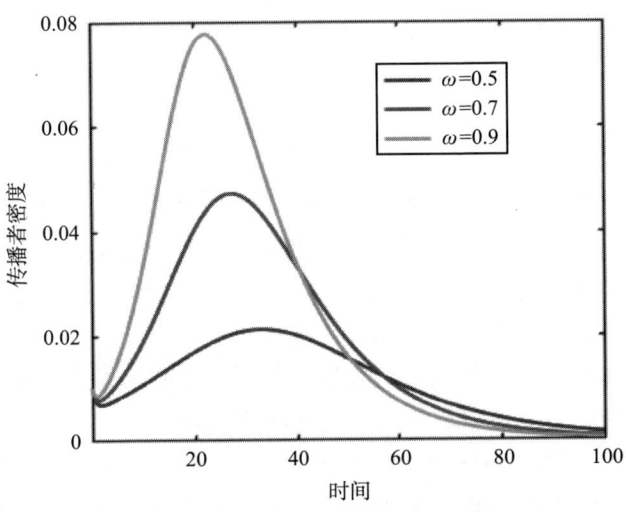

(a)网民认可度 ω 对网络舆情传播的影响

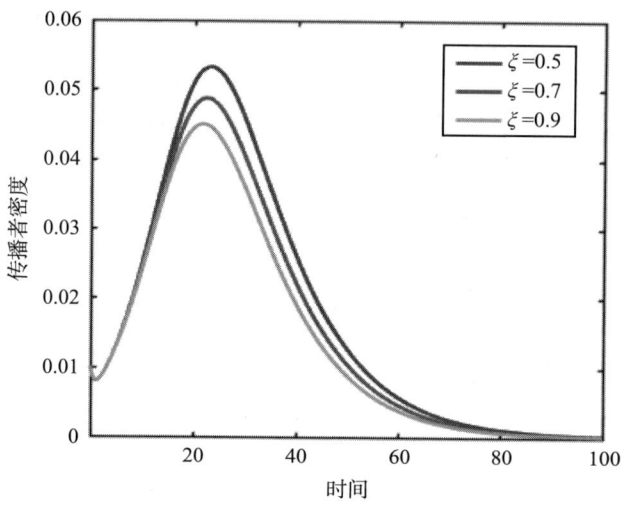

（b）网民认可度ξ对网络舆情传播的影响

图8-21 网民认可度对网络舆情传播的影响

体干预措施的认可程度越高，非传统安全事件网络舆情传播者的数量越低。因此，网民认知与判断力对非传统安全事件网络舆情消退具有重要作用，若网民对网络舆情具有较强的辨识能力，他们就会成为网络舆情的辟谣者，停止对网络舆情的进一步扩散。相反，盲目相信网络信息的网民，只会变成非传统安全事件网络舆情传播蔓延的助推者，阻碍网络环境的净化进程。

8.6.5 研究启示

（1）相比于单一主体干预，网络媒体与政府多主体干预可有效降低传播支持者和传播反对者的人数，使免疫人群数量更快达到稳定状态，传播更快得到控制，非传统安全事件网络舆情治理效果更加显著。这为非传统安全事件网络舆情治理提供了思路，网络媒体与政府应达成合作关系，互利共赢。

（2）网络媒体分歧度对非传统安全事件网络舆情传播作用较大，主要体现在影响传播者数量层面。据此在尚未弄清非传统安全事件事实真相之前应控制各方网络媒体对网络舆情的盲目报道，加强网络媒体对非传统安全事件网络舆情报道的全面度与真实度，从而掌控传播者比例。

（3）不同人群向免疫者转化的概率对非传统安全事件网络舆情信息步入正轨直至网络舆情最终消散尤为重要。因此政府管控应注重在网络媒体分歧度相对平稳的基础上提升各类人群向免疫者的转化概率，提高免疫者人群占比，使非传统安全事件网络舆情不再传播。

(4) 政府收益值和公信力受损值的增加均能降低非传统安全事件网络舆情传播者人数,控制网络舆情传播态势。进一步地,相对于提高公信力受损值,舆情传播对政府收益值的增加更为敏感,传播者人数回落效果显著。因此,在非传统安全事件网络舆情治理过程中更要注意适当提升政府干预的收益值,这为积极引导多主体选择从而形成最佳干预策略提供了参考。

(5) 政府公信力受损值并非越大越有利于非传统安全事件网络舆情的消退,受损值应调整在一个合适的数量范围。此外,网络媒体采取不干预措施所获流量收益较大时,罚金值的提高对网络舆情传播峰值的下降效用失灵,据此流量收益值的降低对舆情治理同样重要。

(6) 网民的认知与判断力和对主体决策的认可程度可以控制非传统安全事件网络舆情传播走向。若网民对于网络媒体干预策略的认可度越高则非传统安全事件网络舆情传播峰值越低,消散时间越短。因此政府应积极引导发挥群众特别是意见领袖的作用,网民也应不断提升自身辨识能力,从源头上控制非传统安全事件网络舆情的传播,结论为网络媒体与政府多主体干预非传统安全事件网络舆情进而净化网络环境指明了方向。

8.7 本章小结

本章参考媒体干预的 SIaIbR 模型和政府干预的 SEIR 模型,把传播者划分为支持者与反对者两类人群,建立网络媒体和政府多主体干预的 SHIsIoR 非传统安全事件网络舆情传播模型。进一步地,引入质疑者和辟谣者人群以及博弈思想,构建基于演化博弈的 $SIQR_1R_2$ 非传统安全事件网络舆情传播模型,探究不同情景下主体收益参数对非传统安全事件网络舆情传播的影响。研究结果为净化网络空间生态环境和化解非传统安全事件社会矛盾提供了有力参考。

第9章 自治–他治耦合下非传统安全事件微信舆情干预模型

当非传统安全事件网络舆情发生时,除存在政府以及网络媒体等外界干预外,网民自身也具有一定的净化能力。本章以当前最为流行的微信社交网络平台为例,结合非传统安全事件下微信网络中舆情传播辐射性、强关系、半封闭性、群体性、圈层化、地方性和重复性等特点,改进传统舆情传播 SIR 模型并加入舆情净化者,同时考虑自净化与外界调控双重干预机制,构建自治–他治耦合作用下非传统安全事件微信社交网络 $SEIR_1R_2$ 舆情干预模型,进而求解双重干预下网络舆情传播阈值。利用数值仿真对非传统安全事件微信社交网络舆情传播理论阈值进行验证,并对自净化机制和外界调控双重作用下非传统安全事件微信社交网络舆情干预过程进行分析,进而提出相应引导策略。

9.1 问题提出

随着科学技术的发展,微信成为当下最为火热的社交软件,用户群体广泛、信息集错综复杂,构成了集多种功能于一体的规模庞大的微信社交网络。《2019微信数据报告》指出,2019 年微信月活跃账号数为 11.51 亿个,较 2018 年同期增长 6%。在微信平台,用户可以把自己感兴趣的内容以各种形式转发至好友或者朋友圈,为传播信息、表达观点等提供了便利空间。然而与此同时,各种负面网络舆情事件也随之而来。如今,通过微信散播的谣言等网络舆情越来越多,海量用户、丰富的内容信息以及多样的社交功能,不断推动微信社交网络成为虚假网络舆情"诞生的摇篮"(唐绪军,2016)。特别是非传统安全事件下人们纷纷借助微信表达观点态度,使得网络舆情传播影响范围日渐扩大,引发人们的恐慌与不安,甚至引发次生衍生危机造成社会动乱,影响民众的生活与社会的安定。尤其微信与其他在线社交网络不同,具有强辐射性、强关系、精准扩散、半封闭性、群体性、圈层化、地方性和重复性等特征，兼具自我传播、人际传播、组织传播、大众传播等全媒体传播方式，使得微信社交网络中谣言等舆情传播类型和传播路径出现了新特点。从过去的"口口相传"到如今的"实时分享"，每个用户都能成为自媒体，每个人都有可能变成非传统安全事件网络舆情的制造者和传播者，加速舆情的传播与蔓延（王辉等，2013）。因此，本章从微信社交网络舆情传播特点、机理以及微信用户特点等方面入手，深入研究如何有效干预非传统安全事件下微信网络舆情传播具有重要意义。

由于非传统安全事件等情境下网络舆情传播过程中政府、权威媒体发布的辟谣信息可降低网络舆情的危害程度（Fan et al.，2016；Wang et al.，2015），一些学者先后分析了外界干预对网络舆情传播的影响。万贻平等（2015）引入舆情清除者，构建了 SIERsEs 舆情传播模型，对网络舆情传播阈值和清除阈值进行求解。张菊平等（2019）引入真实信息传播者，给出了边界平衡点存在的条件以及它们的稳定性。这些研究对丰富非传统安全事件网络舆情传播干预理论做出了重要贡献，但仍有尚未考虑到的情景。如现有研究通常假设对网络舆情内容不认可的网民直接转变为免疫者，却忽略了网民转变为舆情净化者的情形。虽然有研究指出部分网民也会转而传播事实真相，但这些研究大多分析的是政府、网络媒体等外界力量对非传统安全事件网络舆情传播过程的干预作用，而对网民的自净化机制考虑不足。同时，对起初对非传统安全事件网络舆情内容持怀疑态度而犹豫是否传播的潜伏者而言，其后续状态转移将同时受到外界干预与网民自我净化机制耦合作用影响。因此，本章结合微信半封闭性等特点，提出自治－他治耦合的 $SEIR_1R_2$ 非传统安全事件网络舆情传播干预模型，推导传播阈值，并分析了未知者辨别力、舆情净化者影响力、传播者思考判断力、外界他治调控力度等因素对非传统安全事件网络舆情传播的影响以及各个状态峰值的变化，进而揭示出自治－他治耦合下非传统安全事件微信舆情传播干预内在规律。

9.2　非传统安全事件微信舆情传播分析

9.2.1　非传统安全事件下微信社交网络用户行为分析

非传统安全事件发生后，用户为了记录事件经过、表达观点、传递信息，通常会通过微信向他人分享。微信用户不仅成为非传统安全事件网络舆情的传播者,也成为非传统安全事件网络舆情的制造者。具体来讲,用户在使用微信过程中的行为主要有以下两点。

(1) 非传统安全事件网络舆情的获取与传播。微信社交网络中,既可以将个人用户当作非传统安全事件网络舆情的传播节点,也可以将微信公众号当作非传统安全事件网络舆情的传播节点。对个人用户来说,其传递非传统安全事件网络舆情是为了与亲朋好友分享信息,而对微信公众号来说,其主要目的是增加自己平台的阅读量、扩大粉丝数量,同时增强自身影响力。

(2) 用户之间的沟通交流。基于微信社交网络,用户之间的人际交往变得虚拟化。但对微信个人用户和微信公众号来说,依然有所不同。具体而言,微信个人用户之间的交流具有双向互动性,但微信公众号与微信个人用户之间却几乎没有沟通交流,他们之间通常只有非传统安全事件网络舆情信息的获取与传播。

9.2.2 非传统安全事件下微信舆情传播路径分析

微信社交网络是一种复杂的在线社交网络,具有特殊性,这也使得非传统安全事件网络舆情在该平台的传播路径具有特殊性。

(1) 浏览-评论/点赞-转发。微信社交网络中非传统安全事件舆情信息的扩散路径大致为:用户以文字或者链接等形式将非传统安全事件网络舆情信息发布给好友或者分享至朋友圈,其他好友可以看到该用户发布的非传统安全事件网络舆情信息的最新动态,进而转发或者评论该信息,逐步形成非传统安全事件网络舆情信息的传播扩散。这种浏览及转发好友发布的舆情信息的过程,即为微信社交网络中最基本的非传统安全事件网络舆情传播方式。图 9-1 中,"浏览"代表用户只是查看了好友发布的非传统安全事件网络舆情信息但没有做出评论、点赞和转发等行为;"评论"和"点赞"代表用户对非传统安全事件网络舆情信息进行了评论或点赞,但没有转发;"转发"则代表用户在收到非传统安全事件网络舆情信息后产生了转发行为,其好友看到该信息后也可能进行转发。如图所示,若 U_1 发布信息,其好友 U_2、U_3、U_4 均能看到 U_1 发布的信息,其中,U_3、U_4 转发了该信息,U_3、U_4 的好友也能浏览并转发该信息,依此路径,非传统安全事件网络舆情信息将沿着微信网络的边不断传播扩散。

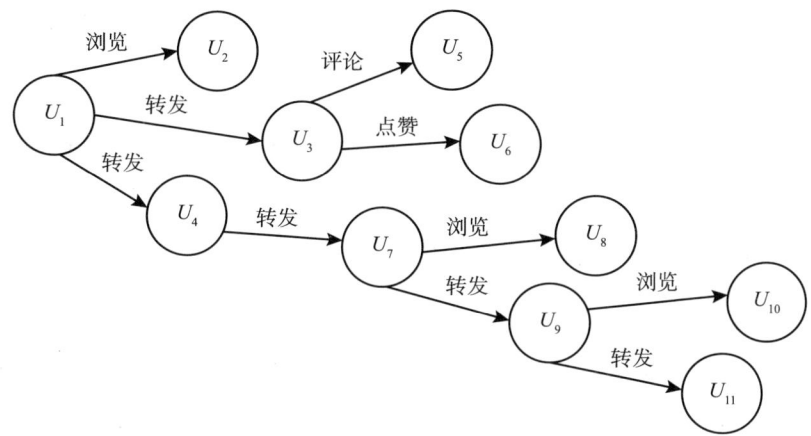

图 9-1 非传统安全事件微信社交网络舆情传播路径

（2）"@"他人。该模式可分为两类：一类为当用户在微信群发布了非传统安全事件网络舆情信息并选择想"@"的人，对方就会收到消息提醒；另一类为"提醒谁看"功能，用户在朋友圈发布非传统安全事件网络舆情信息时，可选择用户提醒他们浏览该信息，当对方登录微信时即可看到。"@"他人模式提升了非传统安全事件网络舆情信息传播的针对性。

（3）微信公众号传播。微信公众号有大量关注人群，具有很强的吸引公众注意力的能力，其通过推送大量带有图片、视频等形式的文章吸引用户浏览、转发相关网络舆情信息，有很大概率成为非传统安全事件网络舆情传播的消息源。

9.2.3 非传统安全事件微信舆情传播特点

非传统安全事件网络舆情信息在微信平台传播过程中的特征有五点。

（1）辐射性。微信接收端用户能够即时收到发送端用户发布的非传统安全事件网络舆情信息，具有"即送即达"的特点。微信可以绑定个人用户的亲朋好友，微信平台中添加好友的途径多样，能够迅速构成一个新的"小群体"。当"小群体"中有非传统安全事件网络舆情信息出现时，人们基于对亲朋好友的信任，削弱对信息的辨别意识，更容易转发相关信息，促使非传统安全事件网络舆情迅速滋生，并呈辐射式散播。

（2）强关系。微信社交网络中非传统安全事件网络舆情传播主要依靠微信用户之间形成的熟人社交网，这是一种"强关系"传播。在强关系传播中，人们大多不会对亲朋好友发布的信息产生过多怀疑，甚至出现共同分享同一信息的"刷屏"现象。这种重复叠加的现象，会深化人们的记忆，促使非传统安全事件网络舆情在微信平台大规模扩散并增强传播的迷惑性。

（3）半封闭性。微信社交网络中非传统安全事件网络舆情传播的方式主要包括"点对点"和"点对面"两种。其中，"点对点"传播是指微信用户直接精准地将非传统安全事件网络舆情信息私信至好友，具有较强的隐秘性。而"点对面"传播是指微信用户以发布朋友圈等方式将非传统安全事件网络舆情传递给微信好友，如在朋友圈中设置全部好友可见或者通过"标签"分组选择不同类别的好友传递信息，当根据标签选择"仅部分人能见"时具有较强的半封闭性和隐秘性。此外，微信还具有"摇一摇"等功能，帮助微信用户与陌生人建立好友关系。因此，微信是一个隐秘性较强的、具有半封锁性的、不完全开放的网络平台。

（4）圈层化。与现实社会中的人际关系相似，微信社交网络也具有"人以群分"的特性，这是因为微信网络平台不仅仅是虚拟世界的交流，更是真实世界中人际关系的拓展，虚拟空间被分割为大大小小的圈层，非传统安全事件网络舆情也呈现圈层化传播的特点。

（5）地方性。非传统安全事件网络舆情在微信社交网络中的传播同样受到地域因素的影响。这是因为，微信用户之间存在着一定程度的真实社会关系，若非传统安全事件网络舆情发生在微信用户真实生活的地点周围，往往更易引发相同居住地好友的关注与转发，由此可见，微信舆情在传播过程中的"地方性"特点显著。

9.3 非传统安全事件 $SEIR_1R_2$ 微信舆情传播干预模型构建

9.3.1 模型构建

根据非传统安全事件微信舆情传播路径与传播特点，以用户为节点，以用户与用户之间的关系为边，可将传播过程中存在的节点状态划分为五类。

（1）未知者。未知者是指尚未接收到非传统安全事件网络舆情信息，处于未知状态的用户节点，如果有机会接收到舆情信息，会以一定概率转发该舆情信息。

(2) 潜伏者。潜伏者是指已经收到了来自其他用户分享的非传统安全事件网络舆情信息，但是因无法确定信息的真实性或者没有发朋友圈的习惯等因素，而没有立即转发或持观望态度的用户。然而，受舆情信息累次叠加作用及从众心理等因素影响，该类用户仍有转发信息的可能性。

(3) 舆情传播者。舆情传播者是指用户接收到其他用户发布的非传统安全事件网络舆情信息，相信该信息的真实性，并考虑到舆情信息会对好友有益而转发该舆情信息的用户。

(4) 免疫者。免疫者是指在接收到非传统安全事件网络舆情信息后，会根据自身的阅历或经验将该信息判定为虚假信息，因而不会产生转发等行为的用户。

(5) 舆情净化者。舆情净化者是指知道非传统安全事件网络舆情信息且能够辨别舆情信息真假，并传播真实信息的用户。

基于此，对模型提出如下假设。

假设1：未知者与舆情传播者接触后，没有传播意愿的未知者转变为免疫者；有传播意愿且相信非传统安全事件网络舆情的未知者转变为舆情传播者；有传播意愿但不确定非传统安全事件网络舆情真假的未知者转变为潜伏者；有传播意愿且有辨别力的未知者转变为舆情净化者，这里有辨别力的未知者是指发布互补、纠错、质疑、反驳以及真相的用户。

假设2：潜伏者受到且仅受到外界调控的影响，当外界他治调控力度较大时，潜伏者转变为舆情净化者的可能性较大，反之，转变为舆情传播者的可能性较大。

假设3：舆情传播者遇到舆情净化者，以一定概率转变为舆情净化者；同时，舆情传播者经过思考判断后，也会自发以一定概率转变为舆情净化者。

假设4：舆情传播者与免疫者接触，以一定概率转变为免疫者；同时，舆情传播者受遗忘机制的影响，以一定概率转变为免疫者。

上述五类节点之间信息传播过程如图9-2所示。

非传统安全事件网络舆情传播具体规则如下。

(1) 未知者 S 与舆情传播者 I 接触，未知者 S 以概率 β 转变为免疫者 R_1；以概率 α 转变为舆情传播者 I；以概率 δ 转变为潜伏者 E；以概率 λ 转变为舆情净化者 R_2，λ 表示未知者对非传统安全事件网络舆情的辨别能力。其中 $\beta + \alpha + \delta + \lambda = 1$。

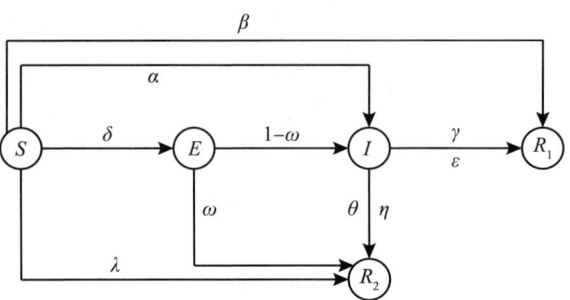

图9-2 $SEIR_1R_2$ 模型不同节点状态转移图

(2) 潜伏者 E 在外界调控下,以概率 ω 转变为舆情净化者 R_2,ω 表示外界调控力度;以概率 $1-\omega$ 转变为舆情传播者 I。

(3) 舆情传播者 I 与免疫者 R_1 接触,以概率 γ 转变为舆情免疫者 R_1;同时,舆情传播者 I 受遗忘机制的影响,以概率 ε 转变为免疫者 R_1。

(4) 舆情传播者 I 与舆情净化者 R_2 接触,以概率 θ 转变为舆情净化者 R_2,θ 表示舆情净化者的影响力;同时,舆情传播者 I 经过思考判断后,以概率 η 转变为舆情净化者,η 表示舆情传播者的思考判断能力。

本书分别用 $S(t)$、$E(t)$、$I(t)$、$R_1(t)$、$R_2(t)$ 表示 t 时刻未知者、潜伏者、舆情传播者、免疫者、舆情净化者的密度,$S(t)+I(t)+E(t)+R_1(t)+R_2(t)=1$。根据以上假设和非传统安全事件网络舆情传播规则,建立非传统安全事件微信舆情传播动力学方程组,其中 $\langle k \rangle$ 表示网络平均度。

$$\begin{cases} \dfrac{dS(t)}{dt} = -\langle k \rangle S(t)I(t) \\ \dfrac{dE(t)}{dt} = \delta \langle k \rangle S(t)I(t) - E(t) \\ \dfrac{dI(t)}{dt} = \alpha \langle k \rangle S(t)I(t) + (1-\omega)E(t) - \gamma \langle k \rangle I(t)R_1(t) \\ \qquad\qquad - \varepsilon I(t) - \theta \langle k \rangle I(t)R_2(t) - \eta I(t) \\ \dfrac{dR_1(t)}{dt} = \beta \langle k \rangle S(t)I(t) + \varepsilon I(t) + \gamma \langle k \rangle I(t)R_1(t) \\ \dfrac{dR_2(t)}{dt} = \eta I(t) + \theta \langle k \rangle I(t)R_2(t) + \omega E(t) + \lambda \langle k \rangle S(t)I(t) \end{cases} \quad (9-1)$$

9.3.2 非传统安全事件网络舆情传播阈值和稳定状态分析

本章假设非传统安全事件微信舆情在均匀网络中传播,当时间趋于无穷大

第9章 自治-他治耦合下非传统安全事件微信舆情干预模型

时，系统达到稳定状态，$S(\infty) = S^\infty$，$E(\infty) = 0$，$I(\infty) = 0$，$R_2(\infty) = R_2^\infty$，$R_1(\infty) = R_1^\infty$，且 $S^\infty + R_1^\infty + R_2^\infty = 1$，式（9-1）等式右端均为0。

$$\frac{dR_1(t)}{dS(t)} = \frac{\beta\langle k\rangle S(t)I(t) + \gamma\langle k\rangle S(t)R_1(t) + \varepsilon I(t)}{-\langle k\rangle S(t)I(t)} = -\beta - \frac{\gamma\langle k\rangle R_1(t) + \varepsilon}{\langle k\rangle S(t)} \tag{9-2}$$

令 $R_1(t) = y$，$S(t) = x$，$z = \dfrac{\gamma\langle k\rangle y + \varepsilon}{\langle k\rangle x}$，可得：

$$\langle k\rangle xz = \gamma\langle k\rangle y + \varepsilon \tag{9-3}$$

两边对 x 求导，化简可得：

$$R_1(t) = \frac{C_2 S(t)^{-\gamma} - \beta\gamma S(t)}{\gamma(\gamma+1)} - \frac{\varepsilon}{\gamma\langle k\rangle} \tag{9-4}$$

在 $t = 0$ 时，$S(0) \approx 1$，$R_1(0) = 0$。将 $S(0) \approx 1$，$R_1(0) = 0$ 代入式（9-4）可得：

$$C_2 = \frac{\varepsilon(\gamma+1)}{\langle k\rangle} + \beta\gamma > 0 \tag{9-5}$$

根据以上微分方程组，令

$$\frac{dR_2(t)}{dS(t)} = \frac{\theta\langle k\rangle I(t)R_2(t) + \lambda\langle k\rangle S(t)I(t) + \omega E(t) + \eta I(t)}{-\langle k\rangle S(t)I(t)}$$

$$= -\delta\omega - \frac{\eta + \theta\langle k\rangle R_2(t) + \lambda\langle k\rangle S(t)}{\langle k\rangle S(t)} \tag{9-6}$$

令 $R_2(t) = u$，$m = \dfrac{\eta + \theta\langle k\rangle R_2(t) + \lambda\langle k\rangle S(t)}{\langle k\rangle S(t)}$，则有：

$$m\langle k\rangle x = \eta + \theta\langle k\rangle u + \lambda\langle k\rangle x \tag{9-7}$$

两边对 x 求导再整理化简，可得：

$$\frac{dx}{x} = -\frac{d(m\theta + m + \delta\omega\theta - \lambda)}{(\theta+1)(m\theta + m + \delta\omega\theta - \lambda)} \tag{9-8}$$

两边积分整理，得：

$$R_2(t) = \frac{C_4 S(t)^{-\theta} - \delta\omega\theta S(t) - \lambda\theta S(t)}{\theta(\theta+1)} - \frac{\eta}{\langle k\rangle\theta} \tag{9-9}$$

在 $t = 0$ 时，$S(0) \approx 1$，$R_2(0) = 0$。将 $S(0) \approx 1$，$R_2(0) = 0$ 代入式（9-9），得：

$$C_4 = \frac{(\theta+1)\eta}{\langle k\rangle} + \lambda\theta + \delta\omega\theta > 0 \tag{9-10}$$

令 $R = R_1^\infty + R_2^\infty$，则有：

$$R = \frac{C_2(1-R)^{-\gamma} - \beta\gamma(1-R)}{\gamma(\gamma+1)} - \frac{\varepsilon}{\langle k \rangle \gamma}$$

$$+ \frac{C_4(1-R)^{-\theta} - \delta\omega\theta(1-R) - \lambda\theta(1-R)}{\theta(\theta+1)} - \frac{\eta}{\langle k \rangle \theta} \quad (9-11)$$

构造函数

$$f(R) = R - \frac{C_2(1-R)^{-\gamma} - \beta\gamma(1-R)}{\gamma(\gamma+1)} + \frac{\varepsilon}{\langle k \rangle \gamma}$$

$$- \frac{C_4(1-R)^{-\theta} - \delta\omega\theta(1-R) - \lambda\theta(1-R)}{\theta(\theta+1)} + \frac{\eta}{\langle k \rangle \theta} \quad (9-12)$$

求 $f(R)$ 的一阶导数，有：

$$f'(R) = 1 - \frac{C_2(1-R)^{-\gamma-1} + \beta}{\gamma+1} - \frac{C_4(1-R)^{-\theta-1} + \delta\omega + \lambda}{\theta+1} \quad (9-13)$$

求 $f(R)$ 的二阶导数，有：

$$f''(R) = -C_2(1-R)^{-\gamma-2} - C_4(1-R)^{-\theta-2} < 0 \quad (9-14)$$

$f(R)$ 在区间 [0, 1] 上是一个凸函数

$$f(0) = 0 - \frac{C_2 - \beta\gamma}{\gamma(\gamma+1)} + \frac{\varepsilon}{\gamma\langle k \rangle} - \frac{C_4 - \delta\omega\theta - \lambda\theta}{\theta(\theta+1)} + \frac{\eta}{\theta\langle k \rangle} \quad (9-15)$$

将式 (9-5)、式 (9-10) 代入式 (9-15)，整理得：

$$f(0) = 0 \quad (9-16)$$

$$f'(0) = 1 - \frac{C_2 + \beta}{\gamma+1} - \frac{C_4 + \delta\omega + \lambda}{\theta+1} \quad (9-17)$$

将式 (9-5)、式 (9-10) 代入式 (9-17)，整理得：

$$f'(0) = 1 - \frac{\varepsilon}{\langle k \rangle} - \beta - \frac{\eta}{\langle k \rangle} - \lambda - \delta\omega \quad (9-18)$$

$$\lim_{R \to 1^-} f(R) = R + \frac{\varepsilon}{\gamma\langle k \rangle} + \frac{\eta}{\theta\langle k \rangle} - \lim_{R \to 1} \frac{C_2(1-R)^{-\gamma} - \beta\gamma(1-R)}{\gamma(\gamma+1)}$$

$$- \lim_{R \to 1} \frac{C_4(1-R)^{-\theta} - \delta\omega\theta(1-R) - \lambda\theta(1-R)}{\theta(\theta+1)}$$

$$= 1 + \frac{\varepsilon}{\gamma\langle k \rangle} + \frac{\eta}{\theta\langle k \rangle} - \infty - \infty < 0 \quad (9-19)$$

所以，当 $f'(0) > 0$ 时，函数 $f(R)$ 在区间 [0, 1] 上存在一个非零解，即：

$$f'(0) = 1 - \frac{\varepsilon}{\langle k \rangle} - \beta - \frac{\eta}{\langle k \rangle} - \lambda - \delta\omega > 0 \quad (9-20)$$

整理得：

$$\alpha + \delta - \delta\omega > \frac{\varepsilon + \eta}{\langle k \rangle} \quad (9-21)$$

通过以上分析可知，当 $\alpha+\delta-\delta\omega>\dfrac{\varepsilon+\eta}{\langle k\rangle}$ 时，函数 $f(R)$ 在区间 $[0,1]$ 上存在一个非零解 R^* 使得 $f(R^*)=0$，即 $\dfrac{\varepsilon+\eta}{\langle k\rangle}$ 为媒体等外界调控和自净化机制影响下的非传统安全事件微信舆情传播阈值。

9.4　模型仿真及数值分析

采用数值仿真的方法，首先对上述非传统安全事件 $SEIR_1R_2$ 微信舆情传播控制理论模型结果进行分析验证，然后模拟分析自治的舆情自净化机制和他治的外界调控机制对非传统安全事件微信舆情传播的干预作用。为了保证结果的可靠性，独立重复仿真 100 次并取平均值作为结果。假设总人数 $N=10^3$，初始时刻五类个体的密度如下：$S(0)=\dfrac{10^3-1}{10^3}$，$E(0)=0$，$I(0)=\dfrac{1}{10^3}$，$R_1(0)=0$，$R_2(0)=0$。

9.4.1　非传统安全事件微信舆情传播干预演化趋势分析

图 9-3 显示了自治 - 他治耦合下非传统安全事件微信舆情干预过程演化趋势。图中参数设置如下：$\beta=0.1$，$\alpha=0.4$，$\delta=0.2$，$\lambda=0.3$，$\theta=0.3$，$\eta=0.6$，$\gamma=0.2$，$\varepsilon=0.6$，$\langle k\rangle=6$，$\omega=0.4$。根据式（9-21）$\alpha+\delta-\delta\omega>\dfrac{\varepsilon+\eta}{\langle k\rangle}$ 可知，当 $\langle k\rangle=6$ 时，$\dfrac{\varepsilon+\eta}{\langle k\rangle}<0.4$，能满足舆情大范围传播。从图 9-3 中可以看出，未知者人群的密度一直下降达到系统稳定状态后不再变化，而舆情净化者人群密度和免疫者人群密度则恰恰相反，一直上升达到系统稳定状态后不再变化。舆情传播者人群密度和潜伏者人群密度变化趋势相似，均先增大，达到最大值后开始减小直至消失为零。当微信舆情传播系统达到平衡状态时，社交网络中仅存在未知者人群、免疫者人群和舆情净化者人群。仿真结果表明，在系统参数设置满足一定条件的情况下，非传统安全事件微信舆情传播可以实现自净化。

此外，从图 9-3 中还可以发现：（1）舆情净化者人群最终密度大于免疫者人群最终密度，这主要是因为免疫者人群仅包含未知者人群和舆情传播者人群部分用户，舆情净化者人群除了包含未知者人群和舆情传播者人群部分用户外，还包含现实中大量潜伏者人群；（2）舆情传播者人群顶点值大于潜伏者人群顶点值，这主要是因为社交网络用户接触舆情传播者后，大部分用户在从众心理的影响下选择传播舆情，成为舆情传播者，而少部分未知者人群在观望心理和思考作用下选择沉默，成为潜伏者用户人群；（3）在用户辨别能力、外界调控力度和思考判断能力都很高时，即 λ、ω、η 取较大数值时，通过对比舆情传播者人群和舆情净化者人群的密度曲线可知，舆情净化者人群数量很快就超过了舆情传播者人群的数量。

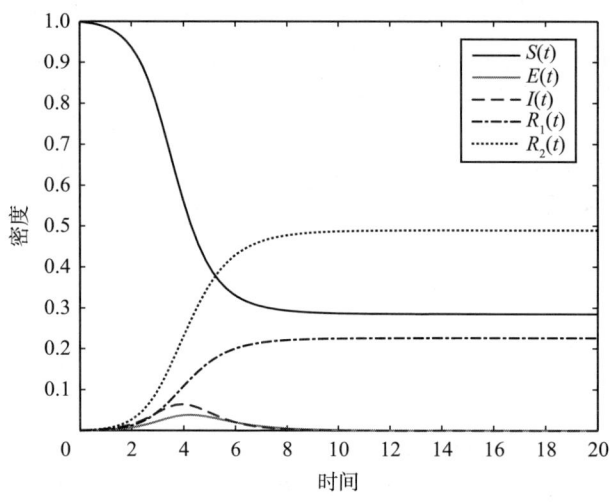

图 9-3　$SEIR_1R_2$ 模型中不同节点密度变化

9.4.2　辨别能力对舆情传播者和舆情净化者的影响

微信网络用户人群由未知者状态 S 转变为舆情净化者状态 R_2 的辨别概率是刻画非传统安全事件舆情传播自治机制的重要参数。如图 9-4 所示，分析了未知者、舆情传播者、免疫者和舆情净化者人群密度曲线随识别概率 λ 的变化情况。这里系统参数 $\beta=0.1$，$\delta=0.2$，$\theta=0.3$，$\eta=0.6$，$\gamma=0.2$，$\varepsilon=0.6$，$\langle k \rangle=6$，$\omega=0.4$ 不变，假设当未知者人群接触舆情传播者人群时，未知者转变为潜伏者和免疫者的概率不发生变化，辨别概率的变化只影响传播概率的大小，图中曲线分别表示当其他参数固定不变时，传播概率和辨别概率依次是 $\alpha=0.4$，$\lambda=0.3$；$\alpha=0.5$，$\lambda=0.2$；$\alpha=0.6$，$\lambda=0.1$ 时未知者、舆情传播者、免疫者和舆情净化者密度的变化情况。

从图9-4中可以看出，随着辨别概率的减小和传播概率的增大，未知者S达到稳定状态所用时间逐渐缩短，且未知者S密度的最小值逐渐减小；舆情传播者I密度的峰值出现的时间变早，且峰值增大；免疫者R_1密度达到稳定状态所用时间逐渐缩短，且免疫者R_1密度的最大值逐渐增大；舆情净化者R_2密度达到稳定状态所用时间逐渐缩短，且舆情净化者R_2密度的最大值先增大后减小。

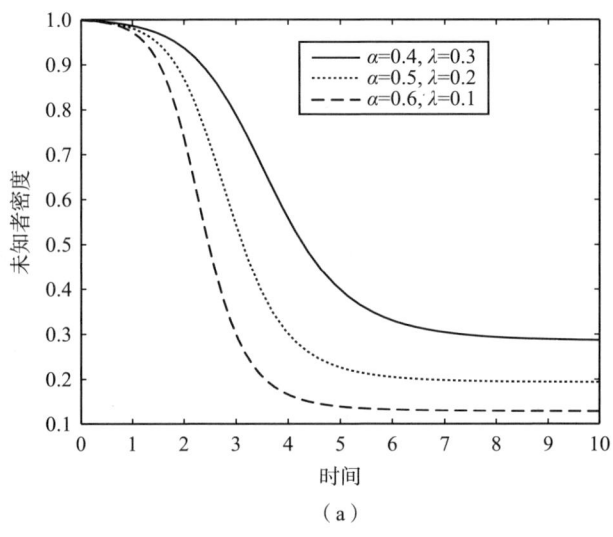

(a)

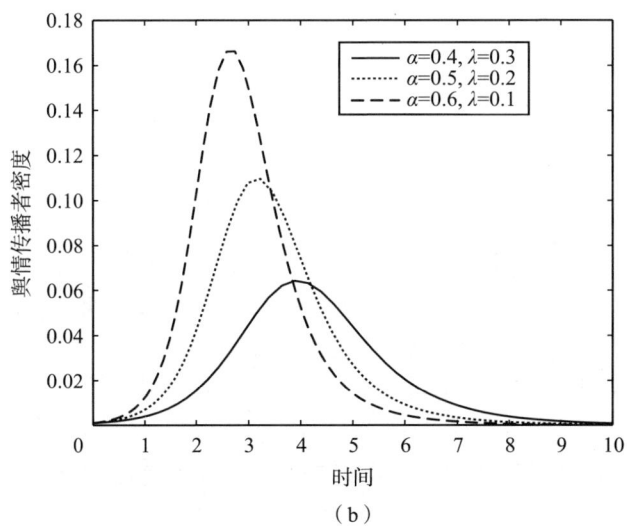

(b)

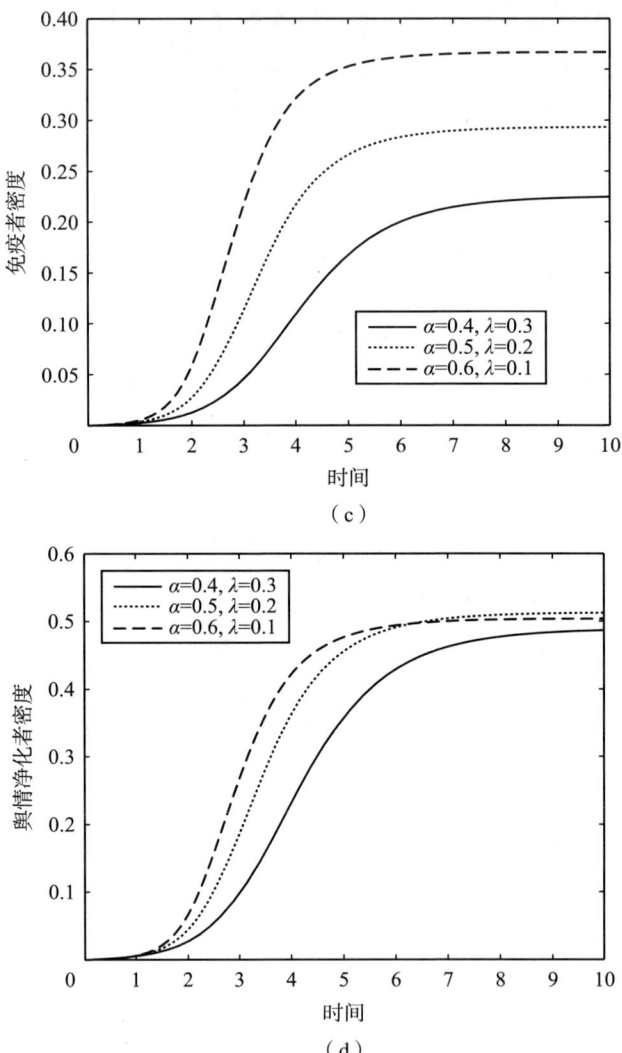

图 9-4 未知者、舆情传播者、免疫者和舆情净化者的密度随辨别率 λ 的变化

图 9-4 结果表明，当微信网络用户识别舆情能力较弱和从众传播舆情的意愿较强烈时，舆情传播者更易在较短的时间内感染更多的未知者成为传播者。舆情传播系统达到稳定状态时，未知者最终被感染的数量越多，免疫者最终数量越多，舆情净化者最终数量先变大后变小。

9.4.3 净化者影响力对舆情传播者和舆情净化者的影响

微信网络用户人群中舆情净化者的影响力是刻画非传统安全事件舆情传

播自治机制的重要因素。如图9-5所示,分析了未知者、舆情传播者、免疫者和舆情净化者人群密度曲线随影响力 θ 的变化情况。这里系统参数 $\beta = 0.1$, $\alpha = 0.4$, $\delta = 0.2$, $\lambda = 0.3$, $\eta = 0.6$, $\gamma = 0.2$, $\varepsilon = 0.6$, $\langle k \rangle = 6$, $\omega = 0.4$ 不变,舆情传播者人群在舆情净化者人群的影响下转变为舆情净化者,图中曲线分别表示当其他参数固定不变时,影响力概率依次是 $\theta = 0.3$、$\theta = 0.5$、$\theta = 0.7$ 时,未知者、舆情传播者、免疫者和舆情净化者人群密度的变化情况。

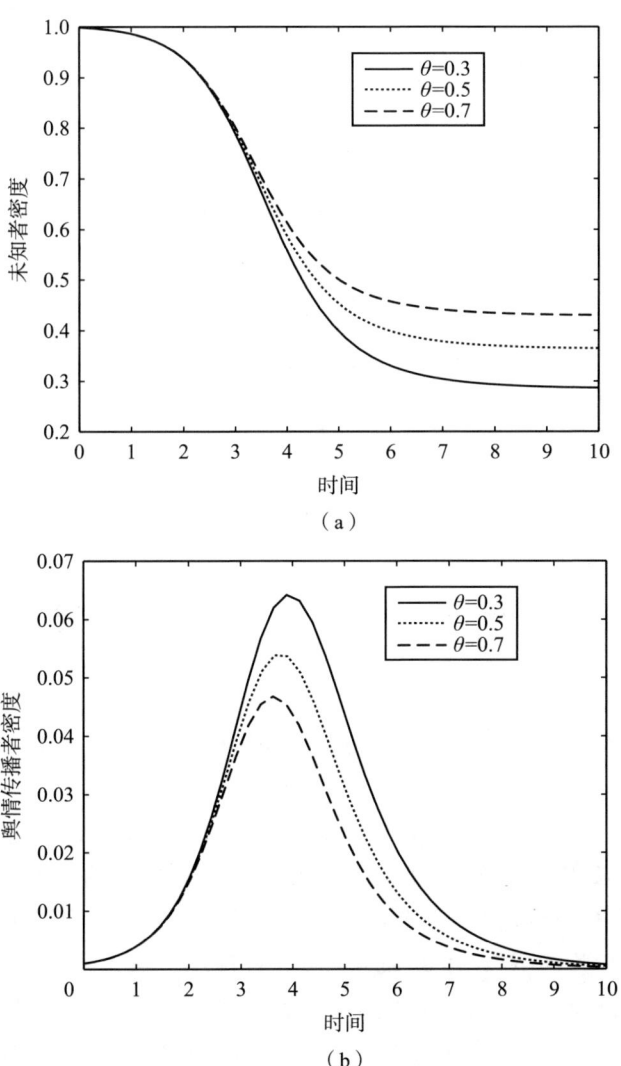

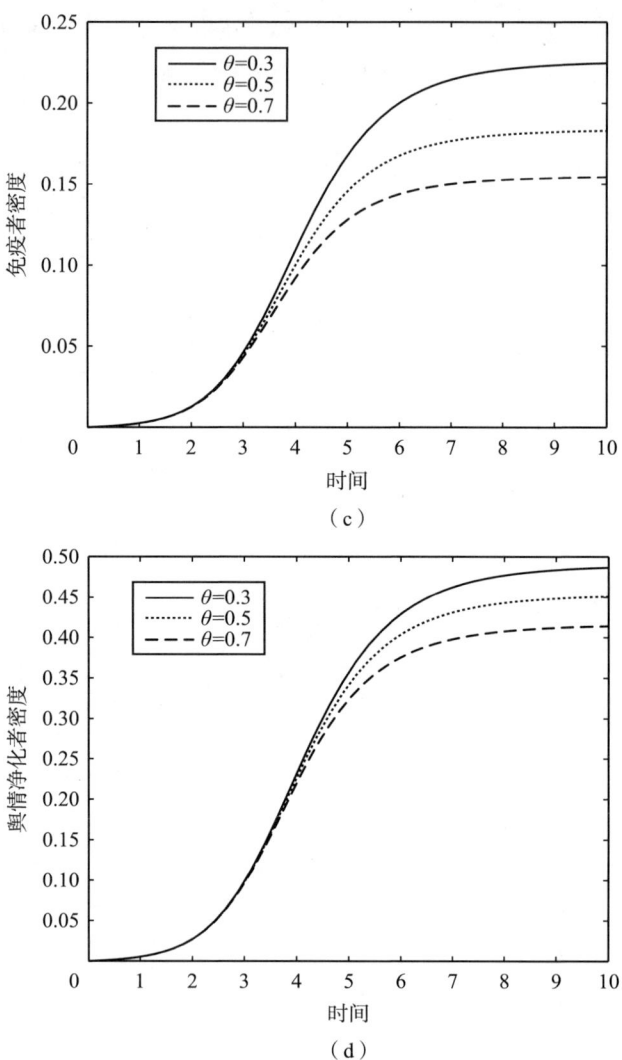

图9-5 未知者、舆情传播者、免疫者和舆情净化者的密度随影响力 θ 的变化

从图9-5可以看出，随着影响力的增大，未知者 S 达到稳定状态所用时间基本相同，未知者 S 密度的最小值逐渐增大；舆情传播者 I 密度的峰值出现的系统时间变早，而峰值却逐渐减小；免疫者 R_1 密度达到稳定状态所用时间基本相同，而免疫者 R_1 密度的最大值却逐渐减小；舆情净化者 R_2 密度达到稳定状态所用时间基本相同，而舆情净化者 R_2 密度的最大值却逐渐减小。

图9-5结果表明，舆情传播者用户受到舆情净化者影响越大，舆情传播者越易在更短的时间内感染更少的未知者成为舆情传播者。舆情传播系统达到

稳定状态时，未知者最终被感染的数量越少，免疫者最终数量越少，舆情净化者最终数量越少。

9.4.4　判断力对舆情传播者和舆情净化者的影响

微信网络用户人群中舆情传播者的判断力是刻画非传统安全事件舆情传播自治机制的另一个重要因素。如图 9-6 所示，分析了未知者、舆情传播者、免疫者和舆情净化者人群密度曲线随判断力 η 的变化情况。这里系统参数 β = 0.1，α = 0.4，δ = 0.2，λ = 0.3，θ = 0.3，γ = 0.2，ε = 0.6，$\langle k \rangle$ = 6，ω = 0.4

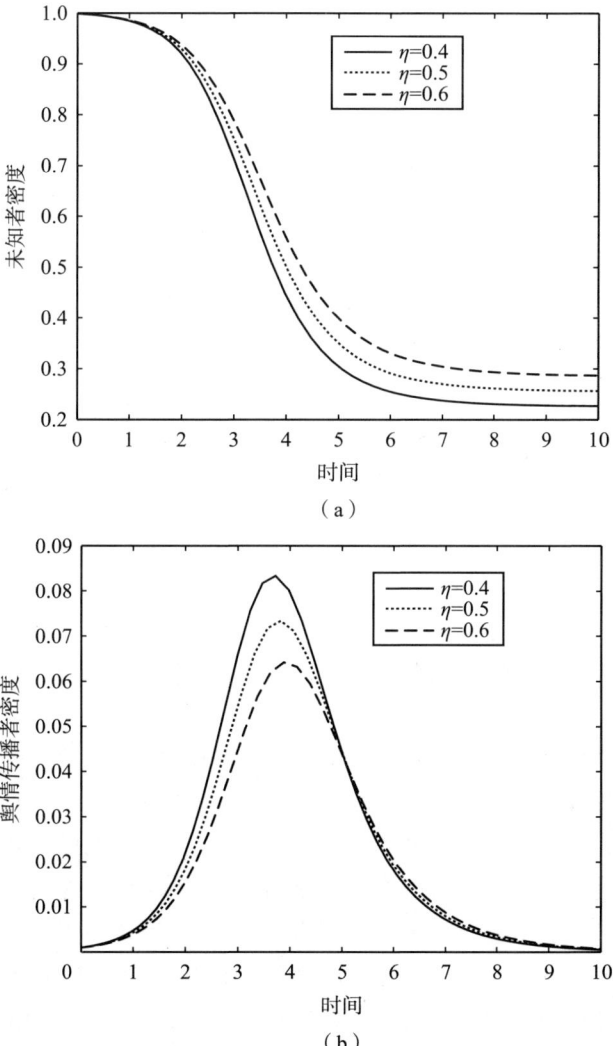

（a）

（b）

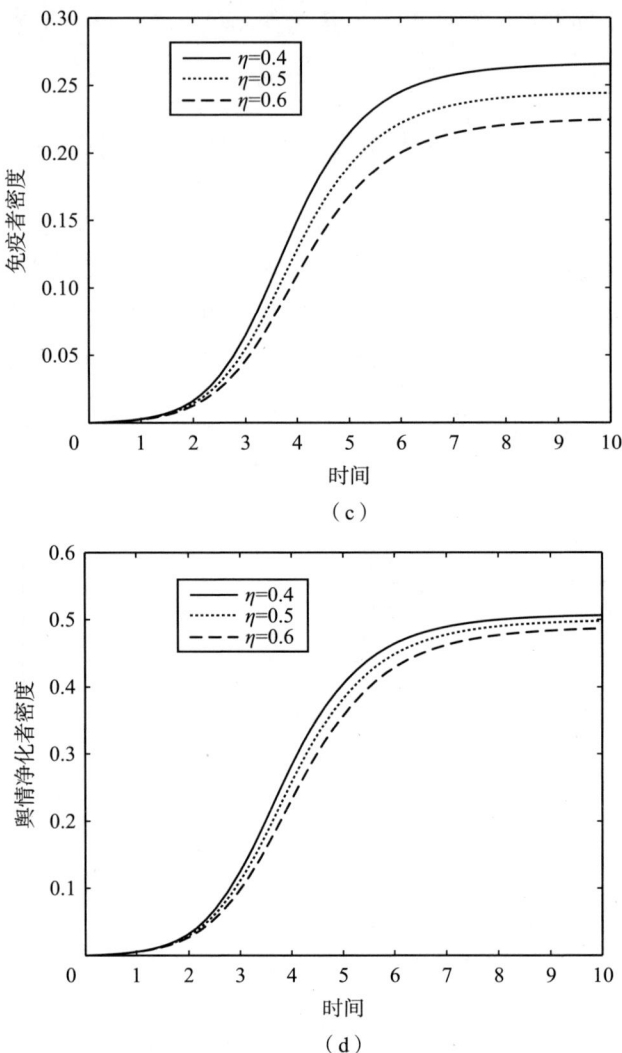

图 9-6 未知者、舆情传播者、免疫者和舆情净化者的密度随辨析率 η 的变化

不变,舆情传播者人群经过自身对舆情的判断分析转变为舆情净化者,图中曲线分别表示当其他参数固定不变时,判断力依次是 $\eta=0.4$、$\eta=0.5$、$\eta=0.6$ 时,未知者、舆情传播者、免疫者和舆情净化者人群密度的变化情况。

从图 9-6 可以发现,随着判断力的增大,未知者 S 达到稳定状态所用时间基本相同,未知者 S 密度的最小值逐渐增大;舆情传播者 I 密度的峰值出现的系统时间变晚,而峰值却逐渐减小;免疫者 R_1 密度达到稳定状态所用时间基本相同,而免疫者 R_1 密度的最大值却逐渐减小;舆情净化者 R_2 密度达到稳定状态所用时间基本相同，而舆情净化者 R_2 密度的最大值却逐渐减小。

图 9-6 结果表明，当舆情传播者用户判断分析舆情信息的能力较强时，舆情传播者将在更长的时间内感染更少的未知者成为舆情传播者。舆情传播系统达到稳定状态时，未知者最终被感染的数量越少，免疫者和舆情净化者最终数量越少。

9.4.5 外界调控力度对舆情传播者和舆情净化者的影响

微信网络舆情传播过程中的外界调控力度是刻画非传统安全事件舆情传播他治机制的重要参数。如图 9-7 所示，分析了未知者、舆情传播者、免疫者

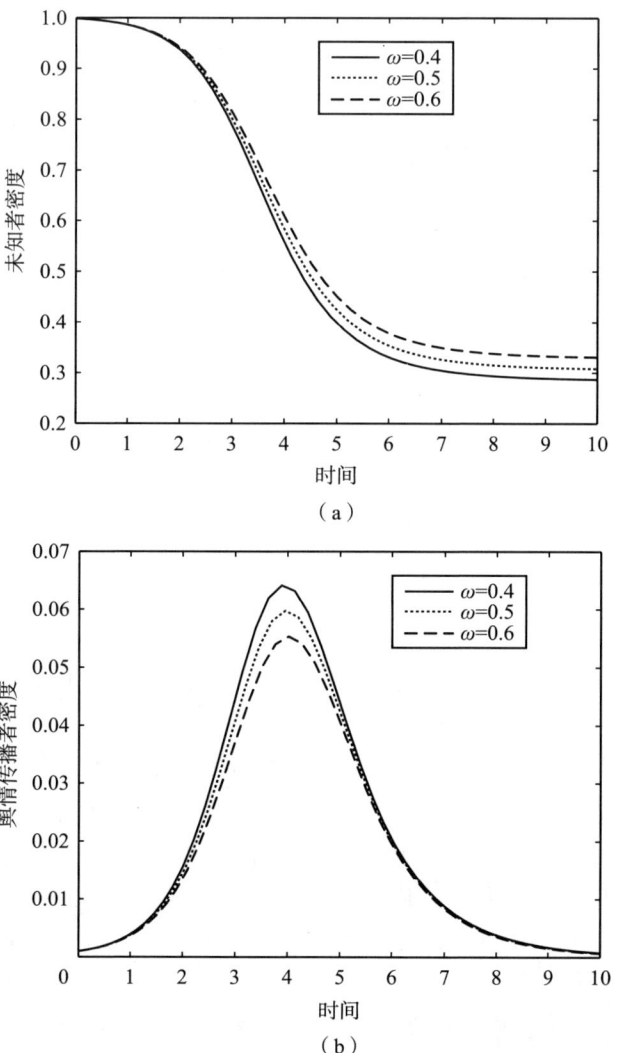

（a）

（b）

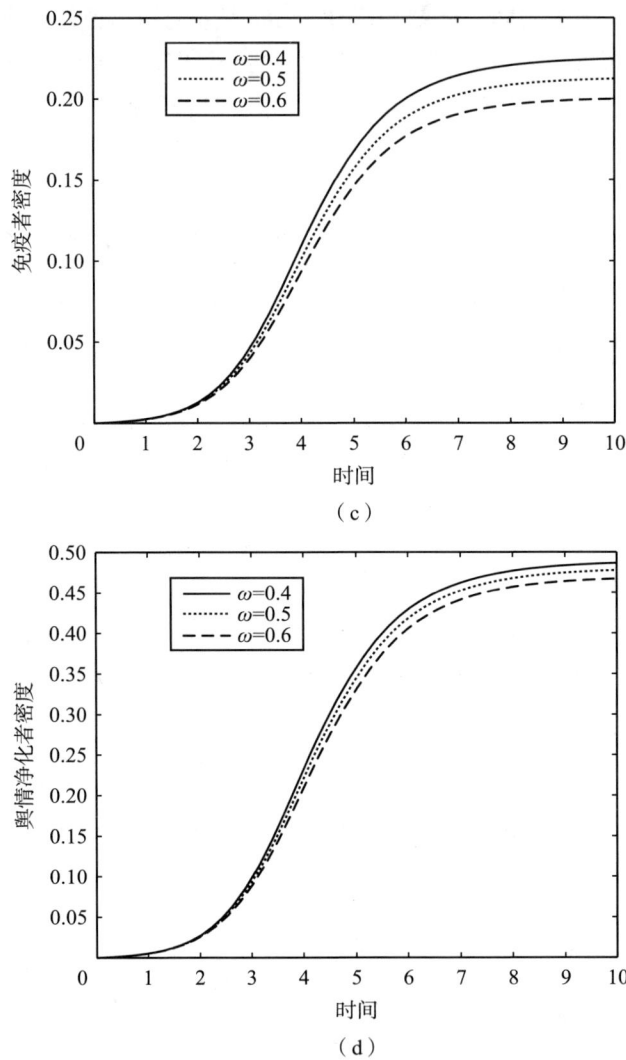

图 9-7 未知者、舆情传播者、免疫者和舆情净化者的密度随外界调控力度 ω 的变化

和舆情净化者人群密度曲线随外界调控力度 ω 的变化情况。这里系统参数 $\beta=0.1$，$\alpha=0.4$，$\delta=0.2$，$\lambda=0.3$，$\theta=0.3$，$\eta=0.6$，$\gamma=0.2$，$\varepsilon=0.6$，$\langle k \rangle=6$ 不变，当潜伏者人群受他治作用影响，有纠正意愿的时候，潜伏者转变为舆情净化者，图中曲线分别表示当其他参数固定不变时，外界调控力度依次是 $\omega=0.4$、$\omega=0.5$、$\omega=0.6$ 时，未知者、舆情传播者、免疫者和舆情净化者人群密度的变化情况。

从图 9-7 可以发现，随着外界调控力度的增大，未知者 S 达到稳定状态所用时间基本相同,而未知者 S 密度的最小值却逐渐减小;舆情传播者 I 密度的峰值出现的系统时间变晚,且峰值逐渐减小;免疫者 R_1 密度达到稳定状态所用时间基本相同,而免疫者 R_1 密度的最大值却逐渐减小;舆情净化者 R_2 密度达到稳定状态所用时间基本相同,而舆情净化者 R_2 密度的最大值却逐渐减小。

图 9-7 结果意味着,潜伏者用户受他治作用影响越强烈,舆情传播者越倾向在更长的时间内感染更少的未知者成为舆情传播者;舆情传播系统达到稳定状态时,未知者最终被感染的数量越少,免疫者最终数量越少,舆情净化者最终数量越少。

9.4.6 研究启示

上述仿真结果表明,自治-他治耦合机制显著影响非传统安全事件下微信网络用户的传播行为。提高用户舆情辨识能力、舆情净化者影响力以及传播者判断力,增强外界调控力度,可以进一步提高非传统安全事件网络舆情干预效果。由此得出如下规律与启示。

(1) 提高用户辨识能力可以有效干预非传统安全事件微信网络舆情传播。由于微信用户生活环境、受教育程度、性格特点等方面存在差异,面对同一舆情信息时,用户会表现出不同的反应。这启示政府或媒体应加强科普宣传,邀请专家学者等对相关内容进行讲解和宣传,使用户充分接触和了解各种容易产生虚假舆情的内容和观点,提升用户对谣言的识别能力。

(2) 提高舆情净化者影响力有助于提升非传统安全事件微信网络舆情干预效果。为此,舆情净化者需要不断提升自己的专业水平,积极传播真实可靠的信息,逐渐树立领域专家形象,赢得公众的高度认可和信赖,获得更多微信用户的关注,从而提高自身在微信等社交网络中的影响力。

(3) 增强微信用户对网络舆情的判断能力,可以进一步提高非传统安全事件微信网络舆情干预效果。微信等在线社交网络时刻都有大量信息传播,甚至有些不法分子冒充官方网站发布虚假信息以迷惑公众。因而,应增强微信等社交网络用户判断力,促使更多的网络用户养成辩证分析舆情信息的习惯,理性、客观、科学的分析舆情的真假,抑制负面舆情信息传播,进而为保证国家网络健康良性发展营造良好的在线社交网络生态环境。

(4) 增加他治的外界调控力度,可以减少非传统安全事件网络舆情影响范围。当外界调控力度达到一定程度时,微信网络中获得非传统安全事件网络舆情的用户将越来越少,促使舆情在微信网络中迅速消失。因此在非传统安全事件网络舆情治理的过程中,应着重发挥政府、媒体等外界干预作用,使其发挥正向引导调控作用,降低非传统安全事件网络舆情热度。

9.5 本章小结

本章提出了一种自治-他治耦合的非传统安全微信舆情传播干预$SEIR_1R_2$模型,该模型考虑了他治的外界调控和网民自净化机制,以及未知者接触舆情传播者后转变为舆情传播者、免疫者、潜伏者和净化者的情景,并且引入了既可以转化为舆情传播者,又可以转化为舆情净化者的潜伏者,使得模型更加符合实际情况。对影响非传统安全事件微信舆情传播模型的外界调控和自净化机制进行了仿真实验,发现自治-他治耦合机制显著影响非传统安全事件下微信网络用户的传播行为,提高用户舆情辨识能力、舆情净化者影响力以及传播者判断力,增强外界调控力度,可以有效提高非传统安全事件网络舆情干预效果。

第 10 章 重大疫情非传统安全事件网络群体集聚舆情传播治理策略

新冠肺炎疫情全球肆虐成为继 SARS、H5N1、H7N9、MERS 之后又一次严峻的重大疫情非传统安全事件，给人类生命健康带来了严重威胁，引发公众恐慌，并对我国乃至全球经济社会造成了巨大冲击。尤其新冠肺炎疫情还具有未知性、高风险性等特性，且暴发在春节特殊时期，加之医疗物资紧缺，进一步加剧了公众的恐慌情绪。此外，一些无良媒体及个人还趁机发布不实报道和虚假信息制造噱头，导致网络空间非理性情绪、负面情绪甚至极端情绪泛滥，形成群体极化并产生网络集聚，增大次生衍生突发事件以及连锁反应风险，挑战政府的干预与治理能力，对公共安全、社会和谐稳定甚至国家安全构成严重威胁。党的十九届四中全会进一步明确提出，要坚持完善正确导向的舆情引导工作机制，健全重大舆情和突发事件舆情引导机制，全面提高网络治理能力，营造清朗的网络空间。由此可见，研究重大疫情非传统安全事件网络群体集聚舆情传播与治理，对推进国家治理体系和治理能力现代化具有重要意义。

10.1 问题提出

事实上，早在 20 世纪末互联网就已被引入中国，新浪、网易等门户网站也先后成立并开设了新闻板块，一些学者自那时起便对网络舆情进行了初步探索。然而，早期网络信息主要以官方媒体发布为主，大部分公众为信息的被动接收者。如今，随着智能移动终端普及与在线社交网络的井喷增长，公众已可以随时随地发布、转发信息，尤其重大疫情等非传统安全事件发生后，公众纷纷借助各种网络平台表达情感、态度（王炎龙和刘叶子，2020），网络舆情呈现出数量几何裂变、线上线下联动共振等特征（丁柏铨，2013），进而引发舆论海啸，给网络舆情治理带来严峻挑战（李静和谢耘耕，2020）。为此，国内外学者针对自媒体时代网络舆情涌现的新特点，围绕网络舆情生成、演化、传播、治理等问题展开了系列研究。

然而需要注意的是，现有研究大多分析的是一般情境下网络舆情传播问题，对重大疫情非传统安全事件下的健康信息传播与引导探讨不足，有的虽然有所提及，但主要作为研究背景加以阐述。众所周知，重大疫情具有病毒传染力强、治愈难度大等内在属性，一旦暴发，网络舆情将会瞬间涌现引爆网络舆论场，呈现非常规传播态势。同时，与其他事件不同，重大疫情动态演变性在时间、空间双重维度上同步影响网络舆情传播扩散。此外，新冠肺炎重大疫情下我国还遭受标签化、污名化等国际舆论战，致使公众健康观念受到恶意误导，进一步给政府健康信息引导带来严峻挑战，致使传统引导策略具有一定局限性。由此可见，分析重大疫情非传统安全事件对网络舆情传播过程的时空动态导向作用具有重要意义。为此，本章立足于完善国家治理体系和提升治理能力现代化，以重大疫情非传统安全事件为切入点，绘制重大疫情非传统安全事件下网络群体集聚舆情非常规扩散演化特征图谱，借助系统论思想阐释非传统安全事件网络舆情涌现生成逻辑，揭示网络舆情跨时空演化机理并提出应对路径，为有效应对非传统安全事件网络群体集聚舆情传播问题提供理论指导。

10.2　重大疫情非传统安全事件网络群体集聚舆情扩散图谱

与其他事件不同，重大疫情关乎公众生命健康，暴发后将瞬间受到公众全方位广泛关注并几何裂变，且持续时间长，波动涌现，还易与线下集群行为交织渗透，联动共振，同时一些西方媒体还借机炮制负面虚假舆情信息，恶意抹黑中国，混淆国际视听。为此，基于百度指数海量网民行为数据，绘制出如图10-1所示的重大疫情非传统安全事件网络舆情非常规扩散演化图谱，进而挖掘重大疫情非传统安全事件网络舆情非常规扩散演化特征，直观展现重大疫情网络舆情涌现态势。

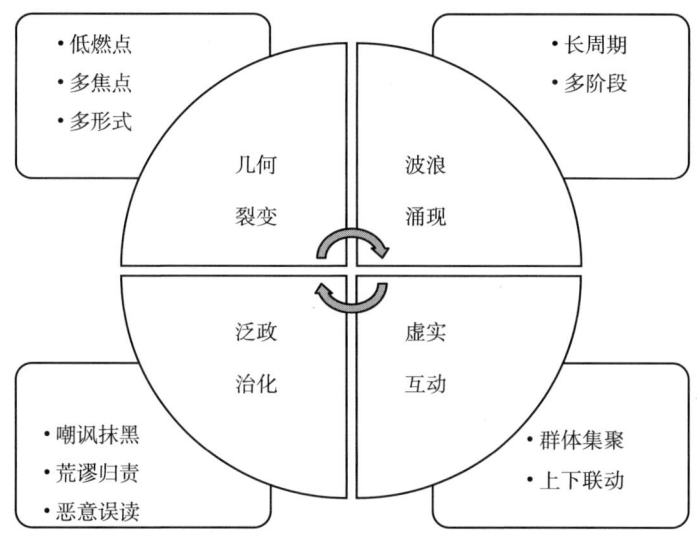

图 10-1 重大疫情网络舆情非常规扩散演化特征

10.2.1 低燃点多焦点多形式几何级数裂变

重大疫情具有较高的刺激性与敏感性，相关舆情信息话题燃点低，极易受到公众广泛关注并衍生扩散。同时，由于公众所处情境等存在差异，疫区与非疫区公众关注焦点不同，网络空间充斥着涵盖疫情实时信息、疾病症状、防治路径等多角度、多层次、全方位的舆情信息，甚至在交叉碰撞中牵连衍生出其他舆情信息，推动网络舆情多焦点辐射性演化，并以文字、图片、音频、视频等多种形式扩散，短时间内形成信息链、时间链和发展链，呈现几何级数裂变态势。如图 10-2 所示，通过挖掘新冠肺炎疫情暴发早期 2020 年 1 月 20 日至 2020 年 1 月 26 日的公众搜索焦点，不难发现围绕"新型冠状病毒"关键词，网络舆情信息涉及"新型冠状病毒特征""新型冠状病毒传播途径""冠状病毒死亡率""非典"等多个焦点，且搜索指数呈迅速上升趋势。

10.2.2 长周期分阶段波浪式涌现

与其他突发事件不同，新冠肺炎等重大疫情往往持续周期长且分阶段演化，致使与之对应的网络舆情信息也随重大疫情发展持续发酵，并呈现出分阶段波浪式涌现的传播特征。如图 10-3 所示，纵观以"新冠肺炎"为关键词的

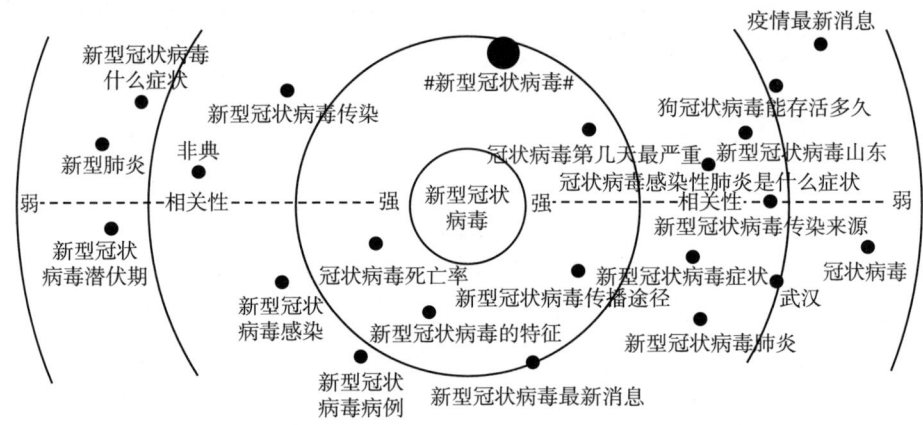

图 10-2 "新型冠状病毒"网络舆情信息关注焦点

资料来源：https://index.baidu.com/。

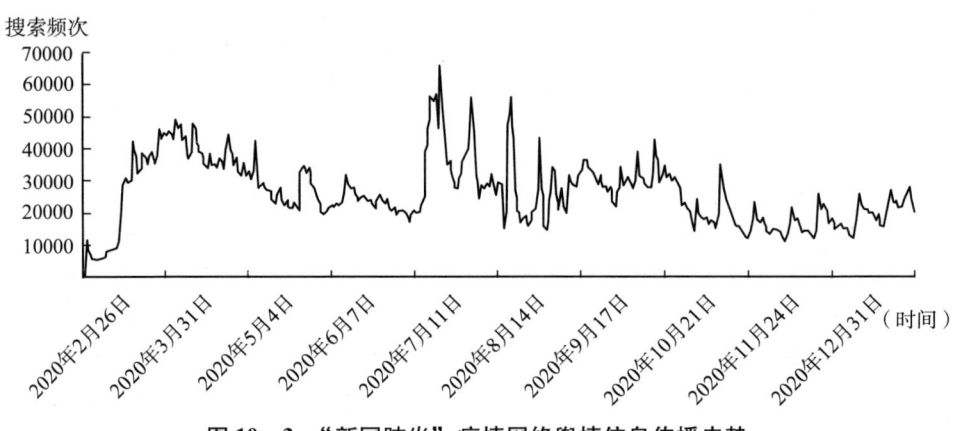

图 10-3 "新冠肺炎"疫情网络舆情信息传播走势

资料来源：https://index.baidu.com/。

百度指数变化情况，可以发现自 2020 年 1 月 23 日武汉"封城"起至 2020 年 12 月 31 日止，新冠肺炎网络舆情信息随疫情发展分多个阶段不断发酵演化，且每个阶段子话题都经历了完整的"潜伏—成长—成熟—衰退"生命周期，呈现出局部单峰扩散，全局长周期分阶段多峰波浪式涌现的传播特征。

10.2.3　群体跨时空集聚线上线下联动共振

在线社交网络具有较强互动性，公众可围绕重大疫情实时交互形成网络群体集聚,并与线下行为交织渗透、联动共振,推动重大疫情网络舆情大规模传播扩散。一方面,随着智能传播时代的到来,网络舆情在传播过程中跨越时空界限实现了时间和空间价值,使得不同地域甚至素不相识的网民能够在网络空间实时交互,推动重大疫情网络舆情传播演化,并逐渐趋同形成群体集聚。另一方面,重大疫情下广大社会公众在不断交锋讨论中极易与线下集群行为交织渗透,共同演化联动共振,尤其当网络舆情为虚假信息时,甚至会形成群体极化,将网络空间虚假舆情信息传播产生的能量以各种方式转换为现实社会行动的能量,进一步扩大声势与事态。例如新冠肺炎疫情期间发生的"双黄连事件",在"双黄连口服液可抑制新型冠状病毒"消息传出短短几个小时便引发了双黄连口服液的大规模抢购,严重扰乱社会公共秩序。

10.2.4 西方意识形态偏见助长国际舆论场泛政治化思潮

中西方意识形态之争使得一些西方媒体利用国际舆论优势,借重大疫情之机炮制负面虚假舆情信息,恶意抹黑中国,企图将疫情政治化。以新冠肺炎疫情为例,在疫情暴发初期,西方敌对势力袖手旁观、落井下石,对中国冷嘲热讽,发表煽动性言论制造恐慌氛围,将病毒标签化,对中国污名化,甚至以人权、民主之名诋毁中国对抗疫情的防控措施。而随着疫情全球化扩散,西方政客又开始甩锅中国,将自身抗疫失利的责任归咎于中国,大肆宣扬"中国责任论""中国赔偿论",污蔑指责中国掩盖疫情真相致使病毒蔓延扩散。此外,一些西方政客还将中国援助海外抗疫的善意之举恶意解读为"收买人心",指责中国恶意囤积医疗物资,质疑救济物资质量问题,严重影响我国国际形象,混淆国际视听。

10.3 系统论视角下重大疫情非传统安全事件网络舆情生成逻辑

非传统安全事件网络舆情涌现扩散是多种因素共同作用的结果。如图10-4所示,运用系统论思想,从系统客体、系统主体以及系统环境三维度分析重大疫情非传统安全事件网络群体集聚舆情扩散生成逻辑,是国家现代化治理体系下有效治理网络群体集聚舆情传播的必要环节。

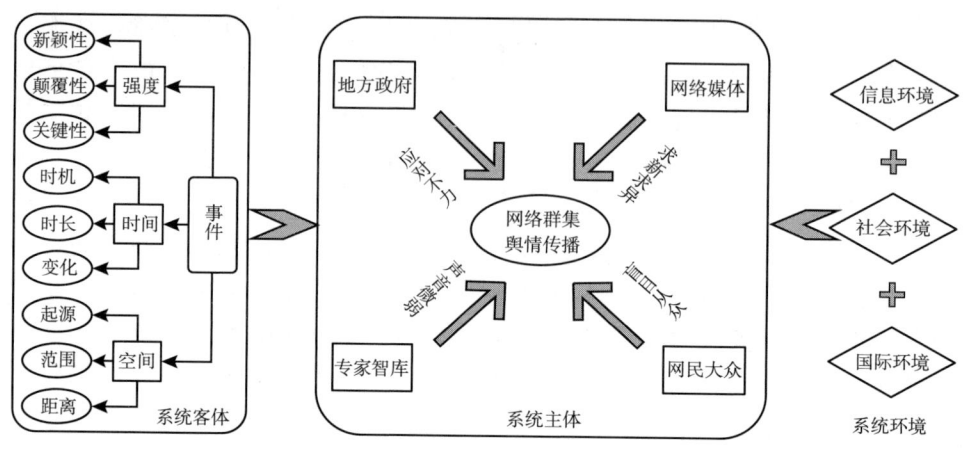

图 10-4　系统论视角下非传统安全事件网络舆情扩散生成逻辑框架

10.3.1　系统客体：重大疫情非传统安全事件

非传统安全事件作为系统客体逐渐成为网络舆情扩散的导火索，对网络舆情生成扩散产生了重要的时空动态导向作用，也对我国网络舆情引导工作提出了更高要求（陈洪娟，2019）。事件系统理论（Morgeson et al.，2015）指出，事件本质包括事件强度、事件时间、事件空间三个维度属性，为分析非传统安全事件驱动下的网络舆情生成机制提供了理论参考。第一，事件强度属性包括非传统安全事件新颖性、颠覆性、关键性三方面。一般而言，非传统安全事件与以往发生的事情差异越大，给公众工作生活带来的扰乱程度越大，对恢复社会正常运转影响越大，则公众越倾向于形成网络群体集聚并大规模传播舆情信息。第二，事件时间属性包括非传统安全事件发生的时机、持续时间以及演化过程三方面。若非传统安全事件发生在特殊时期、持续时间较长或在发展过程中不断演化甚至衍生出新的非传统安全事件，则公众越容易在网络空间迅速集聚传播网络舆情。第三，事件空间属性包括非传统安全事件发生地、扩散范围以及与个体的距离三方面。通常非传统安全事件发生地周边的公众更倾向于在网络空间集聚并传播网络舆情信息，同时随着非传统安全事件扩散发展，波及范围越广，公众传播网络舆情的倾向越大。本节以重大疫情非传统安全事件为研究对象，运用事件系统理论，从强度空前、时间紧迫、空间广泛三个维度分析非传统安全事件下网络群体集聚舆情生成逻辑（见图 10-5）。

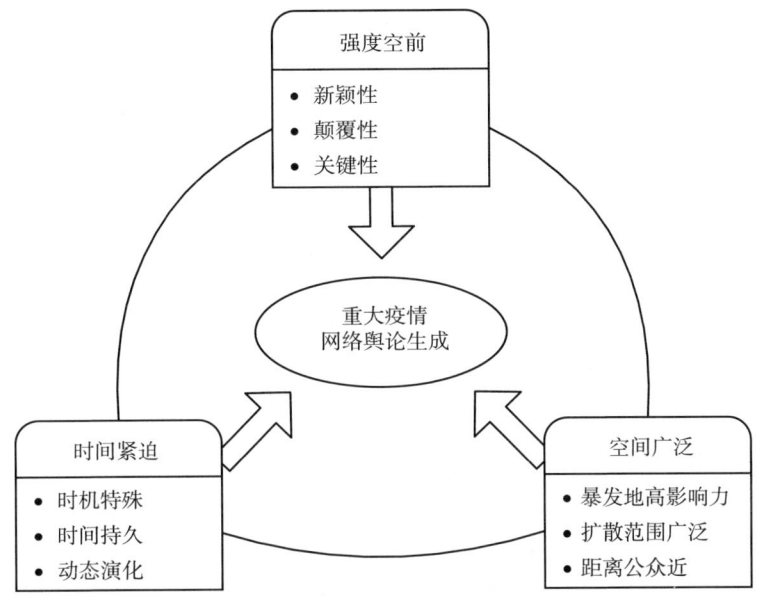

图 10-5 重大疫情非传统安全事件网络舆情生成逻辑

1. 重大疫情非传统安全事件总体强度空前催生复杂网络舆情场

（1）重大疫情非传统安全事件的罕见性刺激公众猎奇心理。一方面，重大疫情罕见性刺激公众收集分享相关舆情信息。如新冠肺炎作为一种罕见疾病，其病毒源头、传播途径、潜伏时间等均未知，且难以依靠传统治疗方法取得预期效果，疫情暴发后疾病救治工作在广大医护工作者的探索试验中进行，相关信息具有较强的新颖性，刺激公众传播分享相关信息。另一方面，重大疫情防控措施空前性引发公众热议。如新冠肺炎疫情暴发后，武汉于2020年1月23日上午10时起经历了长达76天的封城，全国企业受疫情影响延期复工、在线办公，全国各院校、中小学、幼儿园等延期开学，教育部提出"停课不停学"开展在线教学等要求。这些应对重大疫情非传统安全事件举措的空前性、罕见性促使相关网络舆情迅速成为公众关注焦点。此外，重大疫情下国内外舆情环境新形势引发网络舆情对冲。自媒体时代新冠肺炎疫情网络舆情环境与"非典"期间不可同日而语，多主体在混沌、多元的意见超级市场上竞相博弈以掌握更多话语权。与此同时，随着疫情的发展，国际舆情出现新形势，西方政客、媒体还借机在国际舆论场无端攻击、肆意抹黑中国，污蔑中国隐瞒疫情、制造病毒，将中国的援助妖魔化为意识形态输出，甚至要求中国政府赔偿，形成了主流舆情与负面信息的强烈对冲。

（2）重大疫情非传统安全事件的颠覆性刺激公众信息掌控欲。重大疫情暴发打乱了各地的正常生产生活秩序，甚至超出了地方政府、企事业单位的应对能力和承受能力，造成了短时间治理超负荷，致使网络舆情迅速传播扩散。一方面，重大疫情下防控措施颠覆性致使相关信息成为舆情焦点。如新冠肺炎与 SARS 等疾病的最大区别是患者在潜伏期内同样具有传染力，这使得全民开启居家隔离模式，在线办公、在线教学，颠覆了传统疾病的预防治疗方法以及公众正常的工作生活状态，致使与之相关的问题讨论成为重大疫情期间的网络舆情热点话题。另一方面，重大疫情下社会经济发展受到极大冲击，公众迫切期望掌握尽可能多的信息以疏解恐慌情绪（张淑华和王佳林，2019）。

（3）重大疫情非传统安全事件的关键性致使公众内心"防火墙"崩塌。马斯洛需求层次论指出，只有当生理、安全等低层次需求得到满足时人们才会追求更高层次的需求。由于重大疫情关乎人类生命健康，属于低层次需求，极易引起广大公众内心"防火墙"崩塌，刺激公众通过各种途径搜索查阅各类相关舆情信息。同时，这次新冠肺炎疫情堪称新中国成立以来我国发生的传播速度最快、感染范围最广、防控难度最大的一次重大突发公共卫生事件，需要组织和个体投入足够精力优先解决，进而引起了公众对重大疫情网络舆情的极大关注。

2. 重大疫情非传统安全事件时间紧迫催生网络舆情场负面情绪

（1）重大疫情暴发时间特殊性致使公众心态骤变。一般而言，事件发生的时点越特殊，如发生在重要节假日、重要活动、会议、赛事期间或个人、组织、社会发展的关键时期等，越容易引起公众心态变化，进而触发网络舆情。如新冠肺炎疫情暴发在春节期间，使得正准备欢度春节的公众心态骤变，进而触发网络舆情。同时，春节人员流动性大，因而疫情极易引起公众恐慌、焦虑，并对相关网络舆情信息格外关注。此外，新冠肺炎疫情的出现还打乱了人们春节期间的各种出行计划，并进一步增强了公众获取、传播疫情信息的意愿，进而推动公众在网络空间交流讨论以释放、疏解自身情绪。

（2）重大疫情持续时间长致使网络空间化身公众情绪"宣泄墙"。通常而言，重大疫情持续时间越长，公众内心紧张压抑等负面情绪越急于宣泄，致使相关信息在网络空间传播时间越长，网络舆情发酵时间也越长。如新冠肺炎疫情自 2019 年 12 月持续至今仍未彻底消退，公众极易产生各种情绪，并急于通过网络平台宣泄，致使网络空间成为公众长期压抑情绪的"宣泄墙"。同时，重大疫情的持续存在还会进一步衍生出就业、消费等若干其他问题，引发连锁反应，进而加剧网络舆情生成与传播演化。

（3）重大疫情动态变化推动网络舆情议题更迭。随着时间的推移，重大疫情不断发生动态变化，与之相关的网络舆情信息也不断生成演化，进而诱发疫情防控、政府治理等各种关联主题网络舆情并呈现出疫区差异。如新冠肺炎疫情暴发初期，武汉等疫区的公众更希望获取个人如何预防疾病等相关信息，而其他地区的公众则更关注疫情的整体发展情况、政府等有关部门应对疫情的态度、出台的系列政策举措、疫苗研制进展等。同时，随着国内新冠肺炎疫情形势的好转，返工复学工作稳步推进，不同重大疫情网络舆情议题持续更迭，而随着北京新发地再次出现疫情消息的发出，有关新冠肺炎疫情、新发地市场、三文鱼等相关网络舆情信息再次成为公众关注的焦点，进而诱发出各种次生衍生网络舆情信息并大规模传播扩散。

3. 重大疫情非传统安全事件空间扩散加剧网络舆情升级

（1）重大疫情非传统安全事件爆发地高影响力触发公众敏感神经。一般而言，事件爆发地或源头的影响力越大，则越容易触发公众敏感神经，引起公众的注意，进而推动网络舆情信息迅速传播扩散。如新冠肺炎重大疫情下，病毒源头、疫情是否会复发等一直是公众关注的热点，当武汉发现多例新冠肺炎病例时，以及疫情形势逐渐缓解而北京再次突发疫情时，很多公众瞬间陷入高度恐慌、焦虑状态，加之病毒潜伏期也具有传染性的特性，使得公众更加焦虑渴望搜集获取相关信息。一方面，武汉是湖北省省会，也是长江中游特大城市以及中国中部地区的中心城市，同时还是全国重要的综合交通枢纽，有"九省通衢"之称，而首都北京的重要地位更是不言而喻，武汉、北京先后暴发疫情影响深远，立即成为公众关注焦点。另一方面，武汉华南海鲜批发市场、北京新发地农产品批发市场均属于规模较大、人流量大、公众日常生活经常出入的场所，与广大群众的日常生活联系紧密，加剧网络舆情传播扩散。此外，疫情暴发前期多位医护工作者先后被感染，使得本应发挥疫情防控作用的医院甚至成为前期疫情重灾区，这也进一步触发公众敏感神经，推动重大疫情网络舆情传播扩散。

（2）重大疫情扩散范围唤醒民族文化基因。重大疫情在国内国外地域空间的不断扩散极易加剧公众的恐慌情绪，尤其在信息不对称情形下，当新增病例不断增长时，公众愈加困惑不安，极易唤起自身关于重大疫情的记忆，并在思想观念与意识形态独特民族文化基因影响下传播网络舆情。例如在新冠肺炎重大疫情下，大多数公众联想到了SARS暴发等重大疫情，使得网络空间涌现出大量关于"非典疫情"的舆情信息,这种对人类史上重大疫情记忆的集体回访促使相关舆情信息成为网络空间讨论的热点。

（3）重大疫情暴发于公众周边诱发非理性荒谬言论。重大疫情距离公众越近,则公众搜索、传播网络舆情的意愿越强。然而,由于重大疫情专业性强,诸多问题尚在不断探索中,短时间内难以回应公众所有疑问,致使公众恐慌情绪进一步放大,因而极易在信息不对称与匮乏情形下对重大疫情盲目解码,轻信各种谣言等虚假信息（袁文霞和洪楠,2018）,并抱着"宁可信其有,不可信其无"的心态传播网络舆情,甚至涌现出大规模非理性群体行为,引爆网络舆论场,促使网络舆情传播扩散。此外,随着新冠肺炎疫情全球蔓延,能否采取有效措施应对所辖区域疫情还关乎西方一些政客的政治生涯,因而部分政客为了自身的政治目的将自己防疫不利的责任甩锅给中国,损害我国国际形象。

10.3.2 系统主体：地方政府、网络媒体、专家智库、普通公众

首先,部分地方政府未扮演好及时发布事实真相的关键角色。政府是非传统安全事件网络舆情引导的关键主体,然而一些地方政府部门却不作为、乱作为或不当作为,引起了公众的不满和抗议,甚至激化矛盾衍生新的非传统安全事件。同时,还有一些地方政府部门对网络舆情的监管不力,这也会导致非传统安全事件下相关虚假信息大肆传播混淆视听,进而扰乱社会公共秩序。特别是在移动互联网时代,去中心化、交互性强、匿名性高、信息流动快等特点使政府在应对非传统安全事件网络舆情时存在反应滞后、缺少专业智力支持等问题,因而引发网络群体集聚舆情大规模传播扩散。

其次,网络媒体求新求异"标题化"刺激公众传播欲。新媒体时代,网络媒体是非传统安全事件网络舆情传播扩散的主要媒介。尤其是一些网络媒体因面临激烈的生存压力,为争取高关注度和高点击量往往一味求新求异,大批"标题党"甚至夸大扭曲事实,引起了网络群体非理性集聚行为以及网络舆情传播扩散。

再次,专家智库在非传统安全事件中声音相对微弱。专家智库是国家现代化治理体系下网络舆情传播干预的智囊团,是国家软实力的重要组成部分,对政府决策、舆情引导与知识传播具有重要影响。然而,现有一些专家智库更多地频繁活跃在学术圈,尚未充分参与到非传统安全事件下的公众思想引导工作中。虽有一些智库积极发声,但传播内容理论性较强,因而未能在非传统安全

事件网络舆情引导中产生较好效果。

最后，网民大众盲目从众以及意见领袖误导。网络空间公众可分为普通大众和意见领袖两类。其中普通大众基数大，社会层次、道德素养、教育水平等参差不齐，容易出现盲目从众等非理性行为，对非传统安全事件下的网络群体集聚舆情传播具有重要影响。意见领袖主要指网络空间具有较大影响力且能影响多数人态度、情感倾向的少数人。受到非传统安全事件影响，处在恐惧、焦虑、无助状态的公众极易聚集在一起，对意见领袖发布的信息盲目跟风传播，若此时意见领袖发布了不实信息将极易导致网络舆情突变甚至衍生新的非传统安全事件。

10.3.3 系统环境：信息环境、社会环境、国际环境

系统环境对非传统安全事件网络舆情传播扩散同样具有重要影响。一方面，随着大数据移动互联网时代的到来，便利的信息环境为公众提供了微博、微信等多种分享平台，使得非传统安全事件相关舆情信息借助多种社交媒体平台传播扩散，突破了时空束缚，进一步促使网络舆情大规模扩散。例如，新冠肺炎疫情网络舆情环境与"非典"期间不可同日而语，多主体在混沌、多元的意见超级市场上竞相博弈以掌握更多话语权，给网络舆情引导带来严峻挑战。另一方面，我国正处于社会转型期，有些社会问题一旦被触发极易导致网络舆情爆发。此外，随着非传统安全事件的发展，国际环境日趋复杂，不稳定不确定性明显增加。如新冠肺炎疫情下，西方政客、媒体借机在国际舆论场抹黑中国，给我国的国际形象带来负面影响。

10.4 重大疫情非传统安全事件网络舆情跨时空演化机理

非传统安全事件网络舆情传播治理是治国理政、定国安邦的大事，深入剖析内在跨时空演化机理至关重要。为此，以百度指数表示网络舆情跨时空演化趋势，以2020年新冠肺炎疫情非传统安全事件下的网络舆情传播为例，选取"武汉'封城'""双黄连口服液""红十字会""北京新发地疫情"四个关键词，从时效性、根植性、不均衡性、异化效应等层面揭示网络舆情传播机理。

10.4.1　时效性影响下的阶段性演化机理

与其他事物类似，非传统安全事件网络舆情同样具有时效性。如图10-6所示，新冠肺炎重大疫情非传统安全事件下，各主题网络舆情传播经历了"潜伏—成长—成熟—衰退"四个阶段性的演化过程。在潜伏阶段，非传统安全事件相关主题舆情刚刚产生，各种问题还不清晰，少数当事人、目击人在网络平台小范围讨论，响应并不强烈，尚处于积蓄力量阶段。随着讨论的深入以及非传统安全事件的事态发展，当累积的潜在力量达到临界状态时，网络舆情从"隐性"向"显性"转换并进入成长阶段。此时广大网民极易从各个维度围绕非传统安全事件相关网络舆情主题展开深入讨论，逐渐形成趋同性观点并出现网络群体集聚。随着网络舆情趋同化愈加明显，具有强大影响力的意见领袖与网络推手不断涌现，推动网络舆情大规模传播扩散，逐步进入成熟阶段。此时知名媒体也纷纷介入，进一步加速主流网络舆情意见形成，使得公众热议达到高潮，网络舆情传播达到高峰期。最后，随着非传统安全事件相关问题的解决，网络舆情逐渐进入衰退阶段。同时随着新焦点问题的涌现，原网络舆情逐渐淡出网民视线。

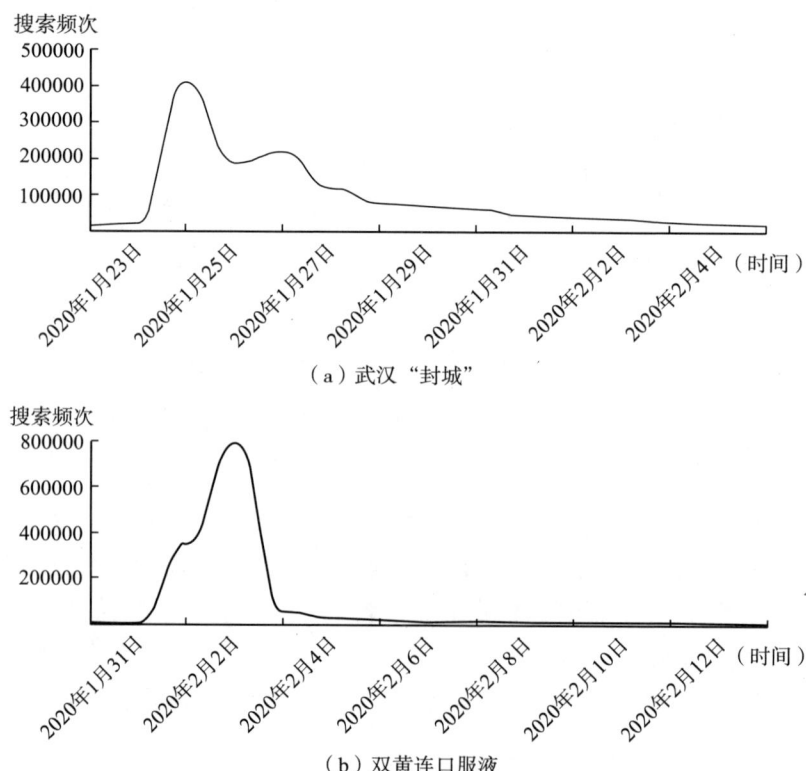

（a）武汉"封城"

（b）双黄连口服液

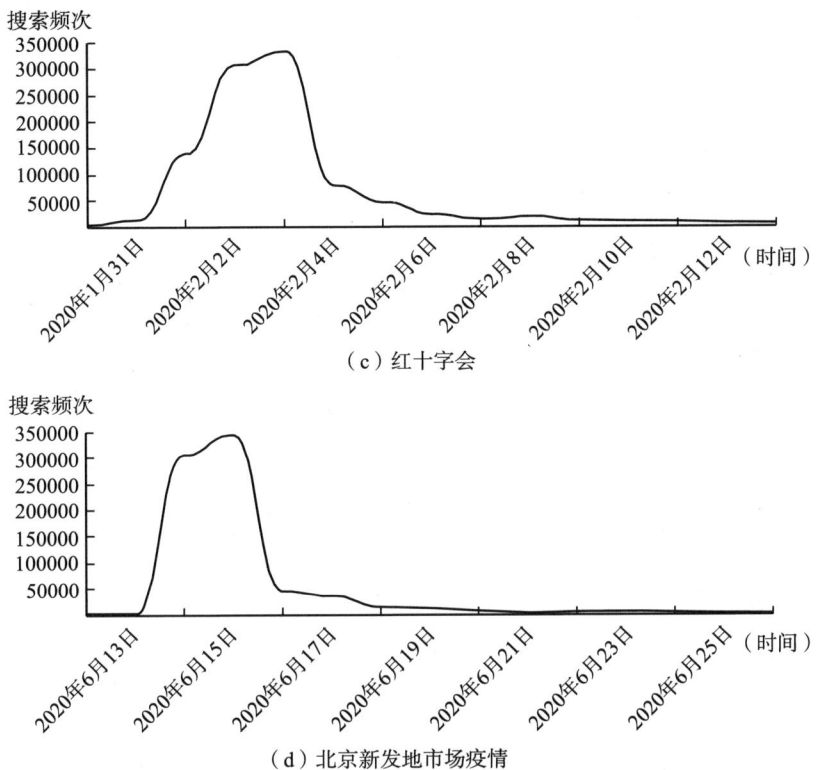

（c）红十字会

（d）北京新发地市场疫情

图 10-6　新冠肺炎疫情非传统安全事件下网络舆情传播趋势

10.4.2　根植性影响下的空间集聚机理

根植性源于经济社会学，是指经济行为深深嵌入在社会关系中且会受到所处社会环境、文化等多重因素影响。虽然移动通信技术与互联网的飞速发展使人们逐渐摆脱了时空束缚，推动了世界各地用户之间的联系，但根植性依然存在，事件关联地域的信息联系在网络空间中仍占据主体地位。如对武汉"封城"网络舆情关注较高的用户集中在湖北武汉及其周边等受交通影响严重的省市，北京新发地疫情网络舆情主要引起北京网民的关注，且伴随在新发地市场活动的非京籍患者的出现，也逐渐引起了河北、山东等北京周边地区的公众的关注。由此可见，受地域根植性因素影响，非传统安全事件发生地、临近地的公众更容易对相关话题产生共鸣，使得当地的网络舆情关注强度远远大于其他地域的网络舆情关注强度，进而在网络空间形成集聚，促使网络舆情在一定范围迅速扩散。此外，由图 10-7 湖北省与北京市两省市网民对新冠肺炎疫情非传统安全事件下"武汉'封城'""北京新发地市场疫情"两主题网络舆情传播情况的对比分析还可发现，虽然两省市网民对此次非传统安全事件网络舆情关注度均较高，但网民更关注本省域内的相关网络舆情信息。

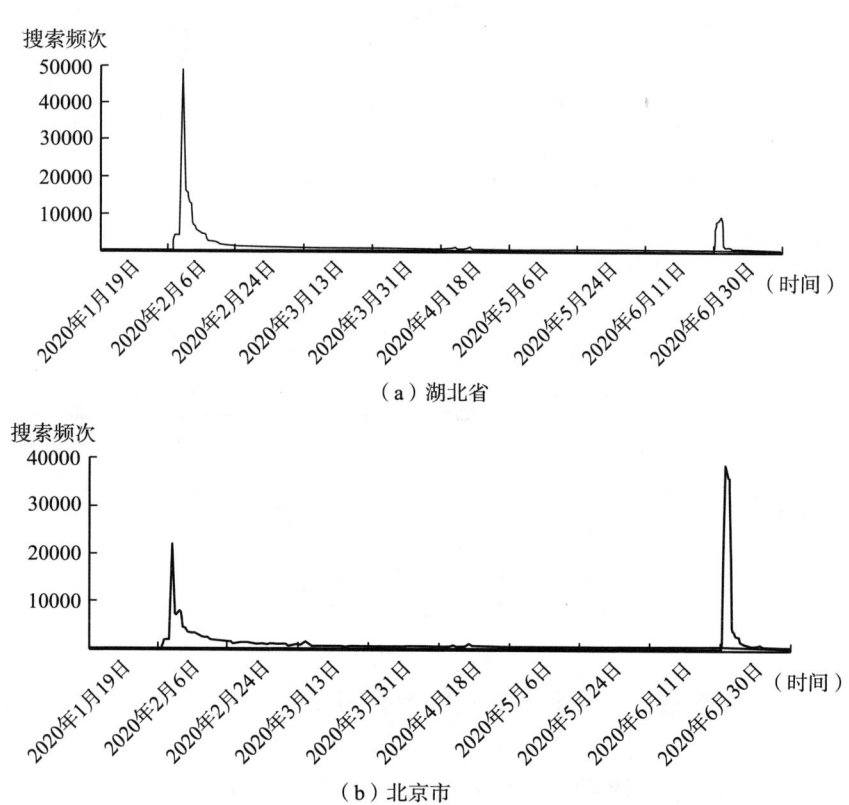

图 10-7 新冠肺炎疫情非传统安全事件下网络舆情传播趋势对比

10.4.3 不均衡性影响下的等级扩散机理

虽然现实地理空间的作用规律在网络空间得到了进一步延续，但这并不意味着网络空间就是地理空间的简单投影。从图 10-8 还可以看出，对某一网络舆情的关注强度除与根植性有关外，还与地区经济发展水平具有一致性。事实上，网络本身并不存在等级性和不对称性，其为人们提供了一个平等的信息交流平台，但互联网基础设施供给在地理分布上往往更倾向于人口、经济聚集地区，致使网络空间存在一定不均衡性。特别是少数经济发达地区用户受教育程度相对较高，自我表达意愿强，且这些地区具有政治、文化资源优势，意见领袖多且影响力大，最终造成不同地域网民对同一网络舆情关注强度的等级性及不对称性，使得网络空间存在话语权不平等问题。以新冠肺炎疫情非传统安全事件下"双黄连口服液""红十字会"两主题网络舆情为例，从图10-8可以看出，两主题网络舆情关注用户均主要集中在经济发达的华东地区，其次为华北、华中和华南地区，而西北地区公众对网络舆情的关注度则相对较低，且呈现出"高舆情关注强度－高经济发展水平－低城市数量""低舆情关注强度－低经济发展水平－高城市数量"的金字塔特征。

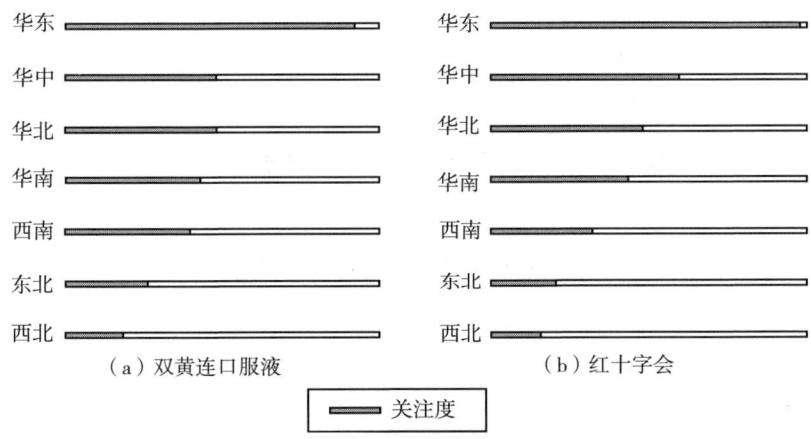

图10-8 新冠肺炎疫情非传统安全事件下网络舆情全国各地区关注情况

10.4.4 异化效应影响下的舆情衍生机理

受非传统安全事件相关问题模糊性、关联性、刺激性等影响，网络舆情传播过程中往往引发公众更深层次思考进而出现信息异化，并进一步通过再加工、酝酿、发酵使得原始网络舆情偏离演变轨迹，衍生出新的舆情中心议题，滋生各种网络乱象。一方面，非传统安全事件刚刚产生时很多问题不确定甚至存在诸多可疑之处，加之相关部门回应不到位，致使事件模糊性加剧催生衍生舆情。另一方面，非传统安全事件影响下，公众和媒体的持续关注及共同作用会曝光更多涉事主体，从而衍生出更多相关舆情话题。此外，非传统安全事件的刺激性极易引发公众的集体记忆，使公众在头脑中搜寻与之相似的历史事件并据此来判断当前事件，从而出现衍生舆情。如新冠肺炎疫情非传统安全事件发生后，湖北红十字会、武汉红十字会因捐赠物资分配使用等问题被推上风口浪尖，致使网民猜疑不断并导致舆情进一步发酵，"郭美美"也再次成为公众关注的热点（见图10-9）。

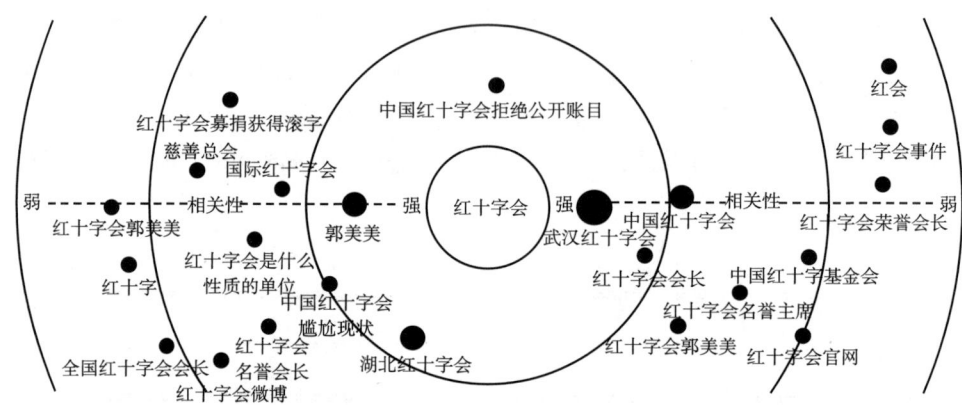

图10-9　新冠肺炎疫情非传统安全事件下"红十字会"网络舆情衍生话题

10.5　"棱锥型"多主体协作重大疫情网络舆情传播治理模式

非传统安全事件下网络群体集聚舆情传播已经成为关乎经济社会发展甚至国家安全的重大问题，把握好网上舆情引导的时、度、效，使网络空间清朗起来，是应对非传统安全事件网络舆情传播的关键一步。营造清朗的网络空间生态环境，推进国家治理体系和治理能力现代化，应充分发挥政府、媒体、智库以及公众多主体功能优势，实现非传统安全事件下网络群体集聚舆情传播扩散"棱锥型"治理（见图10-10）。

10.5.1　"棱锥"之主力军顶点——政府

政府在非传统安全事件下网络群体集聚舆情传播治理过程中占据主导地位，应充分发挥政府在网络舆情传播治理中的主力军作用。第一，强化自身危机意识与舆情治理能力。政府应树立危机意识，平时加强模拟演练与技术培训，组织相关人员运用科学方法发现收集苗头性、倾向性、行动性情报，实时监测非传统安全事件下网络舆情发展变化，追溯虚假信息源，及时处理异常情

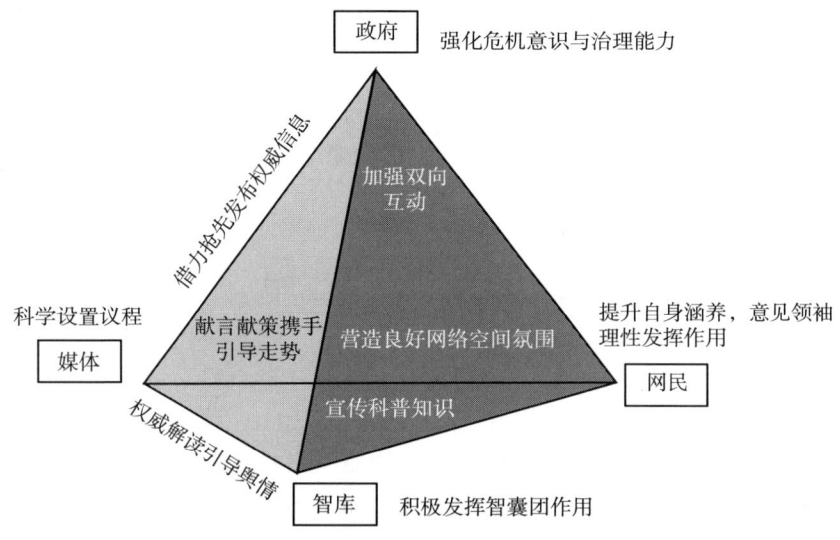

图 10-10 "棱锥型"多主体协作治理模式

况,有效治理非传统安全事件下的网络舆情传播。同时,及时总结经验教训,对负有重大责任的官员依法公开惩处。第二,借力媒体抢先发布权威信息。政府应建立良好的媒体关系,设立专题网页与新闻发言人,在非传统安全事件产生后通过各类媒体第一时间发布权威信息,遏制虚假网络舆情大规模扩散。第三,携手智库专家科学引导非传统安全事件网络舆情走势。政府应积极开展非传统安全事件下的专题资政研讨活动,广泛征求专家学者决策咨询建议引导舆情传播。第四,加强与公众双向互动。政府应及时关注官方网站、微博、微信等平台网络舆情转发评论情况,与公众双向互动答疑解惑,并借助"两微一端"实时更新滚动发布信息,引导公众理性思考。

10.5.2 "棱锥"之扬声器顶点——媒体

媒体在弘扬社会正能量方面具有扬声器作用,应充分发挥媒体的功能优势,引导公众理性评判非传统安全事件,有效治理网络群体集聚舆情传播扩散。第一,科学设置议程。权威媒体应准确把握非传统安全事件下网络舆情产生源头与矛盾关系,调整好各环节问题,审时度势,保持清醒的判断力,快速谨慎地做出反应,有效引导非传统安全事件下的网络舆情传播方向。第二,对接智库,壮大专业评论员队伍。媒体可将智库中的专家学者、业界精英吸纳到评论员队伍中,通过邀请权威专家解读、开设高层论坛、发表评论员文章等形式增强权威信息传播实效，引导网络舆情走向。第三，营造良好网络空间氛围。媒体平时应注重制作、发布传播正能量的短视频等，并针对不同用户的阅读习惯加工整合，同时注意掌握网络舆情引导艺术技巧，避免激进偏颇的表达方式，采取客观公正、通盘兼顾的表达方式向公众传递社会正能量。

10.5.3 "棱锥"之减压器顶点——智库

智库应加大参与力度，做好政府与公众的减压器，科学引导非传统安全事件下的网络舆情传播。一方面，智库应充分发挥汇民生、集民智的智囊团作用，积极向政府部门献言献策，研判非传统安全事件下的网络舆情，科学引导公众思想、意识、情绪。另一方面，智库应通过多种渠道积极宣传研究成果，扩大自身影响力，塑造良好的外界形象。此外，智库还应设立门户网站宣传科普知识，解读公共政策，并开辟互动专栏，用专业知识以及接地气、富有亲和力的语言为公众答疑解惑、纠正偏见，科学引导非传统安全事件下的网络舆情传播。

10.5.4 "棱锥"之自治者顶点——公众

公众是非传统安全事件下网络舆情传播互动的重要主体，有效治理非传统安全事件下的网络群体集聚舆情传播扩散应充分发挥公众自身疏导作用，自觉抵制虚假有害网络舆情大规模扩散。一方面，普通大众应不断提升自身科学涵养。公众应通过多种渠道不断丰富自身知识储备，不断拓宽自身眼界，深化提高对事物的认知程度，明辨是非，理性看待非传统安全事件下的网络舆情并做出科学判断。另一方面，意见领袖应理性发挥"风向标"作用。意见领袖可以影响公众思想观念，在非传统安全事件下的网络舆情传播过程中可起到"风向标"作用，因此其应理性发挥引导作用，号召广大公众积极传播正面舆情，有效引导网络舆情传播。

10.6 本章小结

重大疫情网络舆情传播扩散极易引发次生衍生危害，对社会安定和国家政治安全构成威胁。本章首先绘制具有几何裂变、波浪涌现、虚实互动、泛政治化等特征的重大疫情网络群体集聚舆情扩散图谱。其次,基于系统论思想,从事件、主体、环境三维度阐释重大疫情网络群体集聚舆情涌现生成逻辑。再次,基于网络舆情演化三大要素揭示阶段演化、空间集聚、等级扩散、话题衍生等跨时空演化机理,并以新冠肺炎疫情网络舆情为例进行实证分析。最后,从多主体协作视角提出"棱锥型"重大疫情网络群体集聚舆情传播治理模式。研究结果可为应对重大疫情非传统安全事件下的网络群体集聚舆情传播提供理论指导。

结　　论

非传统安全事件网络舆情传播已经成为关乎经济社会发展甚至国家安全的重大问题。这些网络舆情借助在线社交网络传播扩散，呈现出频繁交互、群体极化、链式演变及多层互动等新特点与新规律，不仅对非传统安全事件的解决毫无帮助，反而加剧了社会恐慌，打击了公众战胜困难的信心，甚至造成混乱和潜在衍生危害大规模爆发性风险，引发系列次生衍生危机事件，给国家和社会造成动荡和经济损失。因此，剖析非传统安全事件网络舆情传播规律，探究非传统安全事件网络舆情协同治理策略，有效治理非传统安全事件下社会管理"炎症风暴"，防控非传统安全事件网络舆情扩散刻不容缓。本书致力于探索非传统安全事件网络群体集聚舆情传播与干预机理，对完善非传统安全事件网络舆情传播与治理研究体系、营造网络空间良好舆论生态环境以及维护国家安全、社会稳定具有重要意义。

本书主要结论如下。

（1）深入刻画非传统安全事件网络舆情传播用户画像，是认识网络用户复杂行为、提取网络舆情传播特征的前提和基础。非传统安全事件下，在线社交网络用户众多行为特征分布均偏离泊松分布，活跃程度与幂指数正相关，与时间间隔宽度负相关，舆情信息发布行为的时间间隔服从幂律分布，并呈现重尾分布特征，网络用户在发布舆情信息行为中表现出"强阵发弱记忆"的特征。同时，网络拓扑结构对用户传播行为具有重要影响，网络舆情传播行为会随着在线社交关系网络度数以及互惠性等的增加而越来越频繁。

（2）非传统安全事件下网络舆情传播极易引发现实社会非理性行为，并在虚实交互下与网络舆情耦合互动，驱动网络群体集聚行为涌现。非传统安全事件下，网络舆情和现实社会非理性行为吸引力对网络群体集聚舆情传播最大影响程度以及最终扩散规模具有显著影响。信息-行为耦合强化效用的存在使非传统安全事件网络舆情传播周期延长，且网络舆情传播者或行为感染者产生的耦合强化效用影响大于由网络舆情免疫者或行为厌倦者产生的耦合强化效用影响。信息-行为耦合强化效用影响下,非传统安全事件网络舆情传播最终扩散规模大于现实社会行为最终扩散规模,但变化幅度却恰恰相反。此外,非传统安全事件下网民情绪具有较强的指向性,情绪的影响远远超过非传统安全事件客观事实的影响,进而推动着非传统安全事件网络舆情不断升温,甚至引发连锁反应。

(3) 非传统安全事件下,群体极化效应与合作竞争共生机制对网络舆情传播过程具有重要影响。非传统安全事件中网络整体情绪氛围积极程度、正面情绪公信力与正面情绪传播者数量呈正相关,与负面情绪传播者数量呈负相关,增加初始负面情绪传播者的比例会加速引爆非传统安全事件,而减少极端情绪传播者数量、提升免疫增长速度和初始免疫率,可以降低非传统安全事件影响力。当网络空间存在多条网络舆情时,基于合作竞争复合机制的非传统安全事件网络多舆情共存的传播模型研究发现,低临界速度下,不同网络舆情的合作效应总是出现在传播的初始阶段,竞争效应会不断显现并导致低制约系数的网络舆情在传播中消失,网络舆情传播呈现一方持续增长、另一方先增长后减小的态势;高临界速度下,网络舆情合作效应明显,能够共存传播。

(4) 多主体协同干预可有效控制非传统安全事件网络舆情传播。网络媒体对非传统安全事件报道的全面度与真实度对网络舆情步入正轨直至最终消散尤为重要。当网络媒体采取不干预措施所获流量收益较大时,罚金值的提高对网络舆情传播峰值的下降效用失灵。政府收益值和公信力受损值均影响网络舆情传播态势干预效果,其中政府收益值的增加对控制舆情传播有显著效果,但政府公信力受损值并非越大越有利于非传统安全事件网络舆情的消退,而应调整在一个合适的范围。此外,提高舆情净化者的影响力度、传播者的思考判断能力以及未知者的辨别能力,均可缩小非传统安全事件网络舆情的波及范围,且未知者的辨别能力对非传统安全事件网络舆情传播范围的影响最大,其次是传播者的思考判断能力,最后是舆情净化者的影响力。

本书创新点如下。

(1) 构建虚实耦合交互下情感驱动的非传统安全事件网络舆情生成演化模型。非传统安全事件网络舆情传播极易引发现实社会非理性行为,在虚实交互下与网络舆情耦合互动,并伴随事态发展与公众情感态度动态演变,共同驱动非传统安全事件网络舆情大规模生成涌现。本书针对现有研究对现实社会非理性行为与网络舆情传播动态交互作用过程体现不足、难以体现情感倾向性动态演变特性对主题演化的影响等问题,分别从外在行为、内在情感两维度拓展分析虚实耦合互动的网络群体集聚机制、主题－情感耦合演化机制。通过考虑舆情－行为耦合强化效用影响，建立虚实互动的非传统安全事件网络群体交互动力学模型，并引入情感演化周期理论，对非传统安全事件发生后不同阶段的网络舆情主题进行界定，进而结合情感倾向性分析，构建主题－情感耦合作用下非传统安全事件网络舆情观点演化模型，探究虚实耦合交互下情感驱动的非传统安全事件网络舆情生成涌现机制，为政府科学地疏导网络舆情，提高社会治理水平，加强非传统安全事件应急管理提供决策支持。

（2）构建非传统安全事件情境嵌入的网络舆情复杂传播动力学模型。与普通舆情独立传播不同，非传统安全事件网络舆情传播过程呈现群体极化、多元主题并存等特征。本书突破现有研究主要聚焦单一网络舆情独立传播规律、无法体现非传统安全事件网络舆情传播群体极化和观点争议等特点，以及难以深入刻画多信息传播的内在交互机制、难以掌握不同网络舆情之间相互依赖、相互链接和演化对非传统安全事件舆情传播的影响等研究局限，融合人类动力学、观点动力学与传播动力学三理论，构建群体极化、竞争共生并存等影响下非传统安全事件网络舆情传播动力学模型。本书针对观点演化下网络空间单舆情群体极化、多舆情竞争共生并存两种传播情境，构建情绪累积效应下非传统安全事件网络舆情传播动力学模型，以及合作竞争机制下的非传统安全事件多舆情传播动力学模型，求解传播阈值与最终扩散规模，分析平衡点稳定性，剖析非传统安全事件中群体极化效应以及竞争共生并存效用影响机制，揭示非传统安全事件网络舆情复杂传播规律。

（3）提出了非传统安全事件网络舆情传播协同干预模型及治理策略。分析非传统安全事件网络舆情干预机理是有效应对网络舆情大规模扩散的关键。现有研究大多只是考虑媒体或政府的单一干预状态，且大多忽略了传播者自我纠错能力，无法较好地刻画非传统安全事件网络舆情协同干预情境。本书在已有研究的基础上，破解政府与网络媒体、他治与自治下的非传统安全事件网络舆情多主体协同干预难以表征的瓶颈，考虑外部多元主体协同干预以及自身净化与外部干预耦合作用过程，分别从外部干预、自身净化两个维度剖析非传统安全事件网络舆情协同干预机制，构建网络媒体和政府多主体干预模型，以及考虑外部调控和自身净化的非传统安全事件网络舆情干预模型，并进一步将各干预主体视为统一整体创建协同治理体系，提出协同治理策略，进而为组织和政府有效应对非传统安全事件网络舆情传播、科学预警响应决策提供理论依据与实践指导。

本书对非传统安全事件虚实耦合互动网络群体集聚舆情传播与干预问题进行了深入研究，并取得了一定阶段性研究成果，但仍需要进一步深化研究。传统数据处理方法已难以适用于分析在线社交网络海量数据，积极探索网络舆情大数据处理方法，并以此为根基进行深入透彻的研究，进而实现网络舆情有效监测预警是值得继续探索的问题。

参考文献

[1] 安璐,周亦文. 恐怖事件情境下微博信息与评论用户的画像及比较[J]. 情报科学, 2020, 38 (4): 9-16.

[2] 曹海军. 非传统安全视角下网络舆情治理困境及其消解[J]. 河南社会科学, 2019, 27 (8): 10-16.

[3] 曾庆香,强德华. 论群体性事件舆论引导中政府与传统媒体的博弈[J]. 现代传播(中国传媒大学学报), 2012, 34 (5): 43-46, 52.

[4] 曾群,程晓,周小渝,等. 基于双路径模型的网络舆情在社交网络上的传播机制研究[J]. 情报科学, 2017, 35 (6): 29-33, 43.

[5] 曾润喜. 网络舆情管控工作机制研究[J]. 图书情报工作, 2009, 53 (18): 79-82.

[6] 陈波,于泠,刘君亭,等. 泛在媒体环境下的网络舆情传播控制模型[J]. 系统工程理论与实践, 2011, 31 (11): 2140-2150.

[7] 陈福集,陈婷. 基于SEIRS传播模型的网络舆情衍生效应研究[J]. 情报杂志, 2014, 33 (2): 108-113, 160.

[8] 陈福集,黄江玲. 三方博弈视角下的网络舆情演化研究[J]. 情报科学, 2015, 33 (9): 22-26.

[9] 陈福集,黄亚驹. 基于前景理论的商业化网媒行为监管演化博弈分析[J]. 现代情报, 2017, 37 (6): 3-8, 35.

[10] 陈洪娟. 从热点事件看网络舆论变化与价值取向的转移[J]. 当代传播, 2019, 35 (5): 79-82.

[11] 陈力丹. 以自律解决微博传谣问题[J]. 青年记者, 2011 (28): 45-46.

[12] 陈莫凡,黄建华. 基于SEIQR演化博弈模型的突发网络舆情传播与控制研究[J]. 情报科学, 2019, 37 (3): 60-68.

[13] 陈婷,曲霏,陈福集. 突发事件网络舆情扩散的政府应对仿真描述——基于三方博弈视角[J]. 图书馆杂志, 2017, 36 (2): 79-86, 94.

[14] 谌楠,王恒山. 网络舆情政府干预最佳点选择的研究[J]. 现代图

书情报技术, 2012, 33 (3): 53-58.

[15] 崔鹏, 张巍, 何毅, 等. 突发公共事件网络舆情演化及政府应对能力研究 [J]. 现代情报, 2018, 38 (2): 75-83, 95.

[16] 戴杏云, 张柳, 戴伟辉, 等. 社交网络的情感图谱研究 [J]. 管理评论, 2016, 28 (8): 79-86.

[17] 邓青, 刘艺, 马亚萍, 等. 基于元胞自动机的网络信息传播和舆情干预机制研究 [J]. 管理评论, 2016, 28 (8): 106-114.

[18] 狄国强, 曾华艺, 勒中坚, 等. 网络舆情事件的系统动力学模型与仿真 [J]. 情报杂志, 2012, 31 (8): 12-20.

[19] 狄岚, 顾雨迪. 媒体干预下三分意见群体网络舆情传播模型 [J]. 系统仿真学报, 2018, 30 (8): 2958-2965.

[20] 丁柏铨. 新媒体语境中舆论特点及政府与之关系论析 [J]. 中国出版, 2013, 36 (10): 17-22.

[21] 丁雪枫. 情绪主导型群体事件的情绪演化模型与仿真 [J]. 计算机工程与应用, 2018, 54 (19): 230-236.

[22] 董凌峰. 基于SD演化博弈的网络舆情形成阶段主体研究 [J]. 情报科学, 2018, 36 (1): 24-31, 44.

[23] 杜蓉, 於志文, 刘振鲁, 等. 基于豆瓣同城活动的线上线下社交影响研究 [J]. 计算机学报, 2014, 37 (1): 238-245.

[24] 樊超, 郭进利, 韩筱璞, 等. 人类行为动力学研究综述 [J]. 复杂系统与复杂性科学, 2011, 8 (2): 1-17.

[25] 樊鹏翼, 王晖, 姜志宏, 等. 微博网络测量研究 [J]. 计算机研究与发展, 2012, 49 (4): 691-699.

[26] 樊重俊, 李佳婷, 霍良安, 等. 谣言传播过程中官方媒体影响模型 [J]. 计算机应用研究, 2016, 33 (11): 3364-3368.

[27] 高如, 李明德. 社会化媒体舆情治理协同模式构建 [J]. 编辑之友, 2017, 37 (10): 43-46, 91.

[28] 顾秋阳, 琚春华, 鲍福光. 融入改进SIR模型的移动社交网络谣言传播用户群体动态演化仿真研究 [J]. 情报科学, 2019, 37 (10): 67-74, 80.

[29] 郭东伟, 乌云娜, 邹蕴, 等. 基于非理性博弈的舆情传播仿真建模研究 [J]. 自动化学报, 2014, 40 (8): 1721-1732.

[30] 郭进利. 博客评论的人类行为动力学实证研究和建模 [J]. 计算机

应用研究, 2011, 28 (4): 1422-1424, 1433.

[31] 韩少春, 刘云, 张彦超, 等. 基于动态演化博弈论的舆论传播羊群效应 [J]. 系统工程学报, 2011, 26 (2): 275-281.

[32] 胡婷婷. 突发事件网络舆情的演化要素及治理策略研究 [J]. 现代情报, 2018, 38 (10): 51-56.

[33] 黄永年. 具有种内互惠作用的 Lotka-Volterra 捕食模型 [J]. 宁波大学学报 (理工版), 1999, 12 (3): 1-9.

[34] 姜金贵, 闫思琦. 基于主题和情绪相互作用的微博舆情演化研究——以"红黄蓝虐童事件"为例 [J]. 情报杂志, 2018, 37 (12): 118-123.

[35] 姜胜洪. 微博时代突发事件网络舆情研究 [J]. 理论与现代化, 2012, 24 (3): 47-51.

[36] 金鑫, 李小腾, 朱建明. 突发事件网络舆情的演变机制及其情感性分析研究 [J]. 现代情报, 2012, 32 (12): 8-13.

[37] 阚佳倩, 谢家荣, 张海峰. 社会强化效应及连边权重对网络信息传播的影响分析 [J]. 电子科技大学学报, 2014, 43 (1): 21-25.

[38] 康伟. 突发事件舆情传播的社会网络结构测度与分析——基于"11·16校车事故"的实证研究 [J]. 中国软科学, 2012, 27 (7): 169-178.

[39] 李春发, 刘凯, 王晟锴. 基于 Multi-Agent 的政府干预下虚假舆情传播规律与控制决策 [J]. 现代情报, 2018, 38 (5): 53-59.

[40] 李纲, 陈璟浩. 突发公共事件网络舆情研究综述 [J]. 图书情报知识, 2014, 31 (2): 111-119.

[41] 李静, 谢耘耕. 网络舆情热度的影响因素研究——基于2010—2018年10600起舆情事件的实证分析 [J]. 新闻界, 2020, 36 (2): 37-45.

[42] 李林, 孙军华. 基于社会网络冲突信息传播的群体特征 [J]. 系统工程理论与实践, 2014, 34 (1): 207-214.

[43] 李仕争, 丁菊玲, 蒋鹏, 等. 移动社交网络谣言演化的系统动力学模型与仿真 [J]. 情报杂志, 2016, 35 (9): 117-123, 103.

[44] 李燕凌, 刘科呈. 突发事件网络舆情的嬗变与政府干预最优策略——基于"红黄蓝幼儿园虐童事件"的仿真分析 [J]. 湖南农业大学学报 (社科版), 2019, 20 (2): 68-75.

[45] 林燕霞, 谢湘生. 基于社会认同理论的微博群体用户画像 [J]. 情报理论与实践, 2018, 41 (3): 142-148.

[46] 刘国巍,程国辉,姜金贵. 时空分异视角下非常规突发事件网络舆情演化研究——以"上海12.31踩踏事件"为例 [J]. 情报杂志,2015,34 (6):126-130,150.

[47] 刘海,卢慧,阮金花,等. 基于"用户画像"挖掘的精准营销细分模型研究 [J]. 丝绸,2015,52 (12):37-42,47.

[48] 刘海鸥,刘旭,姚苏梅,等. 基于舆情画像的在线社交用户信息传播特征统计分析 [J]. 现代情报,2019,39 (9):64-73.

[49] 刘海鸥,孙晶晶,苏妍嫄,等. 国内外用户画像研究综述 [J]. 情报理论与实践,2018,41 (11):155-160.

[50] 刘锦德,刘咏梅. 基于不完全信息演化博弈模型的网络舆情传播羊群行为 [J]. 国防科技大学学报,2013,35 (5):96-101.

[51] 刘毅. 略论网络舆情的概念、特点、表达与传播 [J]. 理论界,2007,23 (1):11-12.

[52] 刘咏梅,彭琳,赵振军. 基于Lotka-Volterra的微博谣言事件演进分析 [J]. 情报杂志,2013,32 (11):110-116.

[53] 刘云霄. 微博自净功能的局限性及影响因素——以新浪微博为例 [J]. 新闻世界,2013 (3):93-94.

[54] 鲁晓薇. 微博时代的信任危机——从微众直播与围观说起 [J]. 今传媒,2011,19 (2):92-93.

[55] 陆征一,王稳地. 生物数学前沿 [M]. 北京:科学出版社,2008:20-25.

[56] 梅妍霜,朱恒民,魏静. 媒体协同对网络舆情扩散的作用机制研究 [J]. 数据分析与知识发现,2019,3 (2):65-71.

[57] 孟巍,吴雪霞,李静,等. 基于大数据技术的电力用户画像 [J]. 电信科学,2017,33 (S1):15-20.

[58] 潘灶烽,汪小帆,李翔. 可变聚类系数无标度网络上的谣言传播仿真研究 [J]. 系统仿真学报,2006 (8):2346-2348.

[59] 瞿倩倩,韩华,吕亚楠,等. 基于社交网络结构特征的S2IR谣言传播模型 [J]. 复杂系统与复杂性科学,2019,16 (3):48-59.

[60] 任中杰,张鹏,兰月新,等. 面向突发事件的网络用户画像情感分析——以天津"8·12"事故为例 [J]. 情报杂志,2019,38 (11):126-133.

[61] 石密,刘春雷,时勘,等. 影响网络集体行为意向的情绪感染路径

研究——基于情绪—信息的理论视角 [J]. 情报杂志, 2018, 37 (11): 103 - 109, 121.

[62] 宋彪, 朱建明, 黄启发. 基于群集动力学和演化博弈论的网络舆情疏导模型 [J]. 系统工程理论与实践, 2014, 34 (11): 2984 - 2994.

[63] 宋楠, 付举磊, 鲍勤, 等. 基于无标度网络的恐怖信息传播与最优应对策略 [J]. 系统工程理论与实践, 2015, 35 (3): 630 - 640.

[64] 孙华程. 公共危机信息传播空间结构模型研究 [J]. 情报杂志, 2009, 28 (4): 23 - 27.

[65] 孙庆川, 山石, 兰田田. 一个新的信息传播模型及其模拟 [J]. 图书情报工作, 2010, 54 (6): 52 - 56, 79.

[66] 谭浩, 冯安然. 基于用户角色的调研方法研究 [J]. 包装工程, 2017, 38 (16): 83 - 86.

[67] 唐绪军. 中国新媒体发展报告 No.7 (2016) [M]. 北京: 社会科学文献出版社, 2016.

[68] 滕婕, 夏志杰, 占欣. 基于改进 CA 模型的群体辟谣信息扩散效果预测 [J]. 计算机工程与应用, 2020, 56 (6): 51 - 57.

[69] 万贻平, 张东戈, 任清辉. 考虑谣言清除过程的网络谣言传播与抑制 [J]. 物理学报, 2015, 64 (24).

[70] 汪小帆, 李翔, 陈关荣. 复杂网络理论及其应用 [M]. 北京: 清华大学出版社, 2006: 10 - 12.

[71] 王超, 刘骋远, 胡元萍, 等. 社交网络中信息传播的稳定性研究 [J]. 物理学报, 2014, 63 (18): 180501.

[72] 王光辉, 刘怡君, 迟钰雪. 舆论危机的异化极化效应研究 [J]. 管理科学学报, 2017, 20 (3): 149 - 161.

[73] 王辉, 韩江洪, 邓林, 等. 基于移动社交网络的谣言传播动力学研究 [J]. 物理学报, 2013, 62 (11): 110505.

[74] 王家坤, 于灏, 王新华, 等. 基于用户相对权重的在线社交网络舆情传播控制模型 [J]. 系统工程理论与实践, 2019, 39 (6): 1565 - 1579.

[75] 王舰, 王志宏, 张乐君. 复杂网络演化的舆论动力学模型及仿真分析 [J]. 计算机应用, 2018, 38 (4): 1201 - 1206.

[76] 王金龙, 刘方爱, 朱振方. 一种基于用户相对权重的在线社交网络信息传播模型 [J]. 物理学报, 2015, 64 (5): 050501.

[77] 王来华. 论网络舆情与舆论的转换及其影响 [J]. 天津社会科学,

2008, 28 (4): 66 - 69.

[78] 王雷, 方平, 姜媛. 基于系统动力学的群体情绪传播模型 [J]. 心理科学, 2014, 37 (3): 678 - 682.

[79] 王平, 谢耘耕. 突发公共事件网络舆情的形成及演变机制研究 [J]. 现代传播 (中国传媒大学学报), 2013, 35 (3): 63 - 69.

[80] 王瑞, 刘勇, 朱敬华, 等. 基于用户影响与兴趣的社交网信息传播模型 [J]. 通信学报, 2017, 38 (S2): 113 - 121.

[81] 王润珏. 信息时代的舆情特征与政府应对机制建设路径研究 [J]. 情报杂志, 2019, 38 (7): 111 - 114, 145.

[82] 王山龙. 后真相语境下网络非理性舆论的生成与净化机制研究 [D]. 南昌: 南昌大学, 2019.

[83] 王澍贤, 陈福集. 意见领袖参与下微博舆情演化的三方博弈分析 [J]. 图书馆学研究, 2016, 37 (1): 19 - 25.

[84] 王顺庆, 王万雄, 徐海根. 数学生态学稳定性理论与方法 [M]. 北京: 科学出版社, 2004: 10 - 13.

[85] 王泰, 高闯, 胡祥恩. 突发重大新闻事件中基于兴趣的网民活跃度模型 [J]. 系统科学与数学, 2014, 34 (3): 294 - 308.

[86] 王筱莉, 赵来军. 社会网络中具有怀疑机制的谣言传播模型 [J]. 上海理工大学学报, 2012, 34 (5): 424 - 428.

[87] 王筱莉, 赵来军, 吴忠. 非均匀网络中考虑辟谣机制的谣言传播模型 [J]. 系统工程, 2015, 33 (12): 139 - 145.

[88] 王炎龙, 刘叶子. 情境、应对与修复: 公益组织的舆情危机传播与治理研究——基于湖北红十字会新冠疫情事件的分析 [J]. 新闻界, 2020, 36 (5): 65 - 71.

[89] 王长春, 陈超. 基于复杂网络的谣言传播模型 [J]. 系统工程理论与实践, 2012, 32 (1): 203 - 210.

[90] 王治莹, 李勇建. 政府干预下突发事件舆情传播规律与控制决策 [J]. 管理科学学报, 2017, 20 (2): 43 - 52, 62.

[91] 魏德志, 陈福集, 林丽娜. 基于博弈论和 SIRS 的热点事件传播仿真研究 [J]. 系统仿真学报, 2018, 30 (6): 2050 - 2057.

[92] 魏德志, 陈福集, 郑小雪. 基于博弈论的微信虚假信息传播的仿真研究 [J]. 情报科学, 2016, 34 (11): 146 - 149, 166.

[93] 吴联仁, 李瑾颉, 闫强. 基于时间异质性的微博信息传播模型 [J].

电子科技大学学报, 2015, 44 (5): 657-662.

[94] 吴林, 安璐, 孙冉. 面向企业舆情监测的事件画像与高危人群预测研究 [J]. 信息资源管理学报, 2020, 10 (1): 15-28.

[95] 武澎, 王恒山, 李煜. 突发事件信息传播超网络中枢纽节点的判定研究 [J]. 管理评论, 2013, 25 (6): 104-111.

[96] 夏志杰, 吴忠, 王筱莉, 等. 社会化媒体谣言自净化机制的定量模拟研究 [J]. 现代情报, 2019, 39 (3): 101-108.

[97] 向卓元, 陈宇玲. 微博谣言传播模型与影响力评估研究 [J]. 科研管理, 2016, 37 (1): 39-47.

[98] 肖人彬, 张耀峰. 网络群体事件信息传播的演化博弈分析 [J]. 复杂系统与复杂性科学, 2012, 9 (1): 1-7.

[99] 徐汉明, 张新平. 网络社会治理的法治模式 [J]. 中国社会科学, 2018 (2): 48-71, 205.

[100] 许超英. 社交网络中意见领袖画像系统设计与实现 [D]. 乌鲁木齐: 新疆大学, 2018.

[101] 杨志, 祁凯. 基于"情景—应对"的突发网络舆论事件演化博弈分析 [J]. 情报科学, 2018, 36 (2): 30-36, 94.

[102] 殷雁君, 唐卫清, 李蔚清. 基于社会网络的群体情绪模型 [J]. 计算机应用研究, 2015, 32 (1): 80-84.

[103] 余潇枫. 共享安全: 非传统安全研究的中国视域 [J]. 国际安全研究, 2014, 32 (1): 4-34, 157.

[104] 袁国平, 许晓兵. 基于系统动力学的关于突发事件后网络舆情热度研究 [J]. 情报科学, 2015, 33 (10): 52-56.

[105] 袁文霞, 洪楠. 微博"对话评论"中的舆情传播探析 [J]. 中国出版, 2018, 41 (14): 41-44.

[106] 张波. 网络舆情危机中政府与网络媒体关系的博弈论分析 [D]. 西安: 西安建筑科技大学, 2013: 9-10.

[107] 张春华. 网络舆情: 社会学的阐释 [M]. 北京: 社会科学文献出版社, 2012: 1, 100.

[108] 张芳, 司光亚, 罗批. 信息传播建模仿真中的心理模型研究 [J]. 计算机仿真, 2013, 30 (2): 165-169.

[109] 张芳, 司光亚, 罗批. 谣言传播模型研究综述 [J]. 复杂系统与复杂性科学, 2009, 6 (4): 1-11.

[110] 张菊平, 郭昊明, 荆文君, 等. 基于真实信息传播者的谣言传播模型的动力学分析 [J]. 物理学报, 2019, 68 (15): 150501.

[111] 张克生. 舆情机制是国家决策的根本机制 [J]. 理论与现代化, 2004, 16 (4): 71-73.

[112] 张立凡, 赵凯. 媒体干预下带有讨论机制的网络舆情传播模型研究 [J]. 现代图书情报技术, 2015, 36 (11): 60-67.

[113] 张润莲, 兰月新, 王彩华, 等. 网络群体性事件演化博弈分析及对策研究 [J]. 图书与情报, 2016 (4): 24-30.

[114] 张淑华, 王佳林. 政策危机传播的结构化考察和成因分析——以2011-2017年网上争议性政策传播为研究路径 [J]. 新闻与传播研究, 2019, 26 (5): 41-58, 127.

[115] 张志花, 夏志杰, 薛传业. 微博谣言自净化机制模拟仿真 [J]. 情报杂志, 2015, 34 (7): 125-129.

[116] 张子柯. 在线社交网络信息传播机制与动力学研究综述 [J]. 情报学报, 2017, 36 (4): 422-431.

[117] 赵洪涌, 朱霖河. 社交网络中谣言传播动力学研究 [J]. 南京航空航天大学学报, 2015, 47 (3): 332-342.

[118] 赵静娴. 演化博弈视角下的网络伪舆情监管对策研究 [J]. 情报科学, 2016, 34 (6): 143-146, 169.

[119] 赵蓉英, 王旭. 突发事件网络舆情关键节点识别及导控对策研究——以"大贤村遭洪灾事件"为例 [J]. 现代情报, 2018, 38 (1): 19-24, 30.

[120] 赵卫东, 赵旭东, 戴伟辉, 等. 突发事件的网络情绪传播机制及仿真研究 [J]. 系统工程理论与实践, 2015, 35 (10): 2573-2581.

[121] 赵珍珍, 唐辉一, 魏荟荟, 等. 群体情绪凝聚及其产生机制 [J]. 宁波大学学报 (教育科学版), 2015, 37 (5): 12-18.

[122] 种大双, 孙绍荣. 基于传染病模型的重大突发事件舆情传播与控制 [J]. 情报理论与实践, 2018, 41 (5): 104-109.

[123] 周如俊, 王天琪. 网络舆情: 现代思想政治教育的新领域 [J]. 思想·理论·教育, 2005, 21 (11): 12-15, 29.

[124] 周涛, 韩筱璞, 闫小勇, 等. 人类行为时空特性的统计力学 [J]. 电子科技大学学报, 2013, 42 (4): 481-540.

[125] 周昕, 黄微, 滕广青, 等. 网络舆情传播模式解析与重构研究

[J]. 情报理论与实践, 2016, 39 (12): 25-30.

[126] 朱恒民, 刘凯, 卢子芳. 媒体作用下互联网舆情话题传播模型研究 [J]. 现代图书情报技术, 2013, 34 (3): 45-50.

[127] 朱宏淼, 闫辛, 靳祯, 等. 耦合网络视角下微信群对组织中知识传播影响 [J]. 系统工程, 2020, 38 (2): 1-10.

[128] 朱霖河, 李玲. 基于辟谣机制的时滞谣言传播模型的动力学分析 [J]. 物理学报, 2020, 69 (2): 020501.

[129] 朱晓倩. 微网络环境中谣言制造者的行为动力学研究 [D]. 济南: 山东师范大学, 2018.

[130] Anthony S. Anxiety and rumor [J]. Journal of Social Psychology, 1973, 89 (1): 91-98.

[131] Arino J, Brauer F, Van Den Driessche P, et al. A final size relation for epidemic models [J]. Mathematical Biosciences and Engineering, 2007, 4 (2): 159-175.

[132] Bae Y, Lee H. Sentiment analysis of twitter audiences: measuring the positive or negative influence of popular twitterers [J]. Journal of the American Society for Information Science and Technology, 2012, 63 (12): 2521-2535.

[133] Bao Y Y, Xin Z H. Human activity pattern on microblogging interaction [C] //Proceedings of the Information Management, Innovation Management and Industrial Engineering, 2011: 303-306.

[134] Barabasi A L. The origin of bursts and heavy tails in human dynamics [J]. Nature, 2005, 435 (7039): 207-211.

[135] Barabási A, Albert R. Emergence of scaling in random networks [J]. Science, 1999, 286 (5439): 509-512.

[136] Benyoussef M, Ez-Zahraouy H, Benyoussef A. New behavior of degree distribution in connected communication networks [J]. International Journal of Modern Physics C, 2014, 25 (9): 1450040.

[137] Berger J A, Milkman K L. What makes online content viral? [J]. Journal of Marketing Research, 2009, 49 (2): 192-205.

[138] Bermingham A, Smeaton A F. Classifying sentiment in microblogs: is brevity an advantage? [C]. Proceedings of the ACM International Conference on Information and Knowledge Management. Toronto, Canada, 2010: 1833-1836.

[139] Centola D. The spread of behavior in an online social network experiment

[J]. Science, 2010, 329 (5996): 1194 -1197.

[140] Ceron A, Curini L, Iacus S M. Using sentiment analysis to monitor electoral campaigns: Method matters-evidence from the United States and Italy [J]. Social Science Computer Review, 2015, 33 (1): 3 -20.

[141] Cheng J, Liu Y, Shen B, et al. An epidemic model of rumor diffusion in online social networks [J]. European Physical Journal B, 2013, 86 (1): 1 -7.

[142] Christakis N A, Fowler J H. Connected: The surprising power of our social networks and how they shape our lives [M]. Little, Brown, 2009.

[143] Daley D J, Kendall D G. Stochastic rumours [J]. IMA Journal of Applied Mathematics, 1965, 1 (1): 42 -55.

[144] Du J C, Xu J, Song H Y, et al. Leveraging machine learning-based approaches to assess human papillomavirus vaccination sentiment trends with Twitter data [J]. BMC Medical Informatics and Decision Making, 2017, 17 (2): 63 -70.

[145] Eckmann J P, Moses E. Curvature of co-links uncovers hidden thematic layers in the world wide web [J]. Proceedings of the National Academy of Sciences, 2002, 99 (9): 5825 -5829.

[146] Fan C J, Li J T, Huo L A, et al. Impact model of authoritative media in process of rumor spreading [J]. Application Research of Computers, 2016, 33 (11): 3364 -3368.

[147] Fu F, Chen X, Liu L. Social dilemmas in an online social network: the structure and evolution of cooperation [J]. Physics Letters A, 2007, 371 (1 -2): 58 -64.

[148] Gao B, Deng Z, Zhao D. Competing spreading processes and immunization in multiplex networks [J]. Chaos, Solitons & Fractals, 2016, 93: 175 -181.

[149] Gomez - Rodriguez M, Leskovec J, Schölkopf B. Modeling information propagation with survival theory [C] //International conference on machine learning. PMLR, 2013: 666 -674.

[150] Gu J, Li W, Cai X. The effect of the forget-remember mechanism on spreading [J]. European Physical Journal B, 2008, 62 (2): 247 -255.

[151] Guille A, Hacid H, Favre C, et al. Information diffusion in online social networks: a survey [J]. Sigmod Record, 2013, 42 (2): 17 -28.

[152] Han S, Zhuang F, He Q, et al. Energy model for rumor propagation on

social networks [J]. Physica A: Statistical Mechanics and its Applications, 2014, 394: 99-109.

[153] Hernandez M J, Barradas I. Variation in the outcome of population interactions: bifurcations and catastrophes [J]. Journal of mathematical biology, 2003, 46 (6): 571-594.

[154] Hoffman M. How automatic and representational is empathy and why [J]. Behavioral and Brain Sciences, 2002, 25 (1): 38-39.

[155] Holme P, Edling C R, Liljeros F. Structure and time evolution of an internet dating community [J]. Social Networks, 2004, 26 (2): 155-174.

[156] Hong W, Han X, Zhou T, et al. Heavy-tailed statistics in short-message communication [J]. Chinese Physics Leters, 2009, 26 (2): 028902.

[157] Huo L, Cheng Y. The impact of media coverage and emergency strategies on the rumor spreading [J]. Discrete Dynamics in Nature and Society, 2018.

[158] Huo L, Ma C. Dynamical analysis of rumor spreading model with impulse vaccination and time delay [J]. Physica A: Statistical Mechanics and its Applications, 2017, 471: 653-665.

[159] Huo L, Ma C. Optimal control of rumor spreading model with consideration of psychological factors and time delay [J]. Discrete Dynamics in Nature and Society, 2018.

[160] Huo L, Wang L, Zhao X. Stability analysis and optimal control of a rumor spreading model with media report [J]. Physica A: statistical Mechanics and its Applications, 2019, 517: 551-562.

[161] Iribarren J L, Moro E. Impact of human activity patterns on the dynamics of information diffusion [J]. Physical Review Letters, 2009, 103 (3): 038702.

[162] Isham V, Kaczmarska J, Nekovee M. Spread of information and infection on finite random networks [J]. Physical Review E, 2011, 83 (4): 046128.

[163] Jin M, Liu F, Zhou C. Rumor spreading: a survey [C]. DEStech Transactions on Computer Science and Engineering, 2017.

[164] Kahn H, Wiener A. The year 2000 [M]. New York: MacMillan Press, 1967: 67-74.

[165] Kan A, Chan J, Hayes C, et al. A time decoupling approach for studying forum dynamics [J]. World Wide Web, 2013, 16 (5-6): 595-620.

[166] Kermack W O, McKendrick A G. A contribution to the mathematical theory of epidemics [J]. Proceedings of The Royal Society of London. Series A, Containing Papers of a Mathematical and Physical Character, 1927, 115 (772): 700 - 721.

[167] Kwak H, Lee C, Park H, et al. What is twitter, a social network or a news media? [C]. Proceedings of the 19th International Conference on World Wide Web. 2010: 591 - 600.

[168] Lerman K, Ghosh R. Information contagion: An empirical study of the spread of news on Digg and Twitter social networks [C] //Fourth international AAAI conference on weblogs and social media. 2010.

[169] Li D, Ma J. How the government's punishment and individual's sensitivity affect the rumor spreading in online social networks [J]. Physica A: statistical Mechanics and its Applications, 2017, 469: 284 - 292.

[170] Yang L, Geng X, Liao H. A web sentiment analysis method on fuzzy clustering for mobile social media users [J]. EURASIP Journal on Wireless Communications and Networking, 2016, 2016 (1): 1 - 13.

[171] Liu Y, Diao S M, Zhu Y X, et al. SHIR competitive information diffusion model for online social media [J]. Physica A: Statistical Mechanics and its Applications, 2016, 461: 543 - 553.

[172] Lü L, Chen D B, Zhou T. The small world yields the most effective information spreading [J]. New Journal of Physics, 2011, 13 (12): 123005.

[173] Lü L, Zhou T. Link prediction in complex networks: a survey [J]. Physica A: Statistical Mechanics and its Applications, 2011, 390 (6): 1150 - 1170.

[174] Luo G M. Real-time adaptive control for nonlinear stochastic systems [J]. Tsinghua Science and Technology, 1997, 2 (3): 734 - 736.

[175] Lux T. Herd behaviour, bubbles and crashes [J]. Economic Journal, 1995, 105 (431): 881 - 896.

[176] Mackie D M, Devos T, Smith E R. Intergroup emotions: explaining offensive action tendencies in an intergroup context [J]. Journal of Personality and Social Psychology, 2000, 79 (4): 602 - 616.

[177] Maki D P. Thompson M. Mathematical models and applications [M]. Prentice - Hall, 1973.

[178] Milgram S. The small world problem [J]. Psychology Today, 1967, 2 (1): 60-67.

[179] Min B, Goh K I, Vazquez A. Spreading dynamics following bursty human activity patterns [J]. Physical Review E, 2011, 83 (3): 036102.

[180] Moreno Y, Nekovee M, Pacheco A F. Dynamics of rumor spreading in complex networks [J]. Physical Review E, 2004, 69 (6): 066130.

[181] Morgeson F P, Mitchell T R, Liu D. Event system theory: an event-oriented approach to the organizational sciences [J]. Academy of Management Review, 2015, 40 (4), 515-537.

[182] Muchnik L, Pei S, Parra L C, et al. Origins of power-law degree distribution in the heterogeneity of human activity in social networks [J]. Scientific Reports, 2013, 3 (1): 1-8.

[183] Myers S A, Leskovec J. Clash of the contagions: Cooperation and competition in information diffusion [C] // 2012 IEEE 12th international conference on data mining. Brussels, Belgium: IEEE, 2012: 539-548.

[184] Nekovee M, Moreno Y, Bianconi G, et al. Theory of rumour spreading in complex social networks [J]. Physica A: Statistical Mechanics and its Applications, 2007, 374 (1): 457-470.

[185] Ozturk P, Li H, Sakamoto Y. Combating rumor spread on social media: The effectiveness of refutation and warning [C] //2015 48th Hawaii international conference on system sciences. IEEE, 2015: 2406-2414.

[186] Pan Y, Yan Z. The impact of multiple information on coupled awareness-epidemic dynamics in multiplex networks [J]. Physica A: Statistical Mechanics and its Applications, 2018, 491: 45-54.

[187] Park P S, Blumenstock J E, Macy M W. The strength of long-range ties in population-scale social networks [J]. Science, 2018, 362 (6421): 1410-1413.

[188] Yan Q, Yi L, Wu L. Human dynamic model co-driven by interest and social identity in the MicroBlog community [J]. Physica A: Statistical Mechanics and its Applications, 2012, 391 (4): 1540-1545.

[189] Yan Q, Wu L, Zheng L. Social network based microblog user behavior analysis [J]. Physica A: Statistical Mechanics and Its Applications, 2013, 392 (7): 1712-1723.

[190] Qiu X, Zhao L, Wang J, et al. Effects of time-dependent diffusion behaviors on the rumor spreading in social networks [J]. Physics Letters A, 2016, 380 (24): 2054-2063.

[191] Rapoport A, Rebhun L I. On the mathematical theory of rumor spread [J]. The Bulletin of Mathematical Biophysics, 1952, 14 (4): 375-383.

[192] Rattana P, Blyuss K B, Eames K T D, et al. A class of pairwise models for epidemic dynamics on weighted networks [J]. Bulletin of mathematical biology, 2013, 75 (3): 466-490.

[193] Quintana R M, Haley S R, Levick A, et al. The persona party: Using personas to design for learning at scale [C] //Proceedings of the 2017 CHI Conference Extended Abstracts on Human Factors in Computing Systems. 2017: 933-941.

[194] Ruan Z, Tang M, Liu Z. Epidemic spreading with information-driven vaccination [J]. Physical Review E, 2012, 86 (3): 036117.

[195] Sang C Y, Liao S G. Modeling and simulation of information dissemination model considering user's awareness behavior in mobile social networks [J]. Physica A: Statistical Mechanics and its Applications, 2020, 537: 122639.

[196] Santos F C, Rodrigues J F, Pacheco J M. Epidemic spreading and cooperation dynamics on homogeneous small-world networks [J]. Physical Review E, 2005, 72 (5): 056128.

[197] Schläpfer M, Buzna L. Decelerated spreading in degree-correlated networks [J]. Physical Review E, 2012, 85 (1): 015101.

[198] Schwartz P. The art of the long view: planning for the future in an uncertain world [M]. New York: Doubleday, 1991: 38.

[199] Si X, Wang W, Ma Y. Role of propagation thresholds in sentiment-based model of opinion evolution with information diffusion [J]. Physica A: Statistical Mechanics and its Applications, 2016, 451: 549-559.

[200] Simon T, Goldberg A, Adini B. Socializing in emergencies - A review of the use of social media in emergency situations [J]. International Journal of Information Management, 2015, 35 (5): 609-619.

[201] Smith E R, Henry S. An in-group becomes part of the self: Response time evidence [J]. Personality and Social Psychology Bulletin, 1996, 22 (6): 635-642.

[202] Smith S. The end of the unipolar moment? September 11 and the future

of world order [J]. International Relations, 2002, 16 (2): 171 – 183.

[203] Song Y, Zhang C, Wu M. The study of human behavior dynamics based on blogosphere [C] //2010 International Conference on Web Information Systems and Mining. IEEE, 2010, 1: 87 – 91.

[204] Spoor J R, Kelly J R. The evolutionary significance of affect in groups: communication and group bonding [J]. Group Processes & Intergroup Relations, 2004, 7 (4): 398 – 412.

[205] Su Y, Zhang X, Liu L, et al. Understanding information interactions in diffusion: an evolutionary game-theoretic perspective [J]. Frontiers of Computer Science, 2016, 10 (3): 518 – 531.

[206] Sudbury A. The proportion of the population never hearing a rumour [J]. Journal of Applied Probability, 1985, 22 (2): 443 – 446.

[207] Tanaka Y, Sakamoto Y, Matsuka T. Toward a social-technological system that inactivates false rumors through the critical thinking of crowds [C] //2013 46th Hawaii International conference on system sciences. IEEE, 2013: 649 – 658.

[208] Trpevski D, Tang W K S, Kocarev L. Model for rumor spreading over networks [J]. Physical Review E, 2010, 81 (5): 056102.

[209] Ullman R H. Redefining security [J]. International Security, 1983, 8 (1): 129 – 153.

[210] Van Den Driessche P, Watmough J. Reproduction numbers and sub-threshold endemic equilibria for compartmental models of disease transmission [J]. Mathematical Biosciences, 2002, 180 (1 – 2): 29 – 48.

[211] Vázquez A, Oliveira J G, Dezsö Z, et al. Modeling bursts and heavy tails in human dynamics [J]. Physical Review E, 2006, 73 (3): 036127.

[212] Vazquez A, Racz B, Lukacs A, et al. Impact of non-poissonian activity patterns on spreading processes [J]. Physical Review Letters, 2007, 98 (15): 158702.

[213] Vega – Redondo F. Complex social networks [M]. Cambridge University Press, 2007: 20 – 24.

[214] Vespignani A. Twenty years of network science [J]. Nature, 2018, 558 (7711): 528 – 529.

[215] Von Scheve C, Ismer S. Towards a theory of collective emotions [J]. Emotion Review, 2013, 5 (4): 406 – 413.

［216］Wang J, Zhao L, Huang R. SIRaRu rumor spreading model in complex networks［J］. Physica A: Statistical Mechanics and its Applications, 2014, 398: 43 - 55.

［217］Wang P, Lei T, Yeung C H, et al. Heterogenous human dynamics in intra-and inter-day time scales［J］. EPL (Europhysics Letters), 2011, 94 (1): 18005.

［218］Wang W, Cai M, Zheng M. Social contagions on correlated multiplex networks［J］. Physica A: Statistical Mechanics and its Applications, 2018, 499: 121 - 128.

［219］Wang W, Tang M, Stanley H E, et al. Unification of theoretical approaches for epidemic spreading on complex Networks［J］. Reports on Progress in Physics, 2017, 80 (3): 036603.

［220］Wang Y, Wu H. A mutualism-competition medel characterizing competitors with mutualism at low density［J］. Mathematical and Computer Modelling, 2011, 53 (9 - 10): 1654 - 1663.

［221］Wang Y, Xiao G, Liu J. Dynamics of competing ideas in complex social systems［J］. New Journal of Physics, 2012, 14 (1): 013015.

［222］Wang Y, Yang X, Han Y. Rumor spreading model with trust mechanism in complex social networks［J］. Communications in Theoretical Physics, 2013, 59 (4): 510 - 516.

［223］Wei X, Chen S, Wu X, et al. A unified framework of interplay between two spreading processes in multiplex networks［J］. EPL (Europhysics Letters), 2016, 114 (2): 26006.

［224］Wei X, Chen S, Wu X, et al. Cooperative spreading processes in multiplex networks［J］. Chaos: An Interdisciplinary Journal of Nonlinear Science, 2016, 26 (6): 065311.

［225］Wenlei C, Mao C. The research on the network public opinion risk assessment based on the CWAHP-entropy method［J］. International Journal of Security and its Applications, 2016, 10 (4): 197 - 208.

［226］Weng L, Flammini A, Vespignani A, et al. Competition among memes in a world with limited attention［J］. Scientific Reports, 2012, 2 (1): 1 - 9.

［227］Wu Y, Ye Q, Li L. Power-law properties of human view and reply behavior in online society［J］. Mathematical Problems in Engineering, 2012.

[228] Wu Y, Zhou C, Xiao J, et al. Evidence for a bimodal distribution in human communication [J]. Proceedings of the National Academy of Sciences, 2010, 107 (44): 18803 - 18808.

[229] Xiao Y, Bai W, Liu Y, et al. Analyzing, modeling, and simulation for human dynamics in social network [J]. Abstract and Applied Analysis, 2012, 2012 (6684): 552 - 582.

[230] Xie Y, Qiao R, Shao G, et al. Research on Chinese social media users'communication behaviors during public emergency events [J]. Telematics and Informatics, 2017, 34 (3): 740 - 754.

[231] Xiong X, Gou Z, Zhang S, et al. Dynamic evolution model based on social network services [J]. International Journal of Modern Physics C, 2013, 24 (11): 1350081.

[232] Yan Q, Wu L, Liu C, et al. Information propagation in online social network based on human dynamics [J]. Abstract and Applied Analysis, 2013, 2013.

[233] Yang L, Geng X, Liao H. A web sentiment analysis method on fuzzy clustering for mobile social media users [J]. EURASIP Journal on Wireless Communications and Networking, 2016, 2016 (1): 1 - 13.

[234] Yang X, Wu Y, Zhang J, et al. Dynamical behavior of rumor spreading under a temporal random control strategy [J]. Journal of Statistical Mechanics: Theory and Experiment, 2019 (3): 033402.

[235] Yardi S, Boyd D. Dynamic debates: an analysis of group polarization over time on twitter [J]. Bulletin of Science, Technology&Society, 2010, 30 (5): 316 - 327.

[236] Su L Y F, Cacciatore M A, Liang X, et al. Analyzing public sentiments online: Combining human-and computer-based content analysis [J]. Information, Communication & Society, 2017, 20 (3): 406 - 427.

[237] Yu J, Lv J, Wang Y, et al. Mechanism analysis of competitive information asynchronous dissemination on social networks [J]. International Journal of Modern Physics C, 2019, 30 (11): 1950094.

[238] Zanette D H. Dynamics of rumor propagation on small-world networks [J]. Physical review E, 2002, 65 (4): 041908.

[239] Zaugg H, Rackham S. Identification and development of patron personas

for an academic library [J]. Performance Measurement & Metrics, 2016, 17 (2): 124 – 133.

[240] Zhang H, Jin Z, Wang B. Dynamics of opinion formation with strengthen selection probability [J]. International Journal of Modern Physics C, 2014, 25 (10): 1450050.

[241] Zhang X, Su Y, Qu S, et al. IAD: interaction-aware diffusion framework in social networks [J]. IEEE Transactions on Knowledge and Data Engineering, 2019, 31 (7): 1341 – 1354.

[242] Zhang Y, Tang C, Weigang L. Cooperative and competitive dynamics model for information propagation in online social networks [J]. Journal of Applied Mathematics, 2014.

[243] Zhang Y, Zhou S, Zhang Z, et al. Rumor evolution in social networks [J]. Physical Review E, 2013, 87 (3): 032133.

[244] Zhao L, Qiu X, Wang X, et al. Rumor spreading model considering forgetting and remembering mechanisms in inhomogeneous networks [J]. Physica A: Statistical Mechanics and its Applications, 2013, 392 (4): 987 – 994.

[245] Zhao L, Wang J, Chen Y, et al. SIHR rumor spreading model in social networks [J]. Physica A: Statistical Mechanics and its Applications, 2012, 391 (7): 2444 – 2453.

[246] Zhao Y, Zheng M, Liu Z. A unified framework of mutual influence between two pathogens in multiplex networks [J]. Chaos: An Interdisciplinary Journal of Nonlinear Science, 2014, 24 (4): 043129.

[247] Zhao Z D, Xia H, Shang M S, et al. Empirical analysis on the human dynamics of a large-scale short message communication system [J]. Chinese Physics Letters, 2011, 28 (6): 068901.

[248] Zhao Z, Zhou T. Empirical analysis of online human dynamics [J]. Physica A: Statistical Mechanics and its Applications, 2012, 391 (11): 3308 – 3315.

[249] Zhou J, Liu Z, Li B. Influence of network structure on rumor propagation [J]. Physics Letters A, 2007, 368 (6): 458 – 463.